新理念 新技术 新业态

——图书馆事业发展的新征程

广西壮族自治区图书馆
广西图书馆学会 编

广西科学技术出版社

·南宁·

图书在版编目（CIP）数据

新理念 新技术 新业态：图书馆事业发展的新征程 / 广西壮族自治区图书馆，广西图书馆学会编 . -- 南宁：广西科学技术出版社，2025.6. --ISBN 978-7-5551-2546-4

Ⅰ. G259.276.7

中国国家版本馆 CIP 数据核字第 20258K479B 号

XIN LINIAN XIN JISHU XIN YETAI——TUSHUGUAN SHIYE FAZHAN DE XIN ZHENGCHENG

新理念 新技术 新业态——图书馆事业发展的新征程
广西壮族自治区图书馆 广西图书馆学会 编

责任编辑：袁 虹	责任校对：冯 靖
装帧设计：梁 良	责任印制：陆 弟

出 版 人：岑 刚
出版发行：广西科学技术出版社
社　　　址：广西南宁市东葛路 66 号
邮政编码：530023
网　　　址：http://www.gxkjs.com

印　　　制：广西民族印刷包装集团有限公司

开　　　本：787 mm × 1092 mm　1 / 16
印　　　张：15
字　　　数：285 千字
版　　　次：2025 年 6 月第 1 版
印　　　次：2025 年 6 月第 1 次印刷
书　　　号：ISBN 978-7-5551-2546-4
定　　　价：68.00 元

编委会

主　编
秦小燕

副主编
叶佩珍　苏瑞竹　陆浩东　林智荣　庞　蓓
贾　莹　曹红兵　梁灿兴　董惠霖

执行主编
韦冬妮　韦绍芬　谭碧雁　周琎莉

编　辑
赵泽浪　严梓侨

前　言

　　2024 年是中华人民共和国成立 75 周年，也是"十四五"规划实施的攻坚之年。这一年，图书馆在政策推动、技术革新和社会需求变化的背景下，迎来重要的发展机遇与转型挑战。作为公共文化服务体系的重要载体，图书馆不仅承担着知识保存与传播的传统使命，更是在新理念的倡导下，引领图书馆发展新方向，推动全民阅读与终身学习；在新技术的支持下，重塑图书馆服务模式，使智慧图书馆从概念走向现实；在新业态的驱动下，拓展图书馆服务边界，打造集文化创意、社会教育、数字服务于一体的综合性知识枢纽，不断寻求行业新突破，迈向高质量发展的新征程。

　　为促进学术交流与经验分享，广西壮族自治区图书馆与广西图书馆学会联合发起主题征文活动，得到了业界的广泛响应。主办方从中遴选出 33 篇在图书馆领域兼具理论价值与实践意义的优秀论文结集出版。本书立足行业发展前沿，内容涉及文献资源建设与服务、阅读推广、信息管理与信息服务、图书馆工作研究等四个方面，凝聚图书馆工作者的实践智慧与学术思考。期待本书的出版，能推动优秀研究成果的交流和推广，为行业创新发展提供有益借鉴。

目　录

信息管理与信息服务

图书馆工作研究

文献资源建设与服务

数智时代地方文献在文旅深度融合中的应用研究

柏 雪[①]

（桂林理工大学图书馆，广西 桂林 541004）

【摘要】在数智时代，对地方文献在文旅深度融合中的应用进行研究，不仅能够促进地方文献的开发、保护和利用，还能够强化文旅深度融合的资源支撑。本文通过梳理当前地方文献在文旅深度融合中的应用，提出利用数智技术促进地方文献在文旅深度融合中的应用建议。

【关键词】数智；地方文献；文旅深度融合

【中图分类号】G259.27 　　　　**【文献标志码】**B

地方文献是记录某一地域知识的一切载体，[1]既是地方历史的缩影，又是文化传承的印记。[2]地方文献除了具有文献的基本特征，还具有显著的地域差异性和时代性，具有很高的史料价值和文化价值。文旅深度融合旨在通过多种形式的文化元素和旅游资源的深度融合与资源整合，形成文化和旅游产业的协同发展。[3]文旅深度融合不仅能提升旅游产品的文化内涵，还能彰显和激发文化活力，进一步拓展文化和旅游的价值边界，满足人民群众日益增长的旅游体验和精神需求。[4]在文旅深度融合过程中，地方文献作为文化资源的重要组成部分，对于丰富旅游产品的文化内涵、提升旅游产品形象具有重要作用与价值。

随着数智时代的到来，大数据、人工智能（AI）、增强现实（AR）、虚拟现实（VR）、3D扫描等先进信息技术为地方文献的开发与利用、传承与保护提供了新的契机和手段。利用数智技术对地方文献进行数字化和形象化展示，能够激发地方文献的活力，将地方文献转化为优质旅游资源，[5]从而更好地服务文旅深度融合的发展。利用数智技术对地方文献进行深入挖掘、分析和研究，可以更好地了解地区文化底蕴和历史沿革，从而为文旅深度融合提供史料支撑，深化旅游资源的文化内涵，

---

① 柏雪（1988—），女，副研究馆员，就职于桂林理工大学图书馆。

为文旅深度融合提供新的经济增长点。[6-8]

在数智时代，利用数智技术推动地方文献数字化转型与价值挖掘，进而通过地方文献数字化应用促进文旅深度融合，是文旅产业亟待解决的重要问题。本文对数智时代地方文献在文旅深度融合中的应用进行探究，并提出相关建议，以期为文旅深度融合的实践探索和理论研究提供参考。

1　地方文献在文旅深度融合中的应用研究现状

国内已有学者对地方文献在文旅深度融合中的应用开展研究，但研究成果较少，主要集中在两个方面：一是文旅深度融合背景下地方文献的开发与利用研究。黎细玲对省级公共图书馆地方文献资源的开发与利用进行了研究。[9]王自洋、陈一诗、肖雨滋运用案例分析法对文旅融合背景下我国公共图书馆特色资源建设与利用策略进行了研究。[10]符骏以常州市金坛区图书馆为例，对文旅融合背景下地方古籍资源的整理与利用进行了研究。[11]二是文旅深度融合背景下地方文献的服务研究。陈倩研究了文旅融合视角下公共图书馆地方文献的服务策略。[12]江震研究了基层图书馆地方文献建设与文旅融合服务的对策。[13]赵文萱以金陵图书馆"诗游南京"为例，探讨了公共图书馆的地方文献情境阅读服务。[14]

总的来看，较少学者专门从数智技术视角来研究地方文献在文旅深度融合中的应用。本文通过网络调研和文献调研，对当前国内地方文献在文旅深度融合中的应用领域进行梳理和归纳，从数智技术的角度提出地方文献在文旅深度融合中应用的建议，以期为我国文旅深度融合提供参考思路。

2　地方文献在文旅深度融合中的应用

2.1　文旅资源价值挖掘与整合

地方文献为文旅资源价值挖掘与整合提供了丰富的信息资源和智力支持。地方文献详细记载了该地区的历史沿革、文化传统、民俗风情、名人典故等信息。通过对地方文献进行数字化处理和梳理整合汇编，构建地方文旅特色资源数据库，有利于实现地方文献的传承保护和展示利用，为用户提供优质的文献资源。通过对地方文献数据进行挖掘分析，可以识别地方文化特色，提炼地方文化符号和元素，丰富文旅产品的文化内涵，揭示文旅资源的空间分布特征和相互关系，为资源配置和空间布局优化提供科学指导。

2.2　文旅产品开发与推广

地方文献是地方历史的缩影，可以为文旅景点、线路的规划与开发提供丰富的历史文化背景和参考资料。通过深入研究地方文献，可以挖掘出具有独特魅力的历史文化遗迹、民俗风情等，为文旅线路增添文化底蕴和吸引力。将地方文献中的故事、传说、历史事件等融入文旅线路，可以增强线路的文化内涵和趣味性，使游客在游览过程中获得更丰富的文化体验。

地方文献不仅具有传承价值，还具有创新潜力。通过对地方文献的深入挖掘和整理，可以发掘出地域文化元素和符号，为文化创意产业的发展提供新的动力和源泉。从地方文献的古建筑文化、人物形象、历史故事、传统工艺、非遗技艺中提炼创意元素并融入文创产品设计，可以开发出既彰显地方文化又符合市场需求的系列文化衍生品。例如，从地方文献关于古代建筑、服饰、器物的记载中提炼元素，可以开发出儿童仿古建筑模型玩具、文具、特色纪念品等旅游产品。

2.3 文旅品牌塑造与营销

地方文献不仅是文化传承的印记，也是地方文化的集中体现，可为文旅品牌打造提供独特的文化元素。在文旅品牌的打造与提升过程中，通过深入挖掘地方文献中的历史文化信息，可以提炼具有地方特色的文化元素和符号，作为品牌的核心价值和形象标识，增强品牌的文化认同感和吸引力。将这些元素和符号融入品牌标识、宣传资料、旅游产品中，可以形成具有地方特色的品牌形象。

地方文献中的历史故事、民间传说、歌谣民乐、民风民俗等是构建文旅品牌、开展品牌营销的重要素材。通过整理和分析地方文献中的相关资料，可以构建具有地方特色和吸引力的品牌故事，并将其作为品牌传播的重要内容。依托地方文献中的独特故事或文化符号，可以构建具有鲜明地方特色的文旅 IP，如吉祥物、主题形象等。这些 IP 成为地方文旅的标志，有助于提升品牌形象，增强市场竞争力。利用地方文献资源，可以设计出具有地方特色的旅游体验活动、文化节庆和主题活动，如文化讲座、主题展览、民俗表演等，将文化体验作为品牌营销的核心内容，吸引游客参与并体验。利用社交媒体平台将地方文献中的文化故事、历史知识等内容进行创造性转化，以短视频、图文等形式进行传播，可以加深游客对地方文化的理解和认同，扩大品牌影响力。

2.4 文化和旅游体验

地方文献在文旅深度融合背景下的情境阅读体验，不仅是文化传承的媒介，也是激发地域文化旅游魅力、创新阅读体验的重要资源。地方文献中蕴含丰富的历史文化信息，通过情境建构将其转化为具体的阅读体验，有助于读者更深入地理解和感受地方文化的魅力。公共图书馆可以利用地方文献中的历史场景、人物故事等元素设计阅读推广活动，让读者在模拟的历史情境中阅读相关文献，增强阅读的沉浸感和代入感。运用大数据、AI、增强现实、虚拟现实等技术，将地方文献中的历史文化信息转化为可视化、可交互的阅读体验。例如，通过虚拟现实技术重现历史场景，让读者亲自感受地方文化的魅力；通过增强现实技术将地方文献中的文物、建筑等元素进行数字化呈现，让读者在互动中深入了解地方文化的内涵。

根据地方文献中的历史场景、人物故事等元素，通过增强现实、虚拟现实等现代科技手段构建情境体验空间，让游客在互动体验中深入了解地方文化。构建虚拟历史街区，让游客在虚拟环境中自由行走并与历史人物互动，增强游客的参与感和沉浸感。这种方式不仅能让游客感受古代社会的风貌和氛围，还能使地方文献中的文化信息得到有效传播。例如，台州府城宋韵·诗路文化体验馆依托新华智云"台州府城文旅大数据平台"，以临海历代诗词为基础，充分挖掘历史文化资源，运用短视频实时生成扩展现实、3D全息投影等技术，打造了拥有大数据基因的可互动的数字体验空间。

2.5　教育培训与学术研究

地方文献既可以为研学旅行提供丰富翔实的学习资源，也可以作为研学对象，发挥社会教育职能。[15]利用地方文献开发专业化、系统化的研学课程，在参观历史遗迹、博物馆、纪念馆等场所的过程中，能帮助学生深入了解研学目的地的历史背景、文化特色、风土人情等，从而增强学生学习的深度和广度。地方文献中蕴含着丰富的文化遗产和民族智慧。在研学过程中组织学生阅读和研究地方文献，设置阅读任务，鼓励学生积极思考和探索，不仅能够帮助学生提高阅读理解能力、批判性思维能力，提升文化素养，还可以激发学生对传统文化的兴趣和热爱，促进文化的传承与发展，提高研学旅行的实效性。

地方文献的原始性和真实性，使其成为文旅深度融合学术研究中实证研究的重要依据。通过对地方文献的梳理和分析，可以更加准确地把握地方文化的独特性和价值，为文旅深度融合的发展提供理论支持。地方文献的多样性和丰富性，为文旅深度融合的学术研究提供了多元化的研究视角，可以从历史、文化、社会、经济等多个维度出发，对文旅深度融合进行深入探讨。这种跨学科的研究视角有助于揭示文旅深度融合的内在规律和机制，推动文旅深度融合理论的创新与发展。地方文献中的经典案例和成功经验，为文旅深度融合的学术研究提供了丰富的理论素材，通过对地方文献的深入挖掘和整理，构建具有普遍意义的文旅深度融合模式和路径，丰富和完善文旅深度融合理论体系。

3 数智时代地方文献在文旅深度融合中的应用建议

3.1 加强地方文献的数字化、智能化建设和展示，构建一体化文旅服务平台

在数智时代，地方文献的数字化与智能化建设是推动文旅深度融合的重要基础。通过先进的数字化技术，可以实现地方文献资源的快速收集、整理和长期保存；而智能化技术的应用，则能显著提升文献资源的检索效率与用户体验。构建一体化的文旅服务平台，能够打破信息孤岛，实现文献资源与旅游服务的无缝对接。随着时代的发展和游客需求的不断变化，地方文献中的文化资源也需要不断地被挖掘和呈现。因此，需要建立长效机制，加强对地方文献的收集、整理和研究工作，及时更新和丰富文化旅游体验的内容与形式，以适应游客的多元化需求。基于此，本文提出以下四个方面的建议：一是建设特色化、标准化、高质量的地方文献数据库。利用数智技术开展地方文献的数字化工作，将地方文献资源转化为可在线访问的数字资源。二是构建智能化的检索与分析系统，实现地方文献的精准检索、内容摘要、关联推荐等功能，提升用户体验。利用数智技术，对海量地方文献数据进行深度挖掘和智能分析，发现其中的文化价值、历史脉络和地域特色。同时，通过机器学习算法，实现文献内容的自动分类、标引和关联，为游客提供精准的信息推送和个性化的文化体验。三是在前期建设的基础上，利用数智技术进一步整合地方文献资源与文旅信息，构建集信息查询、在线预订、导游导览、互动体验等功能于一体的文旅服务平台。通过对平台数据的分析与挖掘，为游客提供个性化的旅游推荐与服务，使平台成为展示地方文献、传播地方文化的重要窗口。四是利用数智技术增强地方文献的展示和互动效果。结合增强现实、虚拟现实、元宇宙等技术，将地方文献中的历史场景、文化故事进行数字化再现和可视化展示，为游客带来全方位的沉浸式体验，增强游客与历史文化的深度互动。

3.2 利用数智技术深度挖掘地方文献的文化内涵，开发基于地方文献的旅游产品和文创产品

地方文献中蕴含着丰富的历史文化信息，是开发特色旅游产品和文创产品的宝贵资源。一是利用数智技术对地方文献进行数据整合与智能分析。充分利用大数据、文本挖掘、情感分析、主题建模等技术手段，深度挖掘地方文献中的文化内涵，对地方文献中的文化元素进行提取与整合，形成具有地方特色的文化符号与主题数据集，提炼具有地方独特魅力的文化元素和故事线索。二是利用数智技术，依托地方文献资源开发旅游产品，以满足游客对文化体验的需求，实现地方文化的传承与发展。基于地方文献中的历史故事与事件、文化遗址、民俗风情等元素，设计开发具有文化内涵与地方特色的旅游线路，可以围绕某一历史时期、文化主题或地域特色

展开，通过实地探访、文化体验等方式，让游客深入了解地方文化的内涵和价值。利用增强现实、虚拟现实等技术，将地方文献中的历史场景、文化故事进行数字化再现，打造沉浸式旅游体验项目，让游客感受地方文化的魅力，增强旅游体验的互动性和趣味性。还可以结合地方文献中的传统节日、民俗活动等，举办具有地方特色的文化节庆活动。通过邀请专家学者举办讲座、表演传统艺术、展示地方特产等形式，让游客在参与中感受地方文化的独特魅力。三是利用数智技术，基于地方文献开发文创产品。利用数智技术优化或变革固有文创产品的生产模式，整合挖掘地方文献中的文化元素，开发具有 IP 品牌文化底蕴的数字文创系列产品，包括电子出版物、手机游戏、虚拟展览等。这些产品不仅具有便捷的传播和分享优势，还能为游客提供更加丰富的文化体验。

3.3　利用数智技术加强宣传推广，提升地方文献在文旅深度融合中的应用效能

尽管地方文献蕴含着丰富的文化资源和旅游价值，但在实际应用中往往存在知名度不高、影响力有限的问题。利用数智技术开展高效的宣传推广，可以吸引更多游客关注地方文献，了解并体验其独特的文化魅力，进而推动文旅产业的融合发展。一是通过多种渠道广泛开展宣传。利用社交媒体、旅游 APP 等平台，发布地方文献中的文化故事、旅游线路、文创产品等信息，吸引受众关注与分享，从而实现裂变式传播。利用数智技术开展地方文献展览，以文献中的人物、故事等文化元素构建虚拟场景，提升活动的吸引力。二是利用数智技术对目标受众开展精准营销。利用大数据和 AI 技术对用户进行分析，根据目标受众的习惯、需求偏好等，开发具有针对性的宣传内容和产品，开展基于情境感知的地方文献资源推送服务和个性化营销。三是利用数智技术创新宣传方式。通过数智技术将地方文献中的历史故事、人物事迹等生动有趣地呈现给受众，增强宣传的感染力和吸引力。例如，通过增强现实、虚拟现实等互动体验技术，让受众感受地方文献的文化魅力，提升宣传的参与感和体验感；与其他行业或品牌进行跨界合作，共同推出具有创新性和话题性的宣传活动或产品，扩大宣传的覆盖面和影响力。

参考文献

［1］黄俊贵 . 地方文献工作刍论［J］. 中国图书馆学报，1999，25（1）：54-59，72.

［2］金武刚 . 一类不可忽视的地方文献：国家公共文化服务体系示范区（项目）创建文献信息的收集与利用［J］. 图书馆建设，2019（6）：82-87.

［3］单红波.公共图书馆与旅游融合的模式与路径研究［J］.图书与情报,2019(3):
　　136-139.

［4］范周.文旅融合的理论与实践［J］.人民论坛·学术前沿,2019(11):
　　43-49.

［5］刘洋.文旅融合背景下图书馆特色馆藏资源建设研究［J］.图书馆,2021(2):
　　22-28.

［6］胡海燕,经渊.文旅融合的数字化变革:基于国际视野的文献回顾［J］.图书
　　馆学研究,2021(22):2-8.

［7］江震.基层公共图书馆地方文献建设与文旅融合服务［J］.图书馆杂志,2022,
　　41(2):89-92.

［8］李莎,周淑云,刘沄沄.公共图书馆地方文献资源推广的实践研究:基于文旅
　　融合的研究视角［J］.图书馆研究,2022,52(6):59-66.

［9］黎细玲.文旅融合背景下省级公共图书馆地方文献资源利用与开发［J］.图
　　书馆,2022(3):98-103,111.

［10］王自洋,陈一诗,肖雨滋.文旅融合背景下我国公共图书馆特色资源建设与
　　　利用策略研究［J］.图书馆,2021(6):80-86.

［11］符骏.基于文旅融合背景下的地方古籍资源整理与利用:以常州市金坛区图
　　　书馆为例［J］.新世纪图书馆,2020(11):45-48.

［12］陈倩.文旅融合视角下地方文献的服务策略研究［J］.新世纪图书馆,2022
　　　(10):25-29,74.

［13］江震.基层公共图书馆地方文献建设与文旅融合服务［J］.图书馆杂志,
　　　2022,41(2):89-92.

［14］赵文萱.文旅融合下的公共图书馆地方文献情境阅读:以金陵图书馆"诗游
　　　南京"为例［J］.新世纪图书馆,2021(6):29-33.

［15］高春玲,宋金劢,胡雅悦,等.公共图书馆研学旅行服务的实践与推进思考
　　　［J］.图书情报工作,2024,68(2):29-40.

公共图书馆地方出版物馆藏建设探析

——以广西壮族自治区图书馆地方文献交存图书为例

罗　瑜①

（广西壮族自治区图书馆，广西　南宁　530022）

【摘要】地方出版社交存图书是图书馆地方文献收藏的固定来源。本文在对广西壮族自治区图书馆2017—2023年地方文献库入藏的交存图书进行全面调查的基础上，就其馆藏建设和利用存在的问题进行分析，同时对加强与地方出版社合作、合理规划典藏工作、加大地方出版图书宣传力度等方面提出建议，以期更好地保护和利用地方文化资源。

【关键词】地方出版物；交存图书；公共图书馆

【中图分类号】G253.1　　　　　　　【文献标志码】B

地方文献是人类社会宝贵的文化资源，历来在公共图书馆的馆藏体系中占据重要位置，是当地公共图书馆区别于其他地域公共图书馆的重要特征，也是地方图书馆特色化、地域化服务的重要标志。早在1982年，文化部颁布的《省（自治区、市）图书馆工作条例》指出，收集、整理与保护文化典籍和地方文献是省级图书馆的六大主要任务之一。2018年1月1日施行的《中华人民共和国公共图书馆法》（简称《公共图书馆法》）明确规定，"出版单位应当按照国家有关规定向国家图书馆和所在地省级公共图书馆交存正式出版物"，这为地方出版物的交存提供了法律保障。广西壮族自治区图书馆作为广西规模最大的省级公共图书馆，把地方版图书的收藏视为地方文献资源建设的重点工作之一。为此，本文以2017—2023年广西壮族自治区图书馆接受交存的地方版图书（普通成人图书）为调查研究对象，对交存入藏的地方版图书情况及其在地方文献库中的馆藏结构进行分析。

---

① 罗瑜（1980—），女，副研究馆员，就职于广西壮族自治区图书馆。

1 广西地方图书出版社和交存图书概况

1.1 广西地方图书出版社概况

广西共有 8 家图书出版社（广西还有 1 家广西金海湾电子音像出版社，因本文主题为图书交存，故后文所述的出版社均指图书出版社），其中有 6 家归属广西出版传媒集团，分别是广西人民出版社、漓江出版社、广西教育出版社、广西科学技术出版社、广西美术出版社、接力出版社，其他 2 家为广西民族出版社、广西师范大学出版社。近年来，广西各出版社积极落实《公共图书馆法》及本地出版物交存规定，切实履行"应交尽交，及时交送"的原则，每年向广西壮族自治区图书馆交存新出版的图书。据统计，2017—2023 年广西各出版社共交存地方版图书 23 760 种、31 476 册，且交存率大致呈现提高的态势。仅 2023 年，便有 6 家出版社的地方版图书交存率达到 100%，其余 2 家出版社的交存率也在 90% 以上，极大地丰富了广西壮族自治区图书馆的地方特色馆藏资源。

1.2 广西地方版图书交存情况

为清楚了解广西地方出版物交存现状，笔者通过纸质的出版社交存目录和文华数字集成系统，对广西各出版社 2017—2023 年交存的地方版图书进行统计（见表 1）和分析。

表 1 2017—2023 年广西地方版图书交存情况统计表

出版社名称	2017年		2018年		2019年		2020年		2021年		2022年		2023年	
	种	册	种	册	种	册	种	册	种	册	种	册	种	册
广西人民出版社	413	413	325	325	184	184	204	204	272	272	156	312	241	241
漓江出版社	311	622	277	530	162	324	185	320	197	394	156	312	237	474
广西教育出版社	987	987	852	852	814	814	401	575	534	1 068	504	1 010	186	386
广西科学技术出版社	152	152	119	119	192	192	214	214	173	173	155	155	194	194
广西美术出版社	57	57	39	39	70	70	132	189	88	88	55	57	27	27

续表

出版社名称	2017年		2018年		2019年		2020年		2021年		2022年		2023年	
	种	册	种	册	种	册	种	册	种	册	种	册	种	册
接力出版社	412	824	597	1 194	650	1 300	506	1 312	608	1 216	547	1 088	546	1 092
广西民族出版社	73	73	54	104	65	118	75	150	77	206	66	132	103	206
广西师范大学出版社	1 247	1 247	695	695	961	961	1 905	1 905	1 744	1 744	1 909	1 909	1 655	1 655
合计	3 652	4 375	2 958	3 858	3 098	3 963	3 622	4 869	3 693	5 161	3 548	4 975	3 189	4 275

1.2.1　地方版图书在地方文献库中占比大。在广西壮族自治区图书馆地方文献库入藏的普通图书中，广西8家出版社的新版图书所占份额较大，占比在70%以上，在地方文献馆藏体系中处于主要地位。其余的地方文献由全国各地出版社出版的地方图书和征集的非正式出版图书组成，其中外地出版社的年均占比为25%，非正式出版图书的年均占比接近5%，后两者在地方文献库普通图书馆藏体系中占比不高，但也同样处于重要地位。

1.2.2　地方出版社的出版物特色鲜明。广西本地图书出版社在主题出版、文学、艺术、教育、科技、少儿等专业领域各有侧重，所出版的图书大多属于公共图书馆收藏的范围。由于图书馆类型不同，各图书馆有自己的特点和服务对象，因此交存图书数量不等于广西壮族自治区图书馆入藏量。作为综合性公共图书馆，广西壮族自治区图书馆可依据本馆采选条例进行选择，不予收藏的图书可用于交换、赠送等。

在本次统计的交存品种中，广西师范大学出版社为10 116种，占交存总量的43%，其中精品图书的研究价值较高，有《清代稀见内阁六部档案丛刊续编》《清代稀见外交档案丛刊》《民国西南边陲史料丛书·广西卷》等史料汇编图书1 047种；广西人民出版社为1 795种，占交存总量的8%，作为一家以出版政论性图书为主的综合性地方出版社，在地方政论、经济、历史、民族文化等图书的出版上形成了特色，出版广西各地的综合性年鉴、地方史料、地方志较多，有"太平天国史丛书"、《新桂系史》、《中国封建王朝兴亡史》等全国优秀畅销书；广西科学技术出版社为1 199种，占交存总量的5%，虽然占比不高，但是在传统医药、动植物研究等领域出版了《广西少数民族医药文库（第一辑）》《中国壮药原色鉴别图谱》等具有重要社会价值、文化价值的图书；广西美术出版社为 468 种，占交存总量的 2%，作为一家以出版画册、书法、美术理论、美术技法等图书为主的专业出版社，所出的基础美术类和美术设计类图书有一定的品牌效应；广西民族出版社、漓江出版社各自出版具有特色的图书，涉及本地区民族文化等多个方面，区域特色较明显，同样是地方文献书库不可或缺的重要馆藏资源。此外，广西教育出版社为 4 278 种，占交存总量的 18%，但其交存的图书大部分是中小学教材教辅类，可供入藏的品种不多。接力出版社为 3 866 种，占交存总量的 16%，所出版的图书多是"巴巴爸爸""蓝精灵"等童书系列。

1.3 地方版图书学科内容分析

根据公共图书馆馆藏入藏规则，广西壮族自治区图书馆已入藏交存图书（普通成人图书）13 276 种，占交存总量的 56%，交存入藏量逐年提升。现按年份分批抽取广西壮族自治区图书馆文化集成系统已入藏的地方版图书数据，参照中国图书馆分类法统计其学科分布情况（见表 2）。

表 2　2017—2023 年广西壮族自治区图书馆接受交存地方版图书的学科分布情况表

单位：种

分类号	广西人民出版社	漓江出版社	广西教育出版社	广西科学技术出版社	广西美术出版社	接力出版社	广西民族出版社	广西师范大学出版社
A	5	12	2	0	0	0	0	12
B	13	25	5	21	12	5	0	177
C	145	21	1	16	11	11	6	43
D	163	18	3	38	18	0	77	519
E	27	20	7	6	5	0	2	30
F	205	29	77	61	19	2	13	965
G	93	201	12	55	16	0	27	1 057
H	21	13	5	7	1	17	8	92
I	297	552	52	57	24	0	101	1 760
J	75	42	6	15	253	0	17	464
K	217	124	18	27	26	19	61	2 017
N	18	30	5	9	0	31	6	8
O	5	21	4	0	5	5	3	12
P	11	21	11	27	12	12	3	8
Q	7	5	5	53	0	9	11	27

续表

分类号	广西人民出版社	漓江出版社	广西教育出版社	广西科学技术出版社	广西美术出版社	接力出版社	广西民族出版社	广西师范大学出版社
R	15	9	7	362	10	23	13	156
S	15	12	9	109	1	6	14	17
T	31	31	5	73	31	9	14	275
U	4	2	3	16	0	13	0	13
V	0	3	0	7	5	5	0	12
X	5	13	3	43	5	7	0	8
Z	31	21	15	11	11	11	13	669
合计	1 403	1 225	255	1 013	465	185	389	8 341

1.3.1　交存图书数量情况。按照中国图书馆分类法22个大类排列，交存图书各学科的数量差异较大。图书按学科内容来划分，社会科学类图书交存占比达到80%，自然科学类图书交存占比为20%。排在前五位的分别是I（文学）、K（历史、地理）、G（文化、科学、教育、体育）、F（经济）、D（政治、法律）类，均属于社会科学类图书；排在后五位的分别是X（环境科学、安全科学）、O（数理科学和化学）、U（交通运输）、V（航空、航天）、A（马克思主义、列宁主义、毛泽东思想、邓小平理论）。排在后五位的图书由于出版品种少，交存量也随之减少。入藏的交存图书从出版学科上看，既符合读者需求，也符合公共图书馆重点学科分布规律。

1.3.2　交存图书学科内容情况。在各学科当中，广西师范大学出版社、广西人民出版社、漓江出版社的出版品种较为丰富，图书内容涉及面较广，包括区域历史地理、民族文化、民俗文化等。

交存的文学、历史、地理类等热门学科图书，特别是交存量排在前五位的社会科学类图书大部分是广西师范大学出版社出版的。这与出版社大量出版的社会科学类获奖图书有关，如《稗海堂藏明清民国小说珍本选辑》（全71册）、《美国哈佛大学哈佛燕京图书馆藏稿钞校本汇刊》（全123册）、《风雅宋：看得见的大宋文明》、《民国时期体育教育史料汇编》、《中国：政治、商业和社会》等。具有少数民族特色的图书则多数由广西民族出版社、广西科学技术出版社交存，特别是本地区语言类的出版物，如《壮族短篇小说精选（壮文版）》《瓦氏夫人抗倭故事歌影印译注》等精品图书。绘画、音乐等艺术类图书以广西师范大学出版社、广西美术出版社的品类最多，如《黔中青年艺术作品集》《大匠之门》《王羲之〈圣教序〉行书临摹》等。

2 地方版图书在馆藏建设和利用中存在的不足

2.1 对地方版图书的馆藏查漏补缺有待加强

图书馆缺藏图书多为连续性出版物，尤其是年代较久的地方性、史料性文献。从近几年馆藏抽样数据来看，广西壮族自治区图书馆每年征集到的图书交存数量基本保持稳定，但在连续性图书文献的跟踪、完整入藏方面略显不足。例如，截至2022年，广西科学技术出版社的《广西中药资源大典》已出版12卷，广西壮族自治区图书馆入藏10卷，缺藏阳朔卷、永福卷；广西人民出版社的《玉州年鉴》已出版2017—2021年卷，广西壮族自治区图书馆缺藏2018年卷。地方出版社出版的史料性文献较多，此类文献属于地方文献书库收藏的重点馆藏，理应加大力度做好补藏工作。

2.2 地方版图书典藏工作有待加强

图书典藏分配制度的合理性是关系到图书馆地方文献能否实现最大化利用的关键因素之一。当前，广西壮族自治区图书馆沿用较早时期的规定，现有的典藏分配原则和条例较为陈旧，近十年未见更新文献典藏规则。根据现行的图书典藏分配规定，地方文献书库需存书3册。因此，所有新交存或新采购到馆的地方版图书、区外出版的地方文献都会优先分配入地方文献书库。在实际工作中，广西壮族自治区图书馆的典藏流程有以下步骤：首先，广西大多数出版社交存的图书为一种一册，这些图书作为保存本入藏；然后，通过采购补充的复本也会优先分配到地方文献书库，以满足3个复本的规定；最后，其余复本才能入藏到读者可以借阅的流通阅览室。这一流程用时较长，导致地方版图书不能快速上架流通。此外，地方特色专题图书仅集中在广西壮族自治区图书馆"八桂书屋"，提供给读者到馆阅读，多余的复本也不予外借，读者需花费大量时间在馆内查阅，从而影响了读者的阅读兴趣。典藏制度的不完善，在一定程度上影响了地方文献的利用。因此，图书馆有必要重新整合、规划现有馆藏地方资源，特别是地方版图书资源。

2.3 对地方版图书的推广力度有待提高

地方出版物作为展现本地特色的核心文献资源，在强化馆藏建设的同时，更应着重加大推广和利用的力度。

2.3.1 地方版图书未能专题推送。以广西壮族自治区图书馆官方网站为例，其首页展示的是"新书通报""捐赠名录"栏目，未设立相应的栏目推送地方版图书，且在地方数字资源库中也未发现有关地方版图书的专题资源。

2.3.2 地方版优秀图书的推广与利用存在不足。图书馆未充分挖掘并推广本地特有的优质文化资源，如广西师范大学出版社在中国大陆出版机构入藏品种排行榜中排第五位、大学出版社排第一位，是全国优秀的地方出版社，图书馆却未对该出版社的优秀图书进行专题推送。又如，广西民族出版社作为全国唯一具有壮文出版资质的出版社，出版物以少数民族文字图书和民族文化类图书为主，以反映广西各地区各民族政治、经济、历史、文化等内容的汉文图书为辅，民族语言类图书是其出版特色。多年来，广西壮族自治区图书馆收藏的此类图书较为全面，但仅仅藏于书库中，未有针对性地对图书进行整理、开发和利用，各种阅读推广活动未见开展，网站上也未见资源推送，读者获取的途径有限，从而限制了地方版图书的使用价值。

3 做好地方版图书馆藏建设的思考

3.1 做好沟通协调，与出版社保持长期良好的合作关系

要保证每年交存图书完整交送，图书馆与广西出版传媒集团、广西民族出版社、广西师范大学出版社之间须保持紧密联系。图书馆只有与出版社保持良好关系，才能全面掌握各出版社及其分社的出版情况并获取最新书目信息，通过及时采购或征集方式将地方版图书入藏。一是加强与广西出版传媒集团联系，定期通过电话或走访，及时了解其下属6家出版社的图书出版动态，以获取书目信息，并结合馆藏需求增补文献。二是广西师范大学出版社先后在北京、上海等地成立了分社，接力出版社在北京、广州等地设有分社，这些分社出版的部分图书并未在当地新闻出版局存档，也未在每年交存图书范围内，走访人员可通过网络查询或现场咨询等方式获取信息，有针对性地进行采选。三是图书馆每年需注重保持与出版社的互利互惠关系，面向社会加大对出版社交存行为的宣传力度，在网站及时推荐各出版社最新交存目录和精品书，使出版社的交存行为得到社会的认可和高度评价。

3.2 做好地方版图书的馆藏调查，加强补藏工作

图书馆要加强地方版图书的补藏工作：一是要掌握地方版图书的书目及每年实时交存入藏的动态，对到馆的文献资源进行实时统计。工作人员应根据书目，定期核查馆内地方版图书的入藏情况，及时发现漏交的图书，有的放矢追交。如确定追交不到，及时把该文献的缺漏信息反馈给走访人员进行补购，填补馆藏空缺，[1] 确保馆藏的完整性。2023年初，广西壮族自治区图书馆开展近十年地方版图书的查漏补缺工作，筛选出300种地方版图书进行补购，其中包括广西人民出版社的《凭祥年鉴》《广西社会科学年鉴》《广西民族大学年鉴》等，在一定程度上缓解了地方连

续性出版物的缺藏情况。二是要掌握地方文献的复本信息。依据地方文献采选入藏规定，对之前交存数只有1册的地方版图书进行增加复本的查重工作，为地方版图书的推广利用打下扎实的馆藏基础。三是要有目的、有重点地进行入藏。将交存的地方版图书按学科进行合理化分配，将符合公共图书馆入藏标准的图书留存加工，将不入藏的图书分配到合适的地方，以提高地方馆藏的利用率。对全面、系统、准确记述上年度事物运动及发展状况的地方年鉴应进行重点补藏。

3.3　处理好藏书与需求的关系，优化地方版图书典藏工作

图书馆文献典藏工作是图书馆重要的基础性业务工作，是图书馆文献资源分布合理化的调节手段。[2]地方版图书典藏工作须以读者需求为中心，以馆藏利用现状为依据，优化整合资源分配体系，提高地方出版物的利用率。因此，图书馆工作人员可通过馆藏系统调取地方版图书的文献查阅率、文献符合程度、图书册均借次、流通藏书比等指标来综合判定读者对地方特色馆藏资源的需求情况，从而确定各书库的藏书范围、藏书比例、复本量等，适时配置典藏文献，使图书馆的藏书得到充分利用，发挥最大效益。

3.4　做好馆藏地方版图书数字化，建设地方文献数据库

随着信息技术的广泛应用，人们获取信息渠道的多元化以及智慧图书馆建设的持续推进，全国各省级公共图书馆积极建设地方文献数字资源，以满足读者的不同需求。牛麟、吴芳对我国31个省级公共图书馆地方文献资源库建设情况的调查显示，地方文献资源数字化建设已成为公共图书馆的发展趋势。[3]地方出版图书的数字化建设既有利于资源的保存和保护，减少对纸质文献的磨损，也有利于区域间地方文献资源的传播与共享。公共图书馆应依据地方经济、馆情及现状，精选利用率高、有学术史料价值的地方图书，分阶段建设书目、专题、文摘、全文等数据库，逐步满足读者的多样化需求。

3.5　做好地方图书阅读推广特色品牌，提升读者对地方版图书的认识

图书馆工作人员应从思想上、行动上认识到地方版图书是中华民族文化遗产保护和利用的重要组成部分。图书馆可在全民阅读推广工作中融入地方文献推广，努力打造地方出版物特色品牌，提升阅读品牌号召力，以推动图书馆地方出版物的馆藏建设和利用。一是图书馆与有意愿开展活动的出版社合作，通过专题精品书展等形式吸引读者，为公众提供更多参与机会，拉近与广大读者间的距离。二是图书馆可在官方网站滚动推送最新地方交存目录，让读者第一时间了解地方版新书动态。三是图书馆通过举办创意性、互动性较强的宣传活动，让读者参与地方文化建设，

如为读者提供与出版专家、作家、学者面对面交流探讨的机会，激发广大读者对地方文化的兴趣。

4　结语

地方版图书是记载本地区政治、经济、文化和社会发展的重要载体，是地区珍贵的文献信息资源，也是公共图书馆地方特色馆藏的重要组成部分。公共图书馆保存、保护与利用地方版图书资源，让广大人民群众更好地了解地方文化与发展的独特魅力，满足群众多层次的文化需求，从而有效提升公共图书馆的文化服务水平。

参考文献

［1］罗天.试论少数民族地区地方文献的收集与保护：以广西桂林图书馆为例［J］.
河南图书馆学刊，2015，35（4）：8-9.
［2］舒辉.完善典藏工作　提高藏书利用率［J］.科技视界，2014（1）：231，280.
［3］牛麟，吴芳.省级公共图书馆地方文献数字化建设调查分析［J］.科技创新导报，2021（13）：204-207，212.

叙事结构在古籍展览中的应用研究

——以《永乐大典》广西巡展为例

谭碧雁[①]

（广西壮族自治区图书馆，广西　南宁　530022）

【摘要】本文以"珠还合浦　历劫重光——《永乐大典》的回归和再造"广西巡展为例，深入探讨叙事结构在古籍展览中的应用及其对观众认知与理解的影响。本文采用实地观察与展品分析相结合的方法，在"整体—局部—单品"的叙事框架下，详细分析展览如何巧妙运用叙事策略促进历史与现代的对话，如何通过构建情节化的文本框架、情景化的分层诠释以及情感化的角色身份，将中国故事与地方特色故事相结合，创新性地展现古籍的历史背景和地方文化内涵，为古籍展的叙事策略提供新的理论视角和实践案例，也为相关领域的研究者和实践者提供有益的借鉴与启示。

【关键词】叙事结构分析；古籍展览叙事；永乐大典；文化呈现

【中图分类号】G255.1　　　　　　　　【文献标志码】B

自 2007 年 4 月国家启动"中华古籍保护计划"以来，到 2022 年《政府工作报告》中提出"加强文物古籍保护利用"，再到中共中央办公厅、国务院办公厅联合发布《关于推进新时代古籍工作的意见》，这一系列政策举措充分体现了党和国家对古籍保护工作的重视。在这样的大背景下，各级部门积极响应，不断推进古籍保护工作的实施与深化。然而，面对数字化和信息化的浪潮，传统文化的传承与推广面临诸多挑战。[1]公众对古籍的认知和理解往往浮于表面，缺乏深入的文化体验和情感共鸣。[2]因此，探索创新的推广策略，以促进古籍与现代的有效对话，成为图书馆业界探究的方向。[3]

明代官修大型百科全书《永乐大典》作为"中国典籍渊薮、佚书宝库"，不仅内容丰富，更承载着独特的历史价值和文化意义。[4]《永乐大典》是中国古代文化遗产的重要组成部分，其编纂方式、历史背景以及其中蕴含的古代知识，对于研究

---

① 谭碧雁（1978—），女，副研究馆员，就职于广西壮族自治区图书馆。

中国古代历史、文化和社会具有重要意义。[5]《永乐大典》系列展览作为响应国家对古籍保护与整理出版战略的重要举措，旨在推动对中华优秀传统文化的创造性转化和创新性发展。自 2023 年 6 月起在广西壮族自治区图书馆举办的为期一年的"珠还合浦　历劫重光——《永乐大典》的回归和再造"广西巡展（简称"《永乐大典》广西巡展"），目的是让珍贵古籍里的中华文化"活"起来，增强八桂儿女对中华优秀传统文化的价值认同。

本文以《永乐大典》广西巡展为研究案例，旨在深入探讨叙事结构在古籍展览中的应用，以及如何通过叙事结构构建历史与现代之间的桥梁。文中采用"整体—局部—单品"的叙事框架，分析展览如何通过叙事策略影响观众对古籍的认知和理解，详细审视了展览的整体叙事结构、局部单元叙事以及具体展品的叙事方式。本文揭示了古籍展览在叙事策略上的创新之处，探讨了这些策略的适用性和应用启示，以期为传统文化的传承与推广提供实践借鉴，并推动古籍展览叙事策略的研究和发展。

1　叙事理论与古籍展览的契合

叙事理论作为文学、电影和戏剧研究中的一个关键概念，专注于故事的构建、事件的组织、角色的塑造以及情节的编织，其目的是创造一个连贯且富有意义的叙述。[6]在古籍展览的语境中，叙事理论的应用提供了一个重要的分析框架，有助于深入理解和评估古籍展览中叙事策略的有效性。对于古籍展览而言，叙事理论的重要性在于其能够巧妙地将古籍的历史价值、文化内涵和艺术特色融入展览的叙事中，这样做不仅能加深观众对古籍的认知与理解，还能显著提升展览在文化传播方面的效能。

1.1　叙事理论概述

叙事理论的核心在于研究故事的组织和结构，关注故事中的事件如何按照一定的顺序和关系组织起来，形成连贯而有意义的叙述。[7]叙事理论的发展可以追溯到亚里士多德在《诗学》中的探讨，直至 20 世纪罗兰·巴特、茨维坦·托多罗夫等法国结构主义学者的深入研究，叙事理论才逐渐形成了完整的理论体系。[8]叙事理论认为，一个完整的故事通常包括开端、发展、高潮和结局等基本结构，将这些结构按照特定的顺序和逻辑组织起来，构成故事的框架和核心。而叙事策略是指叙事者在构建故事的过程中，巧妙地运用故事元素如事件、角色和情节等，结合多种手法和技巧，以实现特定的叙事目的，最终构建引人入胜的故事。[9]

1.2 叙事理论在古籍展览中的应用

叙事理论在古籍展览中具有重要的应用价值。通过运用叙事理论，策展人可以更好地组织和呈现古籍展览的内容，创造出富有吸引力和教育意义的展览体验，[10]使观众在观展过程中获得更深入的文化体验和情感共鸣。

在古籍展览的整体结构设计上，策展人可运用叙事理论中开端、发展、高潮和结局的结构原则，[11]搭建展览的整体叙事框架。策展人应确立展览主题和核心故事，引导观众探索，通过精心设计的展品和展示手段达到故事高潮，并在结尾进行总结和反思，确保展览结构紧凑、连贯，增强故事性，从而提升展览的吸引力和教育价值。

在古籍展览的局部单元设计上，策展人可运用叙事理论，将整体叙事切分为多个局部单元叙事，将其作为整个展览故事中的几个关键情节，聚焦核心人物或物件，运用叙事技巧，再现历史场景，增强观众的沉浸式体验，从而构建有吸引力的局部单元故事，并与展览主题相呼应。

在古籍展览的单一展品呈现上，策展人可运用叙事理论，将展品置于特定的故事情境或历史场景中，使之与核心人物或历史文化紧密相连。在故事讲述的过程中，不仅要阐明展品本身的信息，还要揭示其在情节发展中的关键作用。这种展示方式不仅超越了单纯的展品陈列，赋予了展品生命和意义，而且能够引导观众进行深入思考。

2 《永乐大典》广西巡展的叙事结构分析

《永乐大典》广西巡展在"整体—局部—单品"的叙事框架下，运用情节化的文本框架、情景化的分层诠释和情感化的角色身份等叙事策略，巧妙地将中国故事与地方特色故事相结合，以创新的方式呈现古籍的历史背景和地方文化内涵，引导观众深入了解这部古籍的历史价值和文化内涵，同时为观众带来独特的文化体验。

2.1 整体叙事：文本框架的情节化

从叙事的角度出发，整体构建一个吸引人的叙事文本，需融合人物（或拟人化元素）、事件和因果逻辑这三个核心叙事要素。在古籍展览的整体叙事框架构建中，这主要体现在对展览文案结构的精心设计上。策展人需关注展览文案中各部分、各单元之间的相互联系与组织方式，确保展览中存在一个贯穿始终的核心人物或关键物品，形成一条清晰的线索，并展现事件的发展变化及其背后的因果逻辑。整体的文本设计对于塑造古籍展览的叙事特质至关重要。

以《永乐大典》广西巡展为例，展览从文本框架的情节化角度出发，通过叙事要素的巧妙安排，讲述《永乐大典》的传奇历程。展览的核心是《永乐大典》，这一贯穿始终的主体，不仅是展览的焦点，也是叙事的主线。展览运用人物（或拟人化元素）、事件和因果关系这三个关键叙事要素，构建了一个连贯的整体叙事框架。这一框架将展览内容分为前言、五个单元和结语，并采用了时间线和并列式相结合的叙事手法（见表1）。展览的整体叙事框架遵循了叙事理论中的开端、发展、高潮和结局的结构原则，不仅使《永乐大典》的故事层次分明、条理清晰，更是将这部古代巨著的传奇历程向观众娓娓道来。

表1　《永乐大典》广西巡展的整体叙事

展览单元	主要内容	叙事手法	叙事结构
前言	引出展览目的		开端
第一单元 大典犹看永乐传	太祖动议—成祖始修—嘉靖副本重录	时间线	
第二单元 合古今而集大成	用韵用字编排—典籍渊薮—版式之美—纸张之良—书写之秀—插图之工	并列式	发展
第三单元 久阅沧桑惜弗全	正本下落成谜的四种观点—副本流散之厄的三个主要原因—海内外收藏情况	时间线、并列式	
第四单元 遂使已湮得再显	全祖望、李绂开创清代辑佚先河—《四库全书》馆的辑佚—嘉道至清末的辑佚—民国以来的辑佚	时间线	
第五单元 珠还影归惠学林	国家图书馆的大典收藏—抗战时期大典南迁—修复工作—海内外《永乐大典》的数字化回归与出版	时间线	高潮
结语	总结展览的意义与价值		结局

开端，即展览的前言部分。它引出展览的目的，为观众奠定基调。这个部分设定了展览的背景和主题，为接下来的叙事发展提供了起点。

发展，即从第一单元"大典犹看永乐传"到第四单元"遂使已湮得再显"。这个部分详细叙述了《永乐大典》的编修始末、编写方式、具体版式、正本与副本的流散以及辑佚成果。这些内容按照时间线和并列式展开，逐步揭示了《永乐大典》的历史价值和文化意义，推动了叙事的发展。

高潮，即第五单元"珠还影归惠学林"。在这个部分中，展览通过时间线叙述了《永乐大典》的收藏与保护历程，尤其是其回归过程，达到了情感和叙事的高潮，彰显了《永乐大典》在文化传承中的重要地位。

结局，即展览的结语部分。这个部分总结了展览的意义与价值，强调了《永乐大典》在传承中华优秀传统文化、促进学术交流与传播等方面的重要作用，为整个展览画上了圆满的句号，并给观众留下了深刻的印象。

2.2　局部叙事：分层诠释的情景化

在策划古籍展览的局部单元时，策展人需精心构建单元的内部结构与表述方式，以实现情景化的分层诠释。[12]策展人将每个单元视为整个展览故事的相连情节，紧密聚焦核心人物或物件。通过运用丰富的叙事技巧，包括详细描述、互动对话、历史回顾和对比分析，策展人能够有效地传递古籍的相关信息，同时展现出故事的丰富层次。这要求策展人深入挖掘相关古籍和文献的内涵，将相关知识融入展览内容中，从而实现信息的立体传播，为观众提供多层次的文化体验。这种叙事策略不仅有助于构建精彩的局部单元故事，还与展览主题紧密相扣，共同构建起展览的叙事连贯性。在这种策略的引导下，观众在观展过程中能够自然而然地跟随故事的节奏和逻辑，深入理解展览的主题和内容。

以《永乐大典》广西巡展的第一单元"大典犹看永乐传"为例，策展人通过局部叙事的情景化手法，生动地讲述了《永乐大典》的编纂历程。该单元以时间发展为叙事线索，将太祖动议、成祖始修、嘉靖年间的副本重录以及正副本的贮藏地变迁作为不同的叙事情景，层层展开。在这些情景中，策展人不仅重塑了古籍展品之间的内在联系，还扩展了与之相关的历史背景（如靖难之役、嘉靖皇帝对《永乐大典》的钟爱）、古籍知识（刻本与抄本的对比）、重要人物（解缙、陈济、姚广孝），以及耐人寻味的君臣故事（太祖与解缙、成祖与姚广孝的互动）。

通过这种情景化分层诠释的策略（图1），该单元在叙事层、展品层、知识层、扩展层和启示层上多维度地解读了《永乐大典》及其相关古籍文献。这种策略不仅促进了知识的生产与迁移，还通过易于理解的知识点和生动的故事情节，吸引观众深入观展。观众仿佛穿越时空来到明朝，亲身体验《永乐大典》的编纂过程，从而实现对这一历史巨著的叙事化解读。

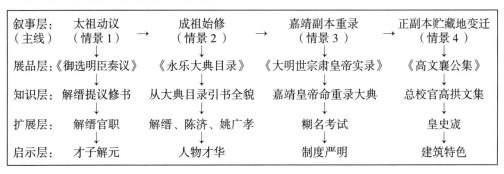

图1　《永乐大典》广西巡展第一单元情景化分层诠释

2.3　单品叙事：角色身份的情感化

在古籍展品的单一呈现层面，策展人运用叙事理论，不仅将核心展品视为孤立的实体，还赋予其独特的角色和身份，使其成为整个展览叙事中不可或缺的组成部分。这种策略突出了核心展品在叙事中的"人物化"，将其提升为故事中的"角色"，从而为其增添了更深层次的情感意义。在这种角色身份情感化的叙事策略引导下，策展人通过揭示古籍展品背后的历史、文化背景以及与人物相关的故事，唤起观众的情感共鸣，建立观众与展品之间的情感联系。这种情感化的叙事手法不仅能增强展品的吸引力，还能提升观众的参与感和体验感，使他们在参观过程中能更深入地理解和感受展品的历史与文化价值。

在广西巡展中，以展期一个月的两册《永乐大典》嘉靖副本原件作为核心展品，吸引了众多观众的目光。这两册珍贵文物分别为卷 8506～卷 8507 的"宁"字册和卷 2337～卷 2344 的"梧"字册，其中"梧"字册入藏国家图书馆后首次"出京"。这两册展品的主要叙事方式为讲解员现场的深入讲解，不仅涵盖了展品本身的历史和文化价值，还与展览的整体叙事和局部单元叙事紧密相连，确保了"整体—局部—单品"之间的内在逻辑和结构完整性。

2.3.1　展览通过介绍展品入藏国家图书馆的经历，将其融入整体叙事框架，并沿着《永乐大典》从流散到回归的主线展开。这部分内容不仅关联了第五单元中"国家图书馆的大典收藏"，而且强调了"文运同国运相牵，文脉同国脉相连"的展览主题。在"宁"字册的叙事中，讲述了它经过鲁迅先生的助力，于 1912 年成为首批入藏国家图书馆的《永乐大典》之一。而在"梧"字册的叙事中，通过内页的多枚钤印，揭示了它曾先后为刘承幹嘉业堂、满铁大连图书馆、苏联国立列宁图书馆所藏的历史，并详细介绍了它在 1954 年由苏联国立列宁图书馆归还北京图书馆（现中国国家图书馆）的过程。

2.3.2　展览介绍了展品本身的古籍信息，以此与第二单元中"版式之美"的内容相呼应。通过"宁"字册和"梧"字册的版式叙事，向观众介绍了古籍的天头、地脚、版框、鱼尾、象鼻、钤印和装帧等知识，加深了观众对古籍物质形态的认识。

2.3.3　展览介绍了展品中收录的广西历史内容，讲述了地方故事，并与第二单元中"典籍渊薮"和"插图之工"的内容相联系。"宁"字册中收录的《南宁府志》是现存最早的版本，包含了南宁府的城郭、风俗、赋税、土产以及府县图、建置沿革等信息。在展出的书叶部分，精心挑选了展示宋、元、明南宁府城郭建设的详细内容，并呈现了完整的南宁府县图。这些珍贵的展品不仅精细地描绘了历史上的城防工事，而且细致地标注了现代著名的昆仑关和地方标志性的八尺江的地理位置。此外，府县图上展示的一系列历史驿站，为观众展开了一幅栩栩如生的历史地图，勾勒出地区发展的历史脉络和丰富的文化遗产，使观众能够更加直观地感受到历史的深度和文化的广度。在"梧"字册中，观众得以一窥《苍梧志》与《元一统志》对梧州"火山"的翔实记载。文中描绘的火山坐落于州境之南，横亘于大江东南。此火山终年云雾缭绕，夜间山顶火焰显现，传为山底宝珠发光所致，其光芒透过水面照亮山体，犹如熊熊燃烧的火焰，形成"火山夕焰"的景象。文中还提及南越武王赵佗将宝剑埋在山中，到夜里就会放出冲天火光，故称"火山"。这些细致的描述不仅丰富了展览的叙事内容，更让观众领略了地方历史的独特魅力与文化底蕴。"火山夕焰"作为文化符号和历史记忆，依然在当地人民心中占有特殊的地位。

3 结语

本文通过对《永乐大典》广西巡展的深入分析，揭示了展览所应用的叙事结构的独特性和创新性。展览成功地将整体叙事、局部单元叙事和单一展品叙事相结合，运用情节化的文本框架、情景化的分层诠释和情感化的角色身份等策略，有效地融合中国故事与地方特色故事，并以新颖的方式呈现古籍的历史背景和地方文化内涵。这种叙事结构不仅适用于具有完整历史脉络和丰富文化内涵的古籍展览，而且可广泛应用于多种类型的古籍展览。

例如，以人物为中心的展览，可以选取某个历史人物或文化名人作为叙事主线，讲述其与古籍之间的故事，展现人物的思想、成就以及对古籍的影响。以事件为中心的展览，可以选取某个重要事件作为叙事主线，展现古籍在该事件中的作用和影响，揭示古籍与社会历史的紧密联系。以主题为中心的展览，可以选取某个主题作为叙事主线，展示与该主题相关的多种古籍，展现古籍在特定领域的研究成果和学术价值。

此外，根据展览的具体情况，可以调整和优化叙事结构。例如，结合多媒体技术、互动体验等方式，增强叙事的吸引力和感染力，提升观众的参与度和体验感；引入地方特色元素，将古籍与地方文化相结合，增强展览的地方特色和地域文化内涵；注重情感化叙事，通过讲述与古籍相关的历史、人物和故事，激发观众的情感共鸣，使观众更好地理解和感受古籍的价值与意义。

总之，本文提出的叙事结构可为古籍展览的策划和设计提供新的思路与方法，有助于提升古籍展览的叙事效果和文化价值，促进公众对古籍的认知和理解，推动中华优秀传统文化的传承与发展。未来可以关注探究叙事化古籍展览对观众长期文化认知和行为模式的影响，并对展览效果进行评估研究，不断优化展览策略，更好地满足公众的文化需求。

参考文献

［1］黄凌.文化自信视域下图书馆典籍推广思维模式创新［J］.图书馆学刊，2022，44（5）：1-5.

［2］冯耕.基于4C营销模型的公共图书馆古籍文创产品推广研究［J］.图书馆研究与工作，2023（2）：32-37.

［3］张晓翔.让文献"活起来"：公共图书馆展览策划的"叙事化"探索［J］.图书馆学研究，2023（1）：47-53.

［4］史广超.全祖望辑《永乐大典》佚书考［J］.图书馆理论与实践，2010（2）：62-64.

［5］韩凯琦，陈乐薇.古籍数字出版现状、问题与前景探析［J］.传播与版权，2024（2）：29-31.

［6］西摩·查特曼.故事与话语：小说和电影的叙事结构［M］.徐强，译.北京：中国人民大学出版社，2013.

［7］杰拉德·普林斯.叙事学：叙事的形式与功能［M］.徐强，译.北京：中国人民大学出版社，2013.

［8］汤晓羽.基于叙事结构理论的初中生记叙文写作布局谋篇研究［D］.北京：中央民族大学，2023.

［9］杜玉生.杰拉德·普林斯叙事理论刍议：以《作为主题的叙事：法国小说研究》及以后作品为主［J］.外语研究，2018，35（2）：82-86.

［10］孙会会.博物馆叙事性展览研究：以周口市博物馆为例［D］.郑州：河南大学，2020.

［11］胡功胜.细节审美：当下小说叙事的一种倾向［J］.求索，2017（8）：123-128.

［12］黄宸莹.博物馆展览的空间叙事：问题、潜力与策略［J］.东南文化，2023（5）：175-182.

说明：本文系2023年度广西壮族自治区文化和旅游厅调研课题"公共图书馆古代文献展览的叙事与传播研究"的研究成果之一。

数字人文视域下西部公共图书馆
地方特色文化资源建设的思考

王永金①

（广西桂林图书馆，广西　桂林　541100）

【摘要】数字人文的发展对图书馆影响深远，加快了图书馆现代化转型步伐。西部公共图书馆非常重视地方文化资源建设。本文以广西桂林灵渠文化为例，剖析在数字人文背景下的地方特色文化资源建设现状，探究其中存在的问题，从数字人文视角提出西部公共图书馆在角色定位、资源开发、新技术应用和服务模式等方面提升地方特色文化资源建设的路径，以便深入挖掘地方特色文化知识，为读者提供高品质服务。

【关键词】数字人文；公共图书馆；特色文化；资源建设；灵渠文化

【中图分类号】G253　　　　　　　　【文献标志码】B

近年来，随着信息技术的迅猛发展并渗透到社会各领域，有力推动了数字技术与人文科学的融合发展，数字人文研究快速兴起，并不断掀起新的发展浪潮。图书馆作为人类文明的重要载体，搜集、保存了各种形式的大量文献资料，而数字人文将信息技术应用于此领域，尤其是为公共图书馆地方特色文化资源的开发利用提供了信息挖掘、文本分析、数据统计等全新思维和研究手段，促进了图书馆对地方特色文化资源的创造性转化和创新性发展。

1　研究现状

美国数字人文学者安妮·伯迪克、约翰娜·德鲁克、彼得·伦恩费尔德等认为，数字人文是"充分运用计算机技术开展的合作性、跨学科的研究等新型学术模式和组织形式，其研究的核心在于通过将研究对象数字化来支撑、保障和创新人文科学研究的内容、方法和模式"[1]。通过对文献调研发现，国内数字人文研究的文献始于2005年，并于2014年之后呈现迅速上升趋势。[2]数字人文在图书馆领域应用广

---

① 王永金（1986—），女，馆员，就职于广西桂林图书馆。

泛，在研究对象、方法、内涵和实践等方面保持着协同发展的趋势。[3]数字人文对图书馆发展影响深刻，主要体现在以下四个方面：一是促进馆藏资源建设与发展，包括建设方式、方法和内容等；[4-6]二是改变图书馆服务模式，图书馆利用大数据、语义网、机器学习、数据可视化等技术工具，将馆藏资源关系构建可视化模型，通过可移动数字平台为读者主动推送全息图景系统；[7-8]三是推动角色转变，数字人文环境下的图书馆角色包括资源提供者、内容策展人、课程辅导员等，[9]还需重视数字人文馆员的岗位设置及能力构建；[10]四是加快数字人文项目实践研究，如上海图书馆在数字人文实践中取得较好效果，家谱知识服务平台为人文学者提供深入而智慧的知识发现和知识挖掘服务；上海记忆项目之"从武康路出发"利用馆藏特色文化资源及数字人文技术，实现了跨越时空、视角上的空间再现，彰显了现代图书馆的社会价值及人文关怀精神。

公共图书馆作为重要文化阵地，受益于数字人文发展的红利，最突出的表现是促进了馆藏资源开发与现代化服务模式的转变，尤其对馆藏特色文化资源的开发利用发挥了积极作用，为其适应数智时代的转型发展提供了坚实保障。

2　数字人文视域下西部公共图书馆对地方特色文化资源的建设实践

地方特色文化是公共图书馆馆藏资源的重要组成部分，为保护和传承优秀文化、增强本地区的文化归属感和文化自信发挥重要作用。我国西部地区因地理位置、历史文化和风俗习惯等形成了大量特色文献资料。因此，公共图书馆将收藏的部分地方特色资料作为文化资源，在数智时代正经历着从数字化、数据化、文本挖掘的物理形态向电子化的转变，促进图书馆读者服务从提供基础性借阅服务向知识型、智慧型服务转变。[11]

2.1　地方特色文化资源的专题建设

广西桂林图书馆是省级建制的公共图书馆，设有历史文献部，专门对广西区域内的文献资料进行专题收藏并提供服务，不断丰富地方特色文化资源的馆藏。近年来，桂林灵渠因其独特的历史价值、文化价值、社会价值等因素，于2018年入选"世界灌溉工程遗产名录"。灵渠是秦始皇为统一岭南地区而修建的水利工程，与都江堰、郑国渠并称"中国古代三大水利工程"。广西桂林图书馆高度重视地方特色文化资源建设，不断完善对灵渠资料的收集和整理，并借助数字人文技术展现独具特色的灵渠文化。

2.1.1　数字化建设。广西桂林图书馆对灵渠文化实体馆藏资源的收藏与利用，主要包含灵渠专著（古代文献、民国文献、现代专著）、灵渠石刻拓片、灵渠文化研究手稿等资料，共 2 000 余册（件）。随着信息技术应用于图书馆领域，对灵渠文化特色馆藏资源进行数字化建设、保存与服务，数字资源类型有联机目录、电子图书、电子期刊、音视频数据库等，主要包括以下三个方面：一是建立灵渠文化文献目录数据库，利用区域集群管理系统 Interlib，实现电子资源共建共享和纸质书刊馆际互借；二是选择能全面反映桂林灵渠文化的重要纸质书籍及其他纸质文献进行数字化处理，通过扫描后保存以 JPG 格式为主、其他格式为辅的电子文件；三是建立特色数据库，保存单位自行拍摄制作的音频、视频等电子材料。通过对灵渠文化电子资料内容进行分类、整理和上传，为读者提供统一资源检索、全文下载、视频直播、网上展览等利用方式，方便读者查阅灵渠文化相关资料。

2.1.2 智能化服务。广西桂林图书馆在数字人文的影响下，充分利用对灵渠文化资源的数字化基础，对来自馆内不同数据库的数据进行筛选和清洗，明确数据规范、细化知识颗粒度，将馆藏资料进行专题数据库建设，即构建"广西古运河知识资源"。该专题数据库为读者提供可视化动态知识呈现，以动态地图展示灵渠的运河形态，并在不同图层展示与灵渠有关的物产、人物、水利和景点信息。此外，页面以时间轴展示与灵渠文化有关的资料，并通过地理分布图、知识图谱和关键词云等技术方式，形象地展现灵渠文化的相关知识点及文献链接。

2.2 地方特色文化资源建设的困境

我国数字人文在公共图书馆的应用实践尚处于初级探索阶段，而我国西部图书馆的基础设施、技术体系、资源建设等方面相对薄弱，在数字人文环境下，资源的开发利用仍面临诸多挑战。一是图书馆角色定位偏差大，传统的服务角色定位不足以满足现代读者的资源需求。目前，大多数西部公共图书馆的角色仍是地方特色文化纸质资源的收集者、保存者和借阅服务者，忽视了自身可利用电子资源建设向集策划者、知识提供者于一体的现代服务者转变。二是资源建设技术发展缓慢。西部公共图书馆在数字人文发展浪潮中，对地方特色文化资源建设所使用的技术仍停留在资源数字化、数据库建设等方面，极少引入大数据、机器学习、GIS、数据可视化等技术促进资源深层次全面开发利用。广西桂林图书馆对灵渠文化的知识挖掘和可视化展示仍处于浅层次的尝试，只能获取简单的摘要、全文和图片，很难从零碎内容中获取新的知识并启发新的研究思路。三是特色资源服务模式滞后，长期处于被动借阅服务状态。这样既不利于资源的高效开发利用，也不利于优秀特色文化的传承与发扬。

3　西部公共图书馆在数字人文视域下进行地方特色文化资源建设的思考

在数字人文视域下的图书馆应重视人文精神的价值取向，以多元化资源为实践主体，利用现代信息技术不断完善资源数字化、数据化，以及智能化、模型化建设，促进图书馆对读者需求的精准定位和高质量服务。

3.1　以人为本，确定地方特色文化资源建设角色新定位

数字人文环境下，西部公共图书馆应积极转变角色，不仅是地方特色文化资源的收集者、保存者、提供者和利用者，还是地方特色文化资源知识成果的创作者和提供者。一是加大地方特色文化资源的收集、保护力度，重视各种载体形式和多样化内容资源的收集。二是建立和完善文献资源整合联动机制，采用共建共享的方式联合其他文化机构及社会组织等，实现数字人文特色资源共享数据集。[12]图书馆需树立特色文化文献搜集的大局观，建立社会联动的合作模式（图1），才能更好地解决图书馆地方文献资源建设"专"与"全"的问题。三是积极挖掘地方特色文化资源的内容，从历史学、社会学等角度，探索特色文化的历史人物关系、地点变迁、故事发展等隐性知识，为数字化表达提供内容支撑。四是为读者提供不同的数字人文知识服务，为教育、科研机构和学者提供专业知识服务，为普通读者提供科普性知识服务。

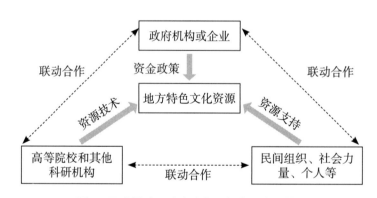

图1　图书馆建立地方特色文化资源合作模式

3.2　以研究为导向，促进地方特色文化资源建设智慧化表达

西部公共图书馆在规划资源建设时，应重视信息技术的迭代更新，在特色文化资源开发利用方面应充分融入数字人文思维，以深入内容研究为导向，加强跨学科、跨组织、跨区域的合作，利用大数据、物联网、5G移动网络技术、云计算和人工智能等技术，营造良好的数字资源人文环境，促进建立地方特色文化资源的跨类型资源整合系统、突破区域的历史文化呈现系统，实现集资源共建系统于一体的数

字人文系统或平台。同时，不断推动地方特色文化资源的数字化，积极向"人文"靠拢，[13]将各类结构化、半结构化和非结构化数据进行统一标准的数据化表达（图2），重视元数据加工、再组织和分析，加强用人文价值理念挖掘内容的关联性，构建具有远程访问、深度检索、内容可视化等功能的科学研究型数据库。广西桂林图书馆对灵渠文化的数字表达还处于初期探索阶段，需要以研究为导向进一步规划资源建设，对特色资源进行数字化、数据化加工，为读者提供智能化、智慧化的知识服务。

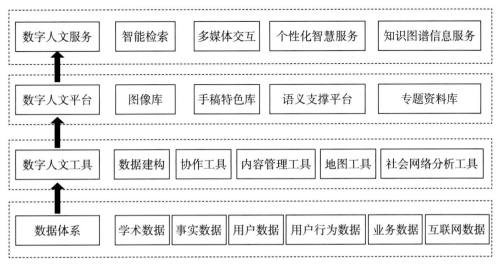

图2　数字人文技术在图书馆的应用体系

3.3　以服务为导向，推动地方特色文化资源服务泛在化

图书馆应用数字人文理念和技术提升社会服务质量。西部公共图书馆在对地方特色文化资源进行专题建设时，可通过应用知识图谱信息服务、智能检索、多媒体交互及个性化需求服务等方式，突出特色资源文化的灵动之"新"与"美"，拓展知识的边界，发掘新的服务增长点。西部公共图书馆可以借鉴上海图书馆等已成功开展数字人文项目实践的单位，学习资源开发战略布局和知识建模等技术，深入挖掘本馆资源，积极联动外界机构单位，实现资源共建共享，为读者提供多元、立体的可视化展示，如广西桂林图书馆可利用GIS技术将历代灵渠水利工程变化情况、历代文人墨客游览灵渠的事件和作品等资源，以时间、地点或人物为本体，关联其他数据库相关文献资料进行多角度、动态的图示化知识展示；同时，借助增强现实技术或虚拟现实技术对自建数据库资料进行制作，以虚拟形式提升读者体验感。此外，以"图书馆＋博物馆"的美好学习空间为定位，打造集学习、展示、交流、收

藏、研究于一体的时尚综合文化空间。

3.4　以传承为导向，重视地方特色文化成果传播多样化

西部公共图书馆以传承中华优秀传统文化为己任，多措并举，将地方特色文化资源数字人文馆藏成果"活"起来，打造特色文化品牌，联动社会各界力量共同宣传和推广优秀文化。一是创新展示载体、表现形式，如图书馆在传统节日打造"灵渠文化"民俗阅读、走读历史遗迹的活动。二是重视数字阅读推广活动，如提供地方文化主题的多媒体免费数据资源阅读服务。三是创新宣传方式，线上线下同时进行，通过微信公众号、微博、抖音、快手等自媒体平台，发布地方特色文化相关的历史故事、民俗民风故事、人文景观等音视频信息，多渠道、多手段促进特色文化数字成果的宣传与推广。

4　结语

将数字人文应用到图书馆领域，推动数字资源馆藏建设，促进地方特色文化电子化保存和现代化传播，为优秀地方文化创造性转化和创新性发展发挥积极作用。虽然当前西部公共图书馆对数字人文技术的应用相对缓慢，但在数字人文思想的影响下，我们会不断转变思维模式，逐步改进技术和服务模式，不断提升图书馆服务品质，积极推动西部公共图书馆向现代化智慧图书馆发展。

参考文献

［1］安妮·伯迪克，约翰娜·德鲁克，彼得·伦恩费尔德，等.数字人文：改变知识创新与分享的游戏规则［M］.马林青，韩若画，译.北京：中国人民大学出版社，2018.

［2］崔倩倩.基于知识图谱的国内外数字人文研究可视化分析［J］.图书馆界，2020（6）：48-54，65.

［3］KOLTAY T. Library and information science and the digital humanities：Perceived and real strengths and weaknesses［J］. The Journal of Documentation, 2016, 72（4）：781-792.

［4］王贵海.我国数字人文研究演进路径及图书馆支持策略探析［J］.图书馆工作与研究，2019（10）：106-113.

［5］马茂华，陈倩.大数据时代图书馆数字人文建设的目标定位与路径选择［J］.

河北科技图苑, 2017, 30 (4): 9-13.

[6] 向阳. 德性、技术与特色: 图书馆数字人文建设的路径选择 [J]. 图书馆,
2016 (10): 89-92.

[7] 张卫东, 左娜. 面向数字人文的馆藏资源可视化研究 [J]. 情报理论与实践,
2018, 41 (9): 102-107.

[8] 薛欢雪. 图书馆数字人文项目中可移动文物数据库的开发构建 [J]. 公共图书
馆, 2019 (1): 36-40.

[9] 朱娜. 数字人文的兴起及图书馆的角色 [J]. 图书馆, 2016 (12): 17-22,
48.

[10] 朱慧敏, 杨沉. 数字人文馆员: 缘起、角色定位及能力构建 [J]. 图书馆学研究,
2019 (14): 26-33.

[11] 赵思渊. 地方历史文献的数字化、数据化与文本挖掘: 以《中国地方历史文
献数据库》为例 [J]. 清史研究, 2016 (4): 26-35.

[12] 哈欢欢. 图书馆在数字人文研究服务中的实践与策略 [J]. 新世纪图书馆,
2021 (9): 46-51.

[13] 金家琴, 夏翠娟. 数字人文的跨界、融合与对话: 第九届上海国际图书馆论
坛数字学术与人文研究分会场"快闪报告"综述 [J]. 图书馆杂志, 2018,
37 (12): 29-38.

公共博物馆高质量发展语境下
文博主题阅览空间建设可行性研究

邹　颖①

（广西壮族自治区博物馆，广西　南宁　530022）

【摘要】如何利用好博物馆的文化社会效应，提高公众认可度，守正创新，以高质量发展为目标，为公众提供多样化、个性化的服务，已成为博物馆面临的新课题。在公共博物馆开设文博主题阅览空间的设想，延伸了博物馆的服务内容，提升博物馆的服务体验，不断满足公众日益增长的精神文明需求。积极探索公共博物馆建设主题阅览空间的可行性，让其成为公共博物馆为公众服务的新模式。这不仅充分发挥公共博物馆的社会教育职能，提高博物馆的社会影响力和公共文化服务效能，还为本地政治、经济和文化建设以及提升整个城市的文化形象做出贡献。

【关键词】高质量发展；公共博物馆；主题阅览空间；可行性
【中图分类号】G259.258.9　　　　　【文献标志码】A

1　文博主题博物馆建设背景和机遇

"博物馆是全人类的宝库，储藏着全世界各民族的记忆、文化、梦想和希望。"[1]博物馆连接着一个国家文明的过去、现在和未来。党的十八大以来，以习近平同志为核心的党中央高度重视博物馆事业的发展，习近平总书记多次到博物馆参观，发表了一系列关于博物馆事业发展的重要论述，党中央制定了一系列公共文化事业发展的相关法律、法规、办法，有力地推动了博物馆事业的改革和发展。新时代新征程，参观博物馆已经成为社会新风尚，博物馆事业也迎来了发展的春天。

1.1　公共博物馆的发展情况

自公共博物馆实施免费开放服务以来，十几年间，博物馆事业蓬勃发展，取得了诸多可圈可点的成绩。

---

① 邹颖（1985—），女，副研究馆员，就职于广西壮族自治区博物馆。

1.1.1　博物馆数量急剧增长。国家文物局发布信息显示，全国博物馆数量由1949 年的 21 个增长至 2023 年的 6 833 个，截至 2024 年 8 月底，全国 6 833 个博物馆共接待公众 9.4 亿人次。[2]

1.1.2　相关政策支持博物馆事业飞速发展。全国人民代表大会修订了《中华人民共和国文物保护法》（2017 年修正本），第四次修订了《中华人民共和国文物保护法实施条例》（2017 年修订），并出台了《中华人民共和国水下文物保护管理条例》（2022 年）。近十年，政府出台了《博物馆条例》（2015 年）、《博物馆运行评估标准》（2022 年）。2022 年，在全国文物工作会议上，文物工作方针被修改为"保护第一、加强管理、挖掘价值、有效利用、让文物活起来"。博物馆事业确立了新的发展方向，一系列政策的出台为我国建成博物馆强国提供了坚实的制度保障。

1.1.3　博物馆的社会功能日益丰富。在"互联网 +"新技术的助推下，数字博物馆、虚拟博物馆发展迅猛。公众到博物馆可参观、研学、旅游、休闲，还可体验现代科技文化设施，品味城市生活。博物馆的社会功能不断拓展，满足了公众多样化、个性化的文化需求。

1.2　文旅融合后博物馆的新机遇和新挑战

2018 年 3 月，国务院将文化部和国家旅游局的职责整合后组建了文化和旅游部。"坚持以文塑旅、以旅彰文，推进文化和旅游深度融合发展"写入了党的二十大报告。文旅融合后，博物馆的热度持续走高，博物馆成为网红打卡地。2023 年上半年，杭州博物馆参观人数已接近 500 万人次，河南博物院每日公众流量在 1.2 万人次以上，山东博物馆接待量在 1 万人次以上。[3]"博物馆 + 旅游"已经成为众多年轻人学习文化知识、旅游休闲、体验文化生活的主要选择，到博物馆参观、打卡已成为生活旅游新风尚。除了看展览、做研学、买文创，博物馆还迎合年轻人的喜好，推出了沉浸式导览剧、实验戏剧、剧本游、实景剧本杀等活动。夜游、夜宿博物馆活动也悄然兴起。公众对博物馆的新、奇、妙有了更多的憧憬和期待。2022 年，《中国青年报》就博物馆的关注程度等问题面向全国大学生发起问卷调查。调查结果显示，89.72% 的受访者去过博物馆，42.04% 的受访者每年去 1 ～ 2 次博物馆。

《"十四五"文化和旅游发展规划》提出："深入挖掘地域文化特色，将文化内容、文化符号、文化故事融入景区景点，把优秀传统文化、革命文化、社会主义先进文化纳入旅游的线路设计、展陈展示、讲解体验，让旅游成为人们感悟中华文化、增强文化自信的过程。提升硬件和优化软件并举，提高服务品质和改善文化体验并重，在旅游设施、旅游服务中增加文化元素和内涵，体现人文关怀。""诗"与"远方"牵手意味着既是社会公共文化传播机构，也是旅游热门目的地的博物馆得到了前所未有的关注和流量，也意味着公众对博物馆有了更多的期待与需求。如何利用好博物馆的文化社会效应，提高公众的认可度，守正创新，以高质量发展的视角，盘活和利用文博资源，丰富博物馆的服务内容，提升博物馆的服务体验，促进服务多样化、个性化，不断满足公众日益增长的精神文明需求，成为文旅融合后博物馆高质量发展的又一课题。

2 公共博物馆高质量发展语境下文博主题阅览空间建设的必要性

2.1 政策导向和文化使命的双重驱动

《文化和旅游部、国家发展改革委、财政部关于推动公共文化服务高质量发展的意见》提出"推动公共图书馆、文化馆、博物馆、美术馆、非遗馆等建立联动机制，加强功能融合，提高综合效益"等要求，使得博物馆在其教育功能拓展、服务模式创新上有了新的方向。在博物馆内开设主题阅览空间，这也正好契合"博物馆+"融合发展理念。

就文化使命而言，图书馆是知识储存的文化机构，博物馆是传播历史、文化和艺术的殿堂，两个场所在功能上的互补与融合，构建了从平面纸质知识到实物文明载体的完整链条，实现了"让文物活起来"。

2.2 博物馆公共文化服务功能的延伸与升级

2.2.1 主题阅览空间将博物馆文化空间进行了重构。大多数博物馆主要向公众提供以陈列展览、社会教育活动、文创产品为主的公共文化服务，在原有的展厅、学术厅、活动场地、文创空间等功能空间的基础上增设了阅读空间，打造了"观展+体验（教育、产品、活动）+阅读"的复合场域。南京市博物总馆和译林出版社合作，在六朝博物馆及太平天国历史博物馆（瞻园）打造"六朝·译空间""逐月·译空间"两个公共阅读空间，两个公共阅读空间各准备了数千册精品图书，供公众现场借阅，深受公众好评。[4]佛山市博物馆与佛山市图书馆围绕"文博"和"非遗"两大主题共建的图书馆正式开放，馆藏约1.7万册文博类、非遗类文献，部分图书提供借阅服务，提升了公众对博物馆服务的满意度。广西壮族自治区博物馆于2023年5月开设了瓯骆书房，截至2024年底，瓯骆书房已接待公众近30万人次。阅览空间的开放延伸了博物馆提供公共文化服务的触角，提升了博物馆的服务体验和效能，可以说是博物馆实现高质量发展的实践路径之一。

2.2.2 主题阅览空间形成开放的自主学习新空间。传统的博物馆主要通过讲解员讲解展览、开设公共讲座、提供社会教育课堂、举办各类活动等形式，促进公众学习和了解历史文化。随着文博事业的快速发展，近几年博物馆研学活动也异常火爆。博物馆与中小学、高校开展合作共建,开发研学课程已被纳入相关规划。不论是传统的学习还是热火朝天的研学活动,博物馆的阅读空间都为其提供了一间拓展相关知识的辅助资料室。特别是对于来到博物馆的爱好者和学生来说,在他们观展、学习、娱乐后,博物馆还为他们提供了一个自主学习、思考、消化和吸收的空间。

2.2.3 全球博物馆发展的学习与借鉴。英国大英博物馆于 2024 年重新开放了藏书量达 500 万册的著名的穹顶阅览室。法国卢浮宫的阅读空间向公众展示艺术藏品和历史文献,吸引了大量公众前来参观阅览。美国纽约大都会艺术博物馆的阅读空间以阅览室宽敞和藏书丰富而闻名,提供学术活动、阅览服务及展览活动,每天人流如织。这些国际经验表明,博物馆开放阅览空间很可能是博物馆发展的趋势之一。

总的来说,文博主题阅览空间建设是博物馆高质量发展的必然选择。其价值不仅仅是充分利用博物馆的场地、馆藏文献、专家、物业等物力和人力资源,更重要的是,博物馆从一个"文物的收藏者和阐释者"向国家历史、地理、文化、艺术等多维度的"知识综合体"方向发展。博物馆依然履行展览、教育、研究、保管等主要职能,在此基础上,依靠当地的文化资源优势以及图书馆、政府机构、出版社、书店和其他社会团体的支持,以现代管理设备、管理模式和管理手段为支撑,配以提供管理和服务的复合型人才团队,为文博主题阅览空间建设提供必要的内部条件。由此可见,博物馆开放阅览空间是提升博物馆教育功能的一个优质选择。

3 公共博物馆高质量发展语境下文博主题阅览空间建设的可行性

3.1 理念的可行性

3.1.1 法律法规和各项政策的支持。近年来,国家颁布了一系列法律法规和政策,要求建设标准化、均等化、专业化的公共文化服务场所,重视公共文化服务效能,充分保障人民群众的文化权利。《中华人民共和国公共文化服务保障法》指出:"国家鼓励和支持机关、学校、企业事业单位的文化体育设施向公众开放。"《关于推进博物馆改革发展的指导意见》指出,要"坚持开放共享。营造开放包容的发展环境,通过区域协同创新、社会参与、跨界合作、互联网传播等方式,促进资源要素有序流动,优化资源配置,多措并举盘活博物馆藏品资源"。从博物馆的发展历程来看,从坚持博物馆公共服务的均等化、便利化发展,到实现博物馆多样化、专业化服务,再到博物馆高质量、差异化发展,建立文博主题阅览空间的构想完全贴合博物馆高质量、差异化发展的思路。这些政策都为文博主题阅览空间建设提供了坚实的政策保障。

3.1.2　文博主题定位合理。公共博物馆建立文博主题阅览空间，其主题定位十分明确。依托博物馆的行业优势，按照主题文献建设的定位，提供专业化的管理与服务，建设博物馆阅览空间。文献资源的思路构建以文物考古、历史为主，以文化、艺术、旅游为辅。在倡导全民阅读，建设"书香社会"的理念下，主题阅览空间的建设既满足从业者、学生、研究人员等群体的专业需求，成为专业人士的阅读空间，又符合社会化需求，让普通公众也有了解、探索阅读空间的兴趣。依托区域优势和地方特色，以更加包容和多元的理念，围绕专业主题、区域文化特点、区域行业发展特色进行建设，资源类型由浅入深，满足各种层次读者需求，打造具有专业特色、区域文化风貌的主题阅读空间，区别于传统的公共图书馆，为读者提供更有针对性的读书环境。

3.2　基础建设条件的可行性

公共博物馆建设文博主题阅览空间具有先天的基础设施优势。

3.2.1　地理位置优越。大多数博物馆位于市中心，人口集中，交通便利，环境安静，市政配套设施条件良好。

3.2.2　环境文化氛围与图书馆主题相适应。博物馆除文物保护、收藏与利用外，还肩负文化和历史研究、社会教育等多重职能。将阅读空间设在博物馆内，既符合城市阅读空间的建设主题和环境氛围，又为博物馆履行社会教育职能开辟了新的发展路径。

3.2.3　方便博物馆目标人群使用。与综合性图书馆相比，文博主题阅览空间面向全社会开放，其主要服务对象非常明确。将阅览空间设在博物馆内，可以在喜爱博物馆的公众中锁定目标人群，方便公众参观博物馆展览，利用博物馆资源，边"游"边"用"，多渠道提升博物馆服务效能。

3.2.4　考虑合作伙伴的条件。文博主题阅览空间建设采取"公共文化服务机构＋政府机构＋社会力量"的合作共建模式，尽可能为合作伙伴提供合适的条件，满足其经营、宣传等需求，实现合作共赢，充分发挥主题阅览空间的优势。

3.3　融合建设模式的可行性

文博主题阅览空间建设实行政府主导、社会力量参与的模式。计划选择"博物馆＋政务机构"或"博物馆＋社会力量"模式，由博物馆统筹，从选址、空间到馆藏、硬件设施等都由博物馆提供。在管理模式方面，可以按照公共图书馆相关服务标准统一管理，开展业务指导，培养掌握图书馆管理技能的博物馆专业管理人才，让博物馆与图书馆实现技术手段相通共融，电子资源共享，实现阅览空间建设模式的标准化；也可以充分利用社会力量的优势，让有资质的公司来完成阅览空间专项业务工作，如日常开放、秩序维护、维修维护相关设施等，参与阅览空间的建设和运营。

积极探索博物馆与政府部门、社会力量三方融合发展的可行性。在"博物馆 + 政府机构 + 社会力量"三方合作模式中，一方出场地、资源、人员，一方出管理模式、人才培养路径，一方配置最新、最专业、最全的图书资源，强化阅览空间的专业服务。博物馆借助企业进行社会化运营，提高了博物馆的社会影响力；对企业来说，不但节省了场地、人员、运营维护等成本，拓宽了销售渠道，还借助博物馆的公共文化服务机构属性，提升了企业品牌形象，拉近了文献资源与读者的距离，双方合作能实现社会效益和经济效益共赢。

3.4 实现社会效益与经济效益的可行性

作为公共文化服务机构，博物馆履行相关职能，促进社会发展，为公众提供文化服务。为促使博物馆对所在地的社会、科技、文化、教育、经济等发展提供间接的支持，建设区域特色、主题特点与行业发展方向相结合的阅览空间，既为有需求的群体提供精准服务，提升阅览空间的服务效能，又有助于博物馆拓宽为公众服务的思路，承担更多的社会职责，发挥教育功能，满足博物馆高质量发展的要求，履行博物馆传承中华优秀传统文化的职责与使命。

在博物馆高质量发展的需求下，探索博物馆多样化、个性化发展的路径。在博物馆保护好、展示好文物的同时，开展丰富的社会教育活动，多措并举，盘活博物馆的其他资源，挖掘资源优势，找寻"博物馆 + 图书馆""博物馆 + 出版社""博物馆 + 书店"等"博物馆 +"的新思路，积极探索博物馆提高公共文化服务效能的新举措。

4 结论与建议

在博物馆开设文博主题阅览空间，让博物馆充足、专业、有特色的主题文献资源得以有效利用，并盘活了博物馆的场地、设施、专业人才队伍等优质资源。这是博物馆对服务内容和服务方式的积极探索，有效发挥博物馆的服务功能、社会教育职能，更好地服务公众。在新时代博物馆高质量发展的背景下，博物馆要充分考虑降低成本、减少投入、提高服务效能、获得优质评价的创新服务模式；与公益机构合作，开展公益文化机构之间融合服务模式的探索；将公益与商业结合，为优质企业的经营和盈利服务，降低经营成本，拓宽销售渠道，合作建设，共同发展，实现双赢。

在国家政策的支持下，经过充分的实地调研和大量的理论研究，在公共博物馆开设文博类主题阅览空间，提供文献查询、阅览等相关服务，作为一种新的服务手段，对博物馆作为公共文化服务机构的职责进行探索，体现了博物馆的使命和担当。本文从文博主题阅览空间建设的建设背景和机遇、建设的必要性和可行性等诸多方面进行分析，证明文博主题阅览空间建设具有充分的可行性，并具备可持续发展的可能。

综上所述，在新时代博物馆高质量发展的背景下，文博主题阅览空间的开放，为公众提供了一种全新的服务方案，拓宽了博物馆多渠道为公众服务的路径，丰富了公众到博物馆参观、游览、学习的体验，提升了博物馆的服务效能，同时也实现了博物馆有计划、有目的地服务于本地政治、经济和文化建设，助力城市文化形象的提升，并成为当地文化和旅游发展建设的新亮点。

参考文献

[1]蒂莫西·阿姆布罗斯，克里斯平·佩恩.博物馆基础[M].王思怡，郭卉，译.南京：江苏凤凰文艺出版社，2022.

[2]博物馆数量从21个到6833个：文化事业繁荣兴盛[EB/OL].（2024-10-03）[2024-12-01].https://baijiahao.baidu.com/s?id=18118482439679520&wfr=spider&for=pc.

[3]苏墨.一票难求，暑期"博物馆热"持续升温[EB/OL].（2023-08-05）[2024-06-12].https://baijiahao.baidu.com/s?id=1773435167810804376&wfr=spider&for=pc.

[4]南京新增两家可阅读的博物馆[EB/OL].（2023-04-24）[2024-06-07].https://baijiahao.baidu.com/s?id=1764044038554040574&wfr=spider&for=pc.

说明：本文系2023年度广西科技界智库重点课题开发类项目（桂科协〔2023〕K-51）。

阅读推广

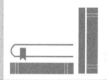

数智环境下深度阅读推广的困境与突破策略研究

——以部属和省部共建的 22 所师范大学图书馆为例

邓美莲①

（广西师范大学图书馆，广西　桂林　541006）

【摘要】在日益数智化的时代，我们比以往更需要培养深度阅读能力。本文在调查了教育部直属和省部共建的 22 所师范大学图书馆深度阅读推广的基础上，指出了在数智环境下深度阅读推广存在的诸多困境，并从提高深度阅读推广意识、加强深度阅读推广精准性以及加强阅读推广队伍建设等方面探索了突破困境的多种方法，力争以新理念、新实践开创数智时代深度阅读推广的新局面。

【关键词】数智环境；师范大学；阅读推广；深度阅读

【中图分类号】G252.17　　　　　　　【文献标志码】B

随着数智时代的到来，高校图书馆积极把最新的数智技术应用于阅读推广服务中，既拓宽了阅读服务的渠道，丰富了阅读服务的手段，也提高了阅读服务工作的效率。大学生借助数智技术，突破了时空限制，既获得了阅读的便利性，又极大地增强了阅读的主动性。同时，随着网络的全覆盖和移动设备的高度普及，大学生的阅读天平逐渐从传统的深度阅读（沉浸式阅读和思考性阅读）转移到浅阅读（碎片化阅读、娱乐化阅读和随意性阅读），并且这样的趋势还在不断发展中。《第二十一次全国国民阅读调查成果发布》的数据表明，2023 年我国成年国民各媒介综合阅读率稳步上升，数字化阅读方式的接触率成为主要增长点。成年国民综合阅读率稳步上升固然值得欣喜，但在大学里，作为阅读服务的提供者和推广者的图书馆却难以感到欣喜。因为在数智环境下，大学生对实体图书馆的依赖度在逐渐减弱，到馆读者不升反降，图书馆未能找到数智技术与深度阅读推广的最佳契合点，其各种阅读活动的号召力、吸引力也在逐渐下降，阅读推广的难度逐渐加大；大学生的数字

---

① 邓美莲（1973—），女，馆员，就职于广西师范大学图书馆。

阅读率在逐年提升的同时，意味着其深度阅读在逐渐减少，而一旦深度阅读长期缺失，势必影响大学生在个人品质、知识水平和思维能力等方面的提高，从而影响其全面成长。因此，数智环境下的高校图书馆在深度阅读推广中的困境与数字化阅读的二律背反现象不容忽视。如何充分利用好数智技术的优点，同时又能最大限度地降低数智技术在深度阅读推广中给人们带来的纷扰，突破现实环境下深度阅读推广所遇到的困境，值得每一个阅读推广人思考。

1　师范大学图书馆推进深度阅读的重要意义

1.1　关于"深度阅读"

学界对深度阅读有多种表述：深度阅读是以探索事物客观规律，提升学识素养、理论水平、思维能力等为目的的深层次阅读，是相对于以娱乐性、即时性为特征的浅阅读而言的一种阅读形式；[1]深度阅读侧重于体现阅读过程的沉浸性和完整性、阅读体验的真实性、思维过程的灵活性和关联性、阅读方法的自我建构性[2]及阅读思考的主动性[3]。总的来说，"深度阅读是指大众能够在整块的时间内持久、专注、用心地阅读书籍或者作品，并在阅读的过程中调动自己的各种感知，对书籍或者作品内容进行深入思考，从中获得知识的提升或情感的体验"[4]。

1.2　师范大学图书馆推进深度阅读的重要意义

韩愈说："师者，所以传道受业解惑也。"作为师范大学，它的使命就是培养更多更优秀的"师者"。因此，它对未来"师者"的要求也要高于其他普通高校，这是一个非常艰巨和光荣的使命。为完成这个使命，师范大学必须动员一切力量投入这项工作。图书馆作为学生学习和成长的重要阵地，首要职责就是支持和配合学校实现这个培养目标，其着力点之一就是加强阅读推广工作，特别是深度阅读推广工作。而作为师范大学的学生，因为今后要成为教师，理应对自己提出更高的要求。要成为将来合格的"师者"，就必须具有比普通人更高尚的人格、更完善的知识结构和更全面的能力。俗话说得好："要给学生一滴水，自己必须有一桶水。"只有一代代的"师者"强了，教育事业才能不断发展并为社会培养出更多优秀人才，从而推动国家各项事业的繁荣和发展。

2　数智环境下国内师范大学图书馆深度阅读推广面临的困境

2.1　阅读推广的深度有待提高

笔者主要通过对教育部直属和省部共建的 22 所师范大学图书馆的官方网站、微信公众号、新闻报道、阅读报告（年度报告）等渠道对其所开展的深度阅读推广活动, 如阅读分享活动（读书沙龙）、真人图书馆活动、经典阅读（含名著阅读、名师导读）、专家讲座与学术报告以及其他竞赛等情况做了重点调查。经调查发现, 这 22 所师范大学图书馆对一般阅读推广工作还是普遍重视的。但在此基础上如何进一步推进学生的深度阅读推广工作, 各图书馆在意识和力度上又表现出较大差异。具体表现为东部地区较西部地区好, 发达地区较落后地区好, 老牌学校比新兴学校好。而且, 对于如何利用最新的数智技术积极推进深度阅读推广工作, 各图书馆一时尚未找到最佳的契合点。

目前, 数智技术已广泛应用于各行各业。在数智技术的加持下, 各个图书馆确实增加了深度阅读推广的一些新方法、新方式。譬如, 以微信公众号的方式推出各种服务和阅读活动, 以线上会议的方式开展阅读分享和学术交流活动, 以音频形式开展名著导读活动, 等等。然而, 以纸质阅读为主要特征的深度阅读, 其方式却难以产生革命性的改变, 表现为阅读分享样式老旧, 学生逐渐失去兴趣; 真人图书馆活动的真人资源匮乏, 难以为继; 阅读经典缺少新意; 学术讲座由于经费等原因, 不能有计划地连续举办……凡此种种, 各个图书馆的阅读推广特别是深度阅读推广工作实际上已经陷入了不进不退的尴尬困境。

2.2　深度阅读推广的精准度不足

在全国脱贫攻坚中有一个词叫"精准扶贫", 推而广之, 在大学里, 大学生在阅读上也需要"精准扶贫"。通过查阅各个学校的阅读报告和图书馆的借阅大数据, 都可以轻易地看到, 某些学院、专业（如体育类、艺术类等）的部分学生在整个大学期间所借图书寥寥, 甚至有个别学生在借阅记录上显示为 0 次。同时, 在一些学生的借阅记录中, 常常出现一个现象: 阅读范围仅限于本专业, 对其他专业书籍极少涉猎。从学科上说, 理工科类学生较少涉猎除文学、历史外的其他人文社科类书籍, 如哲学、艺术等; 而文科类学生则较少阅读理工科的读物, 如自然科学、科技发展等方面的书籍。这两类学生的知识结构都是不尽合理且不完善的。迄今为止, 尚未发现国内有图书馆专门针对这类阅读"差生"进行精准阅读指导或精准"阅读扶贫"的案例。可见, 这是一个在阅读推广工作中没有被发现且容易被忽视的盲点。

2.3　深度阅读推广与数智技术的结合尚处于初级阶段

随着信息技术的迅猛发展, 现今已进入数智时代。图书馆作为学校的文献信息服务机构, 最先感受到时代先进技术的脉搏, 也会积极地把最先进的信息技术引入图书馆的管理与服务中。目前, 国内高校图书馆引入的数智技术主要有人脸识别技术、读者借还即时自动通报技术、借还数据自动统计分析、借阅图书排名、图书到期短信自动提醒和 AI 技术等。这些都是数智技术与图书馆工作最基本的结合，尚处于较低的初始阶段。而要提升阅读服务的层级，进一步发挥数智技术的优势，就需要把数智技术与图书馆的读者服务工作进行更高级、更智能的结合。譬如，利用大数据技术，根据读者平时所搜索和涉猎的内容，像"今日头条"一样，给读者自动推送感兴趣的内容；同时，又能根据读者的专业，结合其一段时间以来的阅读情况，分析读者的知识结构，并根据读者知识结构情况，适时推送和弥补知识结构不足的图书、期刊与文章，以及其他相关学术的音频、视频等内容。最近很火的 AI 技术尚未在深度阅读推广中得到充分应用。

2.4 深度阅读推广队伍力量薄弱

在图书馆从事阅读推广工作的人员中，有部分还要兼顾办公室等其他事务；即使在从事阅读推广的专职人员中，也有相当部分人员被其他事务缠身，无法投入更多的时间和精力开展深度阅读推广。做好深度阅读推广工作，实际上对图书馆员提出了更高的要求：一是具备较完善的知识结构，二是有较深厚的文化底蕴，三是熟练掌握数智技术与平台运行。放眼国内师范大学，即便像北京师范大学、华东师范大学、华中师范大学等著名学府的图书馆，专职从事深度阅读推广的馆员也不多，更遑论其他院校的图书馆。因此，在业界，从事深度阅读推广的队伍力量普遍薄弱，这种情况严重影响了深度阅读推广工作的开展。

3 数智环境下国内师范大学图书馆深度阅读推广突破策略

3.1 阅读推广的深度提升：从一般性阅读到思想性、学术性阅读的转变

一个人的思想、智慧、学术积累等主要依赖于阅读的深度。因此，图书馆要积极引导学生从过往的娱乐性阅读、休闲性阅读以及猎奇性阅读中逐步跳出来，转移到思想性阅读、学术性阅读上来，培养相关阅读的习惯与爱好。思想性阅读指的是引导学生阅读具有一定思想性、哲理性与文化深度的图书。比如，首都师范大学图书馆开展的"共读一本书"活动所推荐的《道德经》《论语》《孟子》《传习录》《围炉夜话》《菜根谭》《曾国藩家书》等，就具有非常丰富的思想性。其中，被誉为"诸子之首""万经之王"的《道德经》蕴含着丰富的哲学、政治、军事、教育、人生处世等智慧，备受国内外学者推崇。德国哲学家尼采说："老子思想的集大成——《道德经》，像一个永不枯竭的井泉，满载宝藏。"鲁迅先生说："不读《老子》一书，就不知中国文化，不知人生真谛。"因此，阅读具有丰富思想内涵的书籍，可以提升知识水平，培养独立思考能力，塑造正确的人生观和价值观，传承中华优秀传统

文化，同时丰富个人内涵和开阔视野。

学术性阅读是一种思维方式和态度，是对知识和学术领域内问题的理性思考与分析，具有严谨性、客观性和创新性等特征，如李泽厚的《美的历程》、谭丕模的《清代思想史纲》、陈寅恪的《隋唐制度渊源略论稿》、冯友兰的《中国哲学史》等，都是著名的学术著作。阅读学术性强的书籍能够获取专业知识、培养批判性思维、扩展学术视野，以及提升个人专业能力和学术水平。因此，在今后的阅读推广实践中，应该进一步加强学生的思想性阅读与学术性阅读，以促进人的全面发展，从而促使阅读育人取得最大成效。

3.2 阅读推广的精准性：从泛泛服务向个性化和精准化服务转变

个性化、精准化是阅读推广向纵深发展的必由之路。过去，图书馆的阅读服务大多面向全体学生，无论哪个学院、哪个专业的学生都可以参加，势必造成服务的泛化与缺乏精准性。尽管现有的阅读推广活动丰富多样，但是忽略了读者的个性化需求，缺乏对不同读者的差异化、分众化推广，目标对象不够明确和精准，供需之间存在失衡和错位的现象。

借助数智技术，通过图书馆的多种系统进行大数据分析，可以了解学生的借阅情况和知识结构，从而精准把握读者多样化、个性化的需求，将最能满足其需求的资源、知识和服务以适当的形式推送给读者，提高阅读推广的精准性与时效性。[5]针对特定知识结构存在缺陷的学生组织开展深度阅读推广活动，如对中国古代哲学不甚了解的同学，可以向他们推荐《中国哲学简史》《西南联大哲学通识课》。再如，针对艺术生只重"技"不重"理"的情况，可以推荐他们看一些理论性、哲理性较强的书籍。

准确把握用户多样化、个性化的阅读需求，不仅可以节省用户搜索所需内容的时间，还能合理预测用户的阅读偏好，满足用户现实与潜在的阅读需求，提高阅读推广的精度、准度和效度。[6]开展深度阅读推广工作，就要善于发现这些盲点和需要"帮扶"的对象，然后采取有效措施，提供个性和精准化的阅读服务。

3.3 深度阅读推广的技术创新：从传统手段到数智技术的应用

得益于信息科技的飞速发展，AI、云计算、大数据、微信视频号、抖音、今日头条、小红书等数智技术与平台的不断涌现，为信息的发布、传播、交流提供了日益便利的条件和新的途径与空间。这些技术与平台也非常适用于阅读推广工作。譬如，要深度了解苏东坡，不妨寻找国内关注度颇高的微信视频号去深入了解和学习，如"意公子"微信视频号，里面有关于苏东坡、范仲淹、李白、庄子，甚至有关于中国艺术史等多方面的基于个人独特视角与深刻洞见的解读。要了解中外著名图书的内容、特点，不妨到今日头条、抖音等平台去搜寻拥有上万甚至上百万粉丝的职业书评人是如何解读和推广这些图书的。

作为一个阅读推广人，也许没有足够丰富的学识、过人的智慧以及令人敬佩的个人洞见，但可以借助别人的力量，借助网络平台和最新的数智技术应用于阅读推广工作。有了数智技术的加持，深度阅读推广一定会如虎添翼。数智技术既能突破时间的限制，也能突破空间的限制，更能突破人力和智力的限制，创造出更好的效果。

3.4　深度阅读推广的关键：加强熟稔数智技术的队伍建设

深度阅读推广人要求具备的素质和能力高于其他普通图书馆员。在学历和知识水平上，应是图书馆员中最高的；在开展阅读活动的过程中，必须具有组织能力；必须有良好的知识结构底蕴，具有出色的口头表达能力，能随时充当阅读活动主讲人。在如今的数智时代，还必须是熟稔数智设备与技术运用的人才。可见，要组织一支深度阅读推广人队伍难度很大。

古人云："三日不读书便面目可憎。"在知识爆炸的今天，一天不读书，就有可能落后于时代。因此，要成为深度阅读推广人，就要努力做一个善于阅读、勤于思考，同时又能熟练驾驭数智技术的图书馆人。随着数智技术的飞速发展，各种用于会议、交流、宣传、推广的网络平台和技术层出不穷，如慕课、腾讯会议、抖音、微信视频号、学习强国、今日头条，甚至 B 站、小红书等，这些网络传播平台突破了时空的限制，克服了传统模式的局限，符合当下年轻人的喜好。因此，处于这个不断变化的数智化时代，深度阅读推广模式应该主动从传统模式向多元模式转变，在保留传统模式的基础上，积极引入上述新技术、新平台，把阅读产品与服务内容融入这些新技术、新平台上，从而为读者提供全天候阅读服务。可见，有效提升图书馆员数智素养和数智转化能力，是实现深度阅读推广的关键。

4　结语

快速发展的社会造就了快节奏的生活，催生了人们浮躁的心理，而浮躁的心理又在不断吞噬着人们的深度阅读。在大学里，深度阅读的日益减少正严重阻碍大学生的全面成长。面对这样的严峻局面，为未来培养"师者"的师范大学图书馆应积极承担起阅读育人的重任。从阅读史与精神成长史相互关系的角度，让更多大学生充分认识到深度阅读的重要性；同时，也要充分认识到在数智环境下，数智技术在阅读和学习中的正反两方面的作用。在深度阅读推广中，要扬其所长、避其所短；既继承传统，又积极利用新技术，探索新方法，守正创新。只有这样，才能突破当下高校图书馆深度阅读推广存在的诸多困境，开创数智时代阅读推广的新局面。

参考文献

［1］刘芳.当代大学生高质量阅读：时代内涵、现实问题与优化进路［J］.科技与出版，2023（4）：38-44.

［2］梅培军.深度阅读的实践原则与教学策略：共生理论的视角［J］.天津师范大学学报（基础教育版），2022，23（6）：71-75.

［3］董甜甜，刘冉."以我观书"：读者价值的重构与纸质阅读的振兴［J］.中国出版，2023（12）：25-29.

［4］姚宇龙.碎片化阅读时代图书馆对大众深度阅读的引导［J］.江苏科技信息，2018，35（21）：20-22.

［5］范凤霞.大数据驱动下的高校图书馆精准阅读推广模式构建［J］.图书馆理论与实践，2023（4）：93-103.

［6］张颖.基于圈层的图书馆精准阅读推广路径研究［J］.图书馆，2022（9）：103-109.

全民阅读现状调研与提升策略研究

——以来宾市为例

何建富①

（来宾市图书馆，广西 来宾 546100）

【摘要】本文对全民阅读发展现状开展调研，总结全民阅读工作存在的问题，提出完善社会力量参与机制，构建全民阅读服务体系；推进图书馆转型升级，满足人民群众的阅读需求；打造富有地域特色的阅读品牌，惠及更多阅读群体；顺应数字阅读趋势，创新阅读推广模式等对策，并介绍来宾市在阅读推广工作中的探索与成功经验。

【关键词】全民阅读；提升策略；来宾市

【中图分类号】G252.17　　　　　　**【文献标志码】**B

1 研究背景

2013 年，来宾市成功创建首批国家公共文化服务体系示范区，实现了市、县、乡、村四级公共文化设施网络全覆盖。来宾市以免费开放工作为契机，积极开展"大阅读""大培训"活动。推行四级联动展演，开展文化大展演、读书、培训、品牌文化、学习宣传、文化结亲等活动，并通过建章立制将服务常态化。当地农村流传的一首山歌这样称赞公共文化服务体系建设："看戏打球真热闹，闲来图书室里泡；不去赌博不去偷，乡村和谐换新貌。"对来宾市民来说，阅读已成为常态。

当前，如何提升市、县、乡、村四级公共图书馆（室）网络的服务效能，成为来宾市文化事业的重要任务之一。来宾市各级阅读推广人也在推进全民阅读高效发展的道路上不断探索。来宾市武宣县开展了"阅读品书香 文化润宣城"读书分享活动，来宾市兴宾区开展了"阅读圆梦，决胜小康"全民阅读系列活动，来宾市图书馆也启动了陪读导读志愿服务项目。

影响阅读有效性的因素有图书馆作用、阅读榜样、阅读态度等。[1]笔者通过实

---

① 何建富（1979—），男，馆员，就职于来宾市图书馆。

地调研，总结出阅读书籍类型、阅读地点、获取书籍途径、阅读时间、读者期望等因素对读者阅读行为和阅读推广工作效能有明显的影响。根据这些因素提出相应的对策，同时介绍来宾市图书馆在推动全民阅读工作方面的成功探索与经验，以期为全民阅读工作提供借鉴。

2 影响全民阅读的因素

2022 年 5—6 月，笔者对来宾城区全民阅读发展现状开展调研，共发放调查问卷 2 000 份，收回有效调查问卷 1 953 份。调查数据显示，一是调查所涉及的职业，机关 / 事业单位人员、企业人员、学生、自由职业者占比分别为 25%、20%、30%、25%；二是城区人口占比，市主城区和城南新区占比分别为 75%、25%；三是调查所涉及的年龄段，成年人与未成年人的占比分别为 80%、20%。由此可见，问卷调查已覆盖各年龄段和各职业人群。

在受访群体的学历上，大专以下占 42.6%，大专占 19.3%，本科占 31.8%，研究生及以上占 6.3%；在年龄上，16 周岁以下占 22.2%，17～25 周岁占 28.8%，26～45 周岁占 39.7%，46 周岁以上占 9.3%。

调查内容涉及阅读书籍类型、阅读地点、获取书籍途径、每日阅读时间、对打造"书香来宾"阅读项目的期望、对政府的期望、对图书馆的了解程度和阅读推广活动的参与情况等。通过对调查所得的数据进行统计分析，总结出影响全民阅读积极性、制约阅读推广服务效能的问题有以下三个方面。

2.1 阅读书籍类型与阅读地点

在阅读书籍类型（多选）上，文学类占 43%，实用技术类占 42%，政治经济类占 40%，历史哲学类占 37%，科普类占 36%，少儿类占 32%，生活类占 29%；在阅读地点（多选）上，书店占 37%，图书馆占 29%，单位图书室（角）占 24%，学校图书室（角）占 20%，其他占 41%。调查数据表明，读者的阅读书籍类型与阅读地点有明显的倾向性。在选择阅读书籍类型时，人们更倾向于选择文学类和实用技术类的书籍，存在明显的"信息茧房"现象，这可能是因为这两类书籍与大多数人的兴趣爱好和实际需求有较强的关联性。在选择阅读地点时，人们也更倾向于选择书店，其次是图书馆和单位图书室（角），这可能是因为书店能够提供更加舒适的阅读环境和更多样化的图书资源，而图书馆和单位图书室（角）则可以为人们提供更加安静的阅读氛围，有利于人们专注阅读。

2.2 获取书籍途径与阅读时间

在获取书籍的途径（多选）上，自行购买占 47%，到图书馆借占 52%，网络阅读占 59%，向朋友借占 17%，其他占 24%；每日阅读时间上，10 分钟占 15.4%，30 分钟占 43.6%，1 小时以上占 32.2%，基本不读占 8.8%。调查数据表明，在每日阅读时间上，说明现代人对于便捷、快速的电子阅读方式有着较高的接受度，人们对于阅读的兴趣和意愿还是比较高的，只是在时间和方式上更注重效率和便利性。由此可以推测，在现代社会中，数字化阅读和在线阅读正在成为主流，而传统的实体书可能会逐渐减少。

2.3　读者期望

在对打造"书香来宾"阅读项目的期望（多选）方面，增加藏书并提高图书更新率占 59%，提供更多数字资源服务占 45%，改进服务态度占 17%，开展更多新媒体服务占 39%，举办更多的阅读活动占 40%，改善馆舍环境占 28%，增加自助图书馆占 42%；在对政府的期望（多选）方面，每年划拨专项经费占 48%，举办全民读书活动占 74%，建设更多智慧图书馆占 52%。调查数据表明，藏书量与图书更新率是影响全民阅读的重要因素。因此，在满足读者需求方面，应该优先考虑增加藏书量和提高图书更新率，同时还要提供更多数字资源服务和开展新媒体服务来引领未来的数字化阅读风潮。举办更多的阅读活动和增加自助图书馆，可以创造更舒适、更便捷的阅读环境。而受访者希望政府能够每年划拨专项经费来支持阅读推广，举办更多的全民读书活动，同时建设更多的智慧图书馆，这也是符合国家阅读推广政策的。

3　推进全民阅读的对策

3.1　完善社会力量参与机制，构建全民阅读服务体系

在如今信息化的时代，为了让公共图书馆更好地为社会服务，我们需要通过党委和政府层面，完善社会力量参与机制，吸纳社会各界力量，构建更加完善的全民阅读服务体系。在实现这个目标的过程中，图书馆要加强与各方机构的合作，如与企业合作，企业可以发挥赞助作用，帮助图书馆缓解经费问题，并协助其举办阅读活动；与学校合作，可以深入社会民众，让家长和学生到图书馆参观并参加日常阅读活动；与媒体合作，可以利用自媒体平台，如微博和抖音等，拓宽宣传渠道；与公益组织合作，可以招募志愿者，缓解人力不足的问题。这些措施将为公共图书馆的全民阅读服务体系提供支持。需要注意的是，在与各方机构合作前要审核其资质，以避免潜在的麻烦。相信通过社会各方力量的参与，公共图书馆将成为一个更加开放、便捷、丰富的学习天地。[2]

3.2 推进图书馆转型升级，满足人民群众阅读需求

在财政能力许可的范围内，公共图书馆要落实财政保障条件，发挥好全民阅读主阵地的作用。一是全面优化图书馆软硬件设施，夯实传统阅读阵地，不断扩充藏书种类，提升服务效能。二是提升数字化服务能力，推广"云阅读"等新媒体阅读方式，可利用手机 APP、微信公众号等传播范围广、使用便捷的新媒体方式。加强纸质图书与数字图书的有机结合，大力推广有声阅读模式，把图书馆数字阅读服务发展成广大读者喜爱的一种阅读新方式。三是继续实施"群众读书、政府买单"的借阅服务模式。政府提供经费支持公共图书馆与书店合作，通过把图书馆借阅业务引进书店和在图书馆设书店专区等合作模式，推广从书店借书到图书馆还书的借阅新方式。举办以图书馆书友会、书友圈为主体的"书友圈荐书"活动，让读者不仅是图书采购的决策者，还是阅读推广的参与者，从而提高借阅率。

3.3 打造富有地域特色的阅读品牌，惠及更多阅读群体

随着全民阅读活动的深入推进，如何打造富有地域特色的阅读品牌，已成为公共图书馆必须面对的重要问题。一是挖掘本地独特的文化资源，将其融入阅读推广活动中，以突出地域特色，引领读者走进文化、体验生活。二是开展主题阅读活动，通过有针对性的活动策划和组织，满足不同群体的阅读需求，扩大阅读的受众面，提升全民阅读质量。三是鼓励读者参与阅读推广，建立读者互动交流平台，并在平台上进行群体性阅读讨论，分享阅读心得和体验，增进读者之间的交往与感知。四是利用新媒体手段，积极开展线上阅读推广活动，建立数字阅读平台，提供个性化的服务，拓宽阅读范围，满足读者多元化的阅读需求。凭借这些举措，公共图书馆能够打造出具有地域特色的阅读品牌，为更多人群提供闻所未闻的文化体验和多种多样的阅读服务，充分发挥公共图书馆在全民阅读活动中的带头作用。[3]

3.4 顺应数字阅读趋势，创新阅读推广模式

在信息化和数字化进程加速的背景下，数字阅读已经逐渐成为人们获取知识、文化、娱乐的重要方式。对于图书馆阅读推广来说，需要顺应时代趋势，创新服务模式，从而有效提升文化承载力和阅读服务效能。一是打造泛在化的阅读环境，允许用户随时随地进行数字阅读。二是创新载体形式，提供全新数字化知识体验。三是拓展阅读方法，激发用户阅读兴趣和创新思维。四是将数字化阅读推广纳入图书馆发展规划。只有通过这些举措，才能实现阅读推广工作常态化、制度化、智慧化，为人们的数字化阅读需求提供便捷、高效的服务。

4　来宾市阅读推广工作的成功经验

4.1　建设市民学习交流大厅，打造最美党史学习教育基地

来宾市图书馆由于阅读服务空间有限，多年来只能在馆外探索新型文化空间建设。随着公共文化事业的不断发展和人民群众对多元化公共文化需求的日益增长，传统的阅读模式已经不能满足市民个性化的阅读需求。为满足读者的多元化阅读需求，2020 年，来宾市图书馆新馆的升级改造和市民学习交流大厅的扩建，使得来宾市图书馆很快成为市民的网红打卡地。2021 年，进馆人数高达 23.163 1 万人次，比 2020 年增长了 97%；馆内文献借阅量达到 10.147 7 万册次；网站点击量和微信公众平台点击量分别比 2020 年增长了 296%、63%；开展各种活动 256 场次，直接参与人员超过 2 万人次，分别比 2020 年增长了 348% 和 326%。

这些活动受到当地媒体和上级文化部门的广泛关注与好评。来宾市电视台、《来宾日报》等媒体先后对活动进行 30 多次报道，自治区相关领导先后率队到党史学习教育基地开展专题调研。[4]

来宾市图书馆市民学习交流大厅建设的成功不仅满足了读者的需求，还为红色阅读宣传教育活动的开展提供了更多更好的选择，也为其他城市图书馆的发展提供了有益参考。

4.2　启动陪读导读志愿服务项目，促进公共文化服务均等化

来宾市图书馆的"书香暖心　阅读有我"项目是来宾市文化志愿示范计划之一，于 2017 年 4 月启动。该项目聘请来宾市辖区内的大中小学专业教师、社会教育培训机构骨干教师、社会文化名人和在校大学生等，组建了一支专业的文化志愿者团队。通过利用图书馆资源，定期为来宾市残疾人康复中心、来宾市特殊教育学校和工业园区提供有针对性的导读陪读服务，在活动中激发特殊人群的阅读兴趣，并提升其融入社会的能力，从而提高他们的阅读水平，保障特殊人群平等享受公共文化服务的权利。

截至 2022 年底，该项目已招募文化志愿者 292 名，开展志愿服务活动 321 场次，累计服务时长达 17 180 小时，受益人数超过 8 万人次。如今，这项志愿服务活动已成为来宾市公共文化服务品牌活动之一。

5　结语

随着社会的发展和人民生活水平的不断提高，全民阅读已经成为一个重要的议题和推广的重心。来宾市在全民阅读推广上取得了不少成绩，通过农村"三求"文

化惠民工程、国家公共文化服务体系示范区等举措，成功将阅读融入人们的生活中。但在推广过程中还存在制约因素，如阅读书籍的类型与阅读地点、书籍获取途径与阅读时间以及读者的期望等。为此，我们需要完善全民阅读服务体系，提升公共图书馆（室）网络的服务效能，并顺应数字阅读趋势，创新阅读推广模式。同时，来宾市在提升全民阅读方面还有许多实践经验值得借鉴，如建设市民学习交流大厅、启动陪读导读志愿服务项目等，这些经验为今后的全民阅读推广提供了新思路和新方向。全民阅读不仅是一种文化传承和精神追求，更是提升全民整体素质的关键手段。加强全民阅读推广，对我国社会和人民带来深远的影响。

参考文献

［1］董桂存 . 阅读有效性影响因素视角下的我国青少年阅读推广探析[J]. 图书馆界，
　　2019（1）：4-6，17.

［2］张展 . 公共图书馆阅读推广活动低效问题及优化措施研究[D]. 保定：河北大学，
　　2020.

［3］王文娟 . 文旅融合视域下地方文献阅读品牌建设研究：以"龙江文脉"品牌为
　　例［J］. 图书馆研究与工作，2019（12）：57-60.

［4］卢永朋，莫远征 . 中西部中小型图书馆新型公共阅读空间建设与运行研究：以
　　来宾市图书馆市民阅读交流大厅为例［J］. 文化月刊，2022（9）：108-110.

公共图书馆家庭阅读推广策略探究

黄燕丽[①]

（北流市图书馆，广西 玉林 537499）

【摘要】 家庭阅读推广作为公共图书馆的重要工作内容，做好家庭阅读推广可促进公民素质的整体提高。但由于受到多种因素的影响，部分地区的公共图书馆在推广家庭阅读的过程中出现了较多的问题。在今后的发展中，公共图书馆需科学制订家庭阅读推广计划，以提高家庭阅读推广质量。本文分析公共图书馆家庭阅读推广的积极作用，指出公共图书馆家庭阅读推广的现状，并提出公共图书馆家庭阅读推广策略，旨在为今后开展相关研究提供参考与借鉴。

【关键词】 公共图书馆；家庭阅读；推广；积极作用；策略

【中图分类号】 G252.17　　　　　**【文献标志码】** B

当下，我国正处于社会主义现代化建设的关键时期，更应全国上下凝聚合力，齐心共建社会主义。这一目标的早日实现，将凸显公共图书馆和家庭教育的重要意义。公共图书馆作为公众获取知识的重要渠道，凭借其丰富的资源储备，在家庭阅读推广中展现出显著的优势。因此，公共图书馆需提高对家庭阅读推广的重视程度，改进传统家庭阅读推广的理念和方法，以发挥公共图书馆在推广家庭阅读中的积极作用，营造良好的社会阅读氛围。

1 公共图书馆家庭阅读推广的积极作用

1.1 提高公共图书馆的工作质量

公共图书馆在社会公共服务体系中占据核心地位。由于公共图书馆的特殊性，其在营造良好社会氛围方面可起到重要的促进作用。随着家庭阅读的重要意义被更多人认知，公共图书馆在推广家庭阅读中的重要地位也得以不断凸显。从公共图书馆家庭阅读推广的积极作用来看，其可有效提高公共图书馆的工作质量。具体表现为，家庭阅读推广可促使公共图书馆打破以往仅局限于图书借阅服务的传统模式，

---

① 黄燕丽（1982—），女，馆员，就职于北流市图书馆。

通过推广家庭阅读，拓展其职责范围，促使公共图书馆在开展工作的过程中不断对工作理念和工作形式进行创新，使得公共图书馆能够更好地承担自身的社会职责，提高工作质量以及工作效率。[1]

1.2 提高社会公民整体素养

随着我国社会发展水平和经济发展水平的整体提高，国家对社会公民的综合素养提出了更高的要求，而公共图书馆积极开展家庭阅读推广，对提高社会公民整体素养也具有促进作用。具体表现为，公共图书馆利用多种方式推广家庭阅读，可提高公民对阅读的重视程度，促使其主动参与阅读，并在阅读中形成正确的"三观"，提高思想认识。公民在阅读过程中可开阔视野，丰富自身的知识储备，为今后参与社会各项工作打下坚实的基础。公共图书馆开展家庭阅读推广，不仅有利于形成良好的家风，而且符合和谐社会建设的要求。

2 公共图书馆家庭阅读推广现状

2.1 缺乏完善的保障体系

为促进公共图书馆家庭阅读推广的顺利开展，需要多方合作并构建完善的保障体系。但从当下公共图书馆家庭阅读推广的现状来看，由于家庭阅读推广出现时间较晚，部分地区尚未积累完善的工作经验，在保障体系的建设方面存在较多不足之处。例如，部分地区的公共图书馆在推广家庭阅读的过程中缺乏足够的资金和资源，导致活动设计受到较大限制，仅能以线下发放资料或者与传统媒体合作的方式进行推广，覆盖范围较小，整体推广效率不高。还有部分地区的公共图书馆在推广家庭阅读的过程中缺乏完善的管理机制，没有发挥政府在这一过程中的主导作用，相应的责任机制不完善，考评机制和奖惩机制没有得到落实，对后续公共图书馆家庭阅读推广造成极大影响。[2]

2.2 家庭阅读推广形式单一

家庭阅读推广的主体较多，有公共图书馆、家长和学生等。由于不同的主体在文化背景和接受能力方面存在明显差异，因此公共图书馆在开展家庭阅读推广的过程中，需引入多元化的阅读推广形式，以此来提高各方对家庭阅读推广的参与度。但部分地区由于观念较为落后，使得当地对家庭阅读的重视程度较低，公共图书馆在实际开展家庭阅读推广的过程中也存在形式单一的情况，如仅为家长和学生发放宣传资料或组织一系列的线下活动等，缺乏信息技术及新媒体的应用，在活动主题的设计上也缺乏创新，不利于公共图书馆家庭阅读推广的顺利开展。

2.3 缺乏专业的家庭阅读推广人员

在公共图书馆开展家庭阅读推广的过程中，需要专业工作人员才能促进各项工作的顺利开展。但部分公共图书馆由于对家庭阅读推广缺乏认识，因此在组建工作人员队伍时也存在较多的问题，如在引入人员的过程中仅关注其专业图书管理知识，缺乏对图书推广能力的考评，使得所组建的队伍在专业能力方面存在欠缺。而针对已有的图书馆工作人员，部分图书馆也缺乏相应的培训，没有将家庭阅读推广作为重要的培训内容，无法提高工作人员的专业水平，影响了公共图书馆家庭阅读推广质量的提高。

3 公共图书馆家庭阅读推广策略

3.1 完善保障体系建设

由于公共图书馆在推广家庭阅读的过程中涉及较多的工作环节和工作内容，需要建设完善的保障体系才能促进各项工作的有序开展。在公共图书馆家庭阅读推广的保障体系建设上，当地政府需发挥主导作用，做好相关部门之间的协调与沟通，为公共图书馆推广家庭阅读提供相应的资金和资源，便于公共图书馆设计多元化的家庭阅读推广活动，提高公共图书馆家庭阅读推广质量。此外，公共图书馆还可与相关部门展开合作，构建家庭、学校、社会合作机制，引导各方参与公共图书馆家庭阅读推广，做好社会资源的吸纳，并与学校展开深度合作，共同推广家庭阅读的相关内容，提高各方对家庭阅读推广的重视程度，形成良好的工作合力。在这一过程中，需落实责任机制，明确公共图书馆在开展家庭阅读推广中各方所需承担的职责，细化公共图书馆家庭阅读推广的内容，并将具体的工作内容落实到相关部门和个人，避免在开展家庭阅读推广的过程中出现混乱，以此夯实公共图书馆家庭阅读推广的基础。为提高各方对家庭阅读推广的重视程度，可完善考评机制和奖惩机制，将家庭阅读推广成果作为考评相关部门和人员的重要标准，并结合考评结果采取一定的奖惩措施，从而端正相关部门和人员的工作态度。[3]

3.2 创新家庭阅读推广形式

3.2.1 信息技术形式。针对部分公共图书馆在开展家庭阅读推广过程中存在推广形式单一、无法调动家长和学生参与积极性的情况，可对家庭阅读推广形式进行创新。随着我国科学技术发展水平的不断提高，信息技术在各个领域中均得以广泛运用。由于信息技术在资源储备和信息展示方面有着极强的优势，因此在公共图书馆创新家庭阅读推广形式的过程中，可运用信息技术开展推广，提升家庭阅读推广效果。在具体实施中，公共图书馆需做好管理平台的建设，打造线上公共图书馆管理平台，在平台中完善功能设置，将公共图书馆中的资源打造为电子资源，便于家长在开展家庭阅读时应用，提高家长获取图书资源的便利性。为提高公共图书馆家庭阅读推广质量，图书馆可在平台建设的过程中完善大数据技术、云计算和云存储功能，便于在开展家庭阅读推广的过程中对家长的浏览数据进行分析，结合家长和学生的阅读喜好为其推送可能感兴趣的内容，提高公共图书馆的服务质量。与此同时，可完善线下和线上图书资源的建设，结合不同群体的阅读诉求，构建完善的阅读资源库，做好分类工作和检索功能的设计，将线下与线上的家庭阅读有机结合，提高公共图书馆家庭阅读的推广效果。信息技术的发展使得媒体工具的数量不断增加，公共图书馆在开展家庭阅读推广的过程中，除利用公共图书馆的线上管理平台开展推广外，还可与新媒体（如微信、微博及短视频等）合作，将家庭阅读的重要意义和阅读方法制作成生动的视频，发挥新媒体的传播优势，扩大推广范围，提高推广效果。[4]

部分家长对家庭阅读的重视程度不够，缺乏家庭阅读实施能力，也是影响公共图书馆家庭阅读推广顺利开展的重要原因。对此，公共图书馆在利用信息技术开展家庭阅读推广的过程中，可针对家长进行宣传，革新家长落后的家庭教育观念，提高家长在公共图书馆开展家庭阅读推广中的配合度。在具体实施中，公共图书馆除可线下为家长发放宣传资料外，还可线上加强对家长的指导与服务。公共图书馆可将家庭阅读的重要意义和阅读方法等发送给家长，引导家长结合自己的时间安排进行阅读，提高家长的家庭阅读教育能力。公共图书馆可完善线上阅读推广平台的服务功能，鼓励家长在开展家庭阅读中发现问题后及时在平台上留言，由公共图书馆安排专门人员协助家长解决问题。此外，还可为家庭阅读推广设置专门的服务板块，展示有关家庭阅读的内容，满足家长对家庭阅读的需求，提高公共图书馆家庭阅读推广的服务质量。

3.2.2 实践形式。为激发家长和学生参与公共图书馆家庭阅读推广的积极性，公共图书馆除可利用信息技术开展线上推广外，还需利用实践形式开展线下推广，将推广内容设计成丰富多彩的活动，将线上推广与线下推广有机结合，提高公共图书馆家庭阅读推广质量。一是公共图书馆可设计品牌活动，增加与学校之间的沟通与合作，进校园开展阅读推广活动，提高学生和教师对家庭阅读的重视程度，激发其主动参与家庭阅读推广的热情。2023年，北流市图书馆招募有家庭阅读推广经验的文化志愿者，在馆内组织了12场亲子阅读推广活动，并与相关部门合作，将品牌活动植入全市幼儿园，收到明显的推广效果。二是公共图书馆可从文明家庭和文明家风建设入手，设计并开展讲述文明家庭、好家风故事的活动，组织故事分享会，在其中推广家庭阅读，将家庭阅读与文明家庭、文明家风建设有机结合，也可起到较好的推广效果。三是公共图书馆可增加与社会各界的合作，如学校和各类公共场所等，共同开展征集家庭亲子阅读视频的活动，并在征集的视频中评选出书香家庭，扩大家庭阅读的影响力，促进社会良好阅读氛围的形成。四是公共图书馆可邀请家庭教育领域的专家到图书馆举办讲座，就家长关心的家庭教育问题展开宣讲，回答家长所提出的问题，从中渗透家庭阅读的重要意义，也可有效提高家长对家庭阅读的关注度。[5]

3.3　做好家庭阅读推广人员队伍建设

在新时期，为更好地发挥家庭阅读推广的积极作用，公共图书馆在开展家庭阅读推广的过程中，要做好专业推广人员队伍的建设，保障后续家庭阅读推广各项工作的有序开展。

一方面，公共图书馆在引入人才的过程中，需结合家庭阅读推广的相关要求，科学制定人才引入标准，提高工作人员的薪酬福利待遇，吸引专业人才的加入，保证所选聘的人员兼具图书馆专业知识和家庭阅读推广能力。另一方面，针对已有的图书馆工作人员，要做好相应的培训。图书馆除需将图书馆工作的专业知识作为培训主要内容外，还需将家庭阅读推广的相关知识纳入培训范围，从理论和实践两个层面开展相关培训，保证图书馆工作人员能够更好地适应新时期公共图书馆家庭阅读推广的相关工作要求。由于当下图书馆家庭阅读推广大多以线上线下相结合的方式开展，工作人员须具备新媒体和信息技术的应用能力，能够熟练地应用信息技术开展工作。图书馆还需将信息技术和新媒体的相关知识作为工作人员的培训内容，促使其能够更好地依照新时期家庭阅读推广的相关要求设计一系列的活动，为推进公共图书馆家庭阅读推广模式的构建，需在专业工作人员方面提供坚实的支持与保障。

4　结语

公共图书馆做好家庭阅读推广，不仅提高公共图书馆的工作质量，更有助于提高社会公民的整体素养。针对部分公共图书馆在新时期推广家庭阅读中存在的问题，可从保障体系、推广形式和人员队伍建设等层面进行改进，最大限度地发挥公共图书馆在家庭阅读推广中的积极作用，实现公共图书馆可持续发展。

参考文献

［1］王世燕.《家庭教育促进法》施行背景下公共图书馆家庭阅读推广模式构建［J］.
　　兰台内外，2024（11）：70-72.

［2］丁祖峰.公共图书馆家庭阅读推广实践研究：以南京少儿图书馆为例［J］.图
　　书馆学刊，2019，41（1）：84-88.

［3］孙燕纯.浅析公共图书馆家庭阅读推广服务策略：基于佛山市民家庭阅读现状
　　调查［J］.图书馆学研究，2021（1）：72-79.

［4］叶丹，包宁，高飞，等."双减"政策下公共图书馆家庭阅读推广优化策略研
　　究［J］.图书馆学刊，2024，46（1）：77-82.

［5］朱芸，吴爱武，向君."双减"政策背景下公共图书馆开展家庭阅读推广活动
　　的研究［J］.图书馆理论与实践，2023（1）：131-136.

数智时代高校图书馆阅读推广创新路径研究

陆代武①　　周子琳②

（广西财经学院图书馆，广西　南宁　530007）

【摘要】 阅读对于提升读者素质及凝聚民族精神具有重要意义。随着科技的不断进步，数字阅读已成为一种重要的阅读形式，持续改变着人们的阅读习惯和方式，图书馆阅读推广的创新研究在此背景下显得尤为重要。本文通过调研分析数智时代图书馆阅读推广及服务中存在的问题，提出相应的新模式和新路径，以期为数智时代高校图书馆阅读推广的创新提供参考。

【关键词】 数智时代；阅读；推广路径

【中图分类号】 G252.17　　　　　　　**【文献标志码】** B

　　党的二十大报告提出，实施国家文化数字化战略，健全现代公共文化服务体系，创新实施文化惠民工程。在数智时代，图书馆的角色和功能也在发生深刻的变革，图书馆阅读推广面临着前所未有的机遇与挑战。传统图书馆的阅读推广方式，如推荐书籍、举办讲座和展览等，虽然在培养读者兴趣、提升阅读素养方面发挥了重要作用，但是在数智化转型的大背景下，这些方式已经无法满足读者多元化、个性化的阅读需求。

1　数智时代高校大学生阅读现状及存在的问题

　　随着科技的飞速发展，我们正处于一个数智化的时代，国家推动5G、人工智能、物联网、大数据、云计算等技术在文化领域的应用，加强文化数据资源体系建设，建立健全数据开放和共享机制，强化数据挖掘应用，为优质文化产品向公共文化产品转变搭建了坚实的桥梁。在数字文化战略下，读者已从线下实体书阅读逐渐转变为线上多样化的阅读方式，[1]很多读者不用进图书馆、书店就可以通过线上平台阅读到各类书籍，获取各种信息，可以说在数智时代阅读平台遍地开花，图书馆的阅

①陆代武（1976—），男，讲师，就职于广西财经学院图书馆。

②周子琳（1980—），女，助理研究员，就职于广西财经学院图书馆。

读推广也呈现出新的面貌。数智时代的图书馆阅读推广，既有显著的优势，也面临一些问题。

1.1 阅读能力下降

笔者随机对 6 所高校 2023 年大学生读书情况开展调查，发现学生图书借阅率普遍下降，甚至有个别高校年人均借阅量不足 4 本。随着科技的发展，不少大学生过于依赖搜索引擎和智能设备，导致他们的独立思考能力和分析能力逐渐下降，这种趋势对大学生的未来发展产生不利影响。因此，高校应当鼓励大学生培养独立阅读和思考的习惯，提高他们的阅读能力和批判性思维能力。

1.2 阅读方式单一

在数字化阅读的浪潮中，不少大学生因过度依赖电子设备而忽视了传统纸质书籍所带来的独特阅读体验。一方面，数字化阅读虽然方便、快捷，但也可能导致读者陷入信息碎片化、浅阅读的困境。不少读者可能更倾向于阅读简短、易消化的信息，而忽视了深度阅读的重要性。另一方面，虽然电子设备提供了便捷的阅读方式，但纸质书籍所带来的触感、书香以及翻页的感觉是无法被取代的，单一化的阅读方式会限制大学生对阅读多样性的体验和感知。

1.3 阅读质量参差不齐

由于数字化阅读的便捷性，大学生可以随时随地阅读，但同时也可能使他们过于追求数量而忽视质量，如忽视对经典著作的阅读。一些低级错误的信息可能会误导他们的思想和行为。因此，高校需要引导大学生建立正确的阅读观念，注重阅读质量，为大学生选择口碑好的出版机构和作者的作品进行阅读。

1.4 阅读效果不佳，理解深度不够

在数字化阅读环境中，大学生很容易被各种因素如社交媒体分散注意力，这种不专注的状态会导致他们难以深入理解阅读内容，从而影响阅读效果和理解深度。

1.5 信息过载

互联网每时每刻都有大量的信息产生和传播，大学生很容易被这些信息所影响。他们花费大量时间在浏览和筛选信息上，却难以找到真正有价值的内容。这种信息过载的现象会导致大学生缺乏深度阅读和系统思考的能力。

2 数智时代高校图书馆阅读推广创新路径

在数智时代，图书馆阅读推广不仅要满足读者的阅读需求，更要引领阅读潮流，激发全社会的阅读热情，这就要求图书馆阅读推广紧密结合国家战略和社会需求。

图书馆应该积极发挥自身优势和作用，根据国家战略需求开展专题阅读推广活动，为社会发展提供智力支持和文化滋养。

在数智时代，图书馆阅读推广在科技手段的支持下取得了一定的成效，但仍面临一些挑战，这就要求图书馆在阅读推广策略上不断创新，充分利用新技术、新平台拓宽阅读推广的广度，引导读者培养深度阅读的习惯，推动全民阅读事业的发展。

2.1 通过大数据分析和智能推荐，提供更加个性化、精准服务

智能化服务不仅能够提高读者的阅读效率，还能够帮助读者拓宽知识面，提升个人素养。图书馆可以根据读者的专业或职业背景和工作领域，为读者推荐相关领域的专业书籍、文章、报告等，帮助其更好地了解行业前沿动态，提升专业技能；还可以根据读者的阅读习惯和兴趣爱好，推荐不同类型的文学作品、杂志等，让读者在繁忙的工作之余享受阅读的乐趣。例如，针对青少年群体，可以推出寓教于乐的阅读活动，结合互动游戏、动画视频等形式，激发他们的阅读兴趣；针对成年人群体，可以提供职业发展、健康生活等类型的图书资源；针对老年人群体，可以提供历史、传记等类型的图书资源，或提供大字版、有声读物等无障碍阅读服务，帮助他们享受阅读的乐趣。

此外，图书馆还需要更多地关注青少年阅读推广。青少年是国家的未来和希望，培养他们的阅读习惯对于提高全民阅读水平具有重要意义。图书馆可以开展青少年阅读计划，通过开展读书活动、举办作家讲座、设立青少年阅读专区等方式，激发青少年的阅读兴趣，培养他们的阅读习惯。

2.2 利用先进的技术手段，打造多元化阅读平台

2.2.1 借助社交媒体和移动应用，拓宽阅读推广的渠道和覆盖面。除了传统的书籍借阅、阅读讲座等活动，图书馆还可以尝试开展线上直播、线上阅读、短视频、互动游戏等新颖的活动形式，吸引更多读者参与。通过微博、微信、抖音等平台，图书馆可以发布阅读资讯、推荐优质图书、分享阅读感悟，吸引更多年轻读者的关注和参与。同时，图书馆还可以开展线上阅读活动，如网络书香节、线上读书会等，让读者在线上也能感受到阅读的魅力。

2.2.2 利用增强现实技术或虚拟现实技术，为读者提供沉浸式的阅读体验。通过增强现实技术或虚拟现实技术，读者可以感受书中的场景和人物，增强阅读的趣味性和吸引力。这种沉浸式的阅读体验，极大地激发读者的想象力和创造力，从而激发他们对阅读的热爱。

2.2.3 建立紧密的社群联系，加强与读者的互动和沟通。通过线上社交平台、

线下活动等方式，图书馆可以与读者进行实时互动，了解他们的阅读需求和反馈，及时调整服务策略，提升读者满意度。此外，图书馆还可以借助读者的力量，开展读者生成内容活动，鼓励读者分享阅读心得、书评、读后感等，形成丰富的阅读资源库，从而为其他读者提供参考和借鉴。

2.3 注重培养读者的数字素养和阅读能力

2.3.1 培养读者的数字素养。在数智时代，读者可以借助各种移动终端获取阅读信息，与传统的阅读方式相比，读者对数字化阅读方式的兴趣更为浓厚。[2]但是作为一个开放式的平台，互联网中包含了诸多信息，既有积极的内容，也有消极的内容。数智时代虽然带来了丰富的阅读资源，但也存在信息泛滥、质量参差不齐等问题。图书馆需要开展阅读指导、阅读辅导讲座等活动，帮助读者提高阅读素养，识别优质内容，避免被不良信息干扰。

2.3.2 培养读者的阅读能力。数智时代的阅读不仅要求读者具备基本的阅读技能，还要求读者能够熟练使用各种数字工具和平台。因此，图书馆应该开设相关的培训课程和讲座，帮助读者提高阅读能力，使他们能够更好地享受数智时代的阅读体验；还可以通过举办创新阅读活动、开设创意写作工作坊、组织跨学科读书会等方式，鼓励读者在阅读中发现问题、提出观点、创造新知，从而培养他们的创新意识和创造能力。同时，图书馆还可以提供多种终端设备（如电脑、手机等），让读者可以根据自己的喜好和需求选择合适的阅读设备。阅读不仅是获取知识和信息的重要途径，更是激发创新思维和培养创造能力的重要手段。

2.4 加强自身的数字化建设和服务能力，吸引更多读者参与阅读

2.4.1 不仅要拥有丰富的实体馆藏资源，还要建立完善的数字资源库和服务平台。图书馆需要积极引进先进的数字技术和服务模式，提高数字化水平和服务能力。特别是类似于大部分高校图书馆设置的参考咨询部、文化推广部等服务部门，可统一管理读者的身份认证和权限，借助QQ群、微信群等多种方式，利用各种信息推送途径，将"一站式"的阅读服务提供给广大读者，增强个性化阅读服务的移动性和即时性，借助移动图书馆加大推送、宣传力度。[3]图书馆可以组织开展在线阅读推广活动，扩大覆盖规模，增强影响力，[4]为读者提供更加便捷、高效、个性化的图书阅读咨询服务。

2.4.2 加强与其他文化机构、媒体等的合作与联动，共同打造良好的阅读文化生态环境。传统的阅读推广往往局限于图书馆内部，而数智时代则要求图书馆走出

馆舍，与其他文化机构、媒体、企业等建立紧密的合作关系，共同打造多元化的阅读推广活动。通过合作开展阅读项目、共享阅读资源、共同打造阅读品牌等方式，图书馆可以拓宽阅读推广的渠道，提高阅读推广的影响力。此外，图书馆还可以与咖啡馆、书店等商业场所合作，打造融合阅读与休闲的文化空间，吸引更多读者参与阅读。

2.4.3　在阅读推广过程中需要关注文化传承和创新。图书馆作为传统文化的传承者和推广者，需要深入挖掘和利用自身的文化资源，通过举办传统文化讲座、展览、演出、互动体验活动等形式，如举办文学作品赏析会，让更多读者了解和感受传统文化的魅力，吸引更多人参与阅读。

2.4.4　通过多种方式促进深度阅读。例如，可以定期举办读书节、研讨会等系列活动，邀请专家学者与读者分享阅读心得，引导读者深入思考和理解书中的内容。此外，还可以开展书评、书单推荐等活动，帮助读者挑选高质量、有深度的图书，提高阅读的质量和效果。

2.4.5　关注新兴文化现象和趋势，积极引入新兴文化元素，结合时事热点和读者需求，策划专题阅读推广活动，提高阅读的趣味性和实用性，推动传统文化的创新和发展。图书馆可以通过优质的服务、丰富的活动、创新的理念等，塑造出独特的品牌形象和影响力，吸引更多读者的关注和参与。

综上所述，数智时代的图书馆阅读推广是一项系统的工作。图书馆需要充分利用先进的技术手段，创新推广方式和内容，培养读者的数字素养和阅读能力，才能更好地适应数智时代的发展要求，推动全民阅读事业的发展。在这个过程中，图书馆还需要保持开放和合作的态度，积极与其他文化机构、教育机构、科技企业等合作，共同探索和实践数智时代阅读推广的新模式与新路径。

同时，图书馆在阅读推广的过程中，也需要关注阅读本身的价值和意义。阅读不仅是一种娱乐方式，更是一种提升自我、拓宽视野、理解世界的重要途径。因此，图书馆在阅读推广中需要引导读者深入阅读、理性思考，从中获取有益的知识和信息。只有这样，图书馆才能在数智时代的浪潮中焕发出新的生机和活力，为社会文化进步和人的全面发展做出更大的贡献。

参考文献

[1] 丛全滋，郭君.图书馆阅读推广浅论 [J].图书馆理论与实践，2022（6）：57-62.

[2] 曾小红.新时期做好图书馆阅读推广工作的实施路径 [J].科技资讯，2021，19（32）：159-161.

[3] 秦伟.数字环境下图书馆阅读推广研究 [J].中国民族博览，2019（12）：253-254.

[4] 黄树玲.图书馆阅读推广探讨 [J].河南图书馆学刊，2019，39（12）：52-53.

数智时代图书馆阅读推广创新研究

罗丽梅[①] 卢绍新[②]

（陆川县图书馆，广西 玉林 537700）

【摘要】在数智时代背景下，图书馆面临着阅读推广方式的转型升级。本文采用文献研究法、案例分析法，系统分析数智时代图书馆阅读推广的挑战和机遇，探索图书馆如何在数智时代实现阅读推广的创新，并提出有效的策略和方法，以期为图书馆提供具体的阅读推广策略，并为未来图书馆服务的发展提供理论支撑。

【关键词】数智时代；图书馆；阅读推广；创新措施

【中图分类号】G252.17　　　　　　**【文献标志码】**B

在数智时代背景下，图书馆面临着前所未有的挑战和机遇。随着信息技术的飞速发展，大众的阅读习惯和喜好发生了深刻变化，这就要求图书馆及时转变自身角色定位，在阅读推广工作中采取创新措施，以适应时代发展，满足大众个性化阅读需求。本文旨在探索数智时代图书馆阅读推广的创新路径，为图书馆服务的优化提供理论支撑和实践指导。

1 数智时代图书馆的角色挑战

1.1 数智时代公众阅读的需求特征

1.1.1 阅读需求多样化。一是内容多样化。大众对阅读内容的需求更加广泛，不再局限于传统的文学、历史等领域，而是扩展到科技、经济、心理学、个人发展等各个方面，也不再局限于某一个城市、国家，某一种语言、文化，而是呈现出多元、包容、融合的趋势。二是阅读形式多样化。除了传统的纸质书籍、单一固定的阅读场所，电子书、有声书、掌上移动端、远程图书馆等新型便捷的阅读形式实现了从"纸端"到"指端"的变革。[1]咖啡馆、讲座厅、工作区域、移动空间等不受

---

① 罗丽梅（1973—），女，馆员，就职于陆川县图书馆。

② 卢绍新（1975—），男，馆员，就职于陆川县图书馆。

空间限制的阅读场所，让阅读可以随时随地进行。

1.1.2 阅读需求个性化。一是阅读内容的个性化。阅读内容的个性化不仅体现在书籍的种类和主题上，还体现在阅读内容的深度和难度上，以及是否符合个人的价值观和生活习惯上。二是阅读体验的个性化。人们希望获得更多的个性化阅读体验，包括自定义阅读设置、选择阅读设备、提供个性化的阅读服务（如有声读物、多媒体互动内容等），以及重视个人的心理感受和情绪。

1.1.3 阅读趋于碎片化。一是时间碎片化。在快节奏的生活方式影响下，大众更倾向于利用零碎的时间来阅读，如通勤、候车、用餐等短暂的碎片时间。二是内容碎片化。与时间碎片化相对应，大众对内容的需求也倾向于短小精悍，快速获取信息成为阅读的一大特点。

1.1.4 互动性需求越来越受到重视。一是希望获得参与创作的成就感。读者群体尤其是青年群体更加注重自我价值的实现，希望通过网络小说、读者评论、内容共创、观点分享等形式参与相关阅读内容的延伸创作，并从中获得成就感。二是注重阅读交互感。人们的阅读行为不仅仅满足于单方面接收知识，更希望能够在阅读平台、社交媒体上与作者、其他读者进行交流和讨论，分享阅读心得，对于感兴趣的内容还倾向于通过各种平台（如微信朋友圈、微博、知乎、抖音等）分享心得、转发评论并高度关注他人对其观点的认可。[2]

1.2 数智时代图书馆的角色转变

1.2.1 由信息资源的保护者向知识服务的提供者转变。图书馆在传统的图书借阅业务的基础上，尝试提供专业的信息检索服务、个性化阅读推荐、研究数据管理咨询等延伸和高附加值服务。例如，通过 AI 技术分析用户的阅读历史和偏好，推荐相关内容及服务。

1.2.2 由单一阅读空间向多样化学习共享中心转变。[3]通过改造空间布局，增设多功能学习区、创客空间和会议室，创新探索和打造沉浸式、场景化的学习共享中心，鼓励用户自主开展团队合作、学术交流和创新实践等活动。

1.2.3 由独立运营向社区融合发展转变。如积极与地方教育机构、文化中心和社会组织合作，共同举办讲座、工作坊、文化节等活动，使其成为社区文化生活的重要组成部分。

2　数智时代阅读推广的新机遇与难点分析

2.1　数智时代阅读推广的新机遇

2.1.1　技术革新为阅读推广提供了新的平台。传统阅读推广倡导"以用户为中心"，但无论是活动场所还是既定推介资源，其本质依然以图书馆为中心，用户自主选择推介、与创作者分享心得的机会较少。AI、增强现实技术、元宇宙等数智化传播手段具有去中心化的自然属性，可拓展阅读推广的主体，尤其是用户将有机会对其阅读内容与生产者产生互动，加深知识理解，加快知识传播，促进知识共享与生产合作。

2.1.2　阅读形态变革为阅读推广提供了多元化途径。传统实体图书馆阅读推广以文本、图片与视频资源为主。在数智化背景下，图书馆可对文学场景、物理模型、艺术虚拟现实技术、数字馆藏和数字画作等多模态资源进行创新推广。图书馆不再是单一的知识学习场所，而是多元文化的展示阵地。

2.1.3　公众的高度参与为阅读推广提供了新机会。现代信息技术打破了传统阅读者参与阅读推广的时空壁垒，用户可随时随地以线上、线下等多种形式参与阅读推广。实体图书馆短期的专题或系列推广活动，在信息化智慧赋能下，变为持续性甚至是永久在线的交流阵地。AI 翻译、AI 解读等智能助手，让用户可以轻松跨越语言障碍、专业化壁垒，探索世界多元文化魅力和跨学科知识。借助增强现实或混合现实眼镜等新技术工具，视听障碍人士也将有更多机会参与阅读推广。

2.2　数智时代阅读推广的难点分析

2.2.1　数智时代图书馆阅读推广存在技术壁垒。数智时代图书馆阅读推广的基础是数字化、智慧化技术的发展。[4]将实体图书馆进行虚拟化、语义化、数字化建模，这个过程涵盖了从物理层面的硬件设施（网络布线、机房、服务器、路由器、核心交换机、终端设备、防火墙等）建设，到逻辑层面的基础网络工程技术（云计算、物联网、Web3.0、5G/6G 通信、大数据等）配置，再到应用层面的交互式沉浸等核心技术（虚拟现实、元宇宙、AI 交互、区块链等）的支持，而这些必备条件和环节都需要成熟的科技支撑和大量的资金、人才、时间的持续支持。

2.2.2　从推广管理维度来看，数智时代图书馆阅读推广面临重重考验。一是受图书馆管理者传统思想和运营模式的长尾效应影响，对新的经营管理缺乏坚定的信心和充分的准备，往往造成决策踌躇不前，管理模式和服务推广模式跟不上数智时代大众快速变化的需求。二是图书馆阅读推广是个系统工程，在资源有限的前提下，如何整合内外部资源，没有成功的模式可以借鉴。三是数智时代的阅读推广还要兼顾用户需求的多样性，同时处理好版权、隐私、合作等一系列问题，要求图书馆具备更高的管理水平和创新能力。

2.2.3 从文化维度来看，数智时代图书馆推广存在一定的弊端。一是数智化阅读推广不当造成对传统文化的弱化。在线上"快餐式""过度娱乐化"的今天，图书馆阅读推广往往陷入只管眼前不看长远的误区，只重视推广的速度和广度，不注重推广的深度和厚度，忽视对公众阅读的正向引导，造成公众的兴趣点偏向于养生、理财、时尚、消费等物质层面，而传统国学、孔孟之道、瑰丽诗词、美德善行等先贤留下的宝贵财富，被很多年轻人认为"过时""老土"而被边缘化。二是阅读的多元化对社会主流文化和社会主义核心价值观造成冲击。不少青少年可能出现"校园霸凌""崇尚洋货"等不良倾向。三是数智化阅读推广还威胁到文化知识产权的保护，有些跨平台、跨国界、跨文化推广内容的合法性还有待商榷。

3 数智时代图书馆阅读推广创新措施

3.1 创新关注情绪价值的服务模式，搭建多元化推广渠道

3.1.1 以挖掘用户情绪价值为关键，拓展阅读推广的功能价值，搭建新型服务模式。情绪价值是用户需求中最本质的内核需求。当产品或服务满足用户对其基本功能的需求后，消费者的心理感受、个体的意见和诉求能否被接收、被反馈，以及能否引发共同关注和共情的情绪价值，便成为搭建服务模式的最关键因素。[5]如图1所示，读者不仅可以通过一次消费行为来表达他们的意见或偏好，还可以通过线上渠道（如粉丝群、平台留言、自媒体文章等）对消费体验和情绪进行持续传播。这种声音传播速度极快，很容易引发现象级话题，对商家的产品、服务和品牌声誉往往会在很短的时间内形成爆发式的群体情绪。

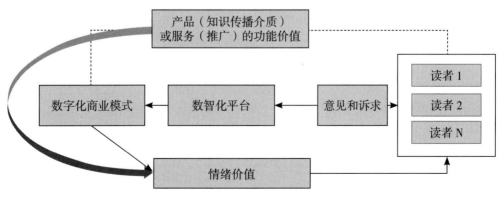

图1 数字化商业模式与情绪价值的关系

3.1.2　以情绪价值为出发点，搭建多元化的推广渠道。一是图书馆可创新个性化推荐服务。通过大数据分析和人工智能技术，图书馆可以收集和分析用户的阅读历史、偏好和行为模式，从而提供个性化的阅读推荐。这种服务不仅能提高用户满意度，还能提升图书馆资源的利用率。目前，一些图书馆已经开始利用自建的推荐系统或第三方平台（如 Goodreads）来实现个性化推荐。二是搭建数字资源共享平台。图书馆与其他图书馆、博物馆、高校、科研机构等共同搭建数字资源共享平台，如成立国家级或地区级的图书馆联盟，实现信息互通、资源共享、读者共情，可通过平台提供跨馆异地借阅、跨平台查询服务，丰富公众阅读选择，降低全社会阅读成本。三是搭建互动式、沉浸式的阅读体验场景。如针对儿童和青少年读者，利用增强现实技术与虚拟现实技术等，为特定的书籍或主题创建虚拟现实体验区，让读者"走进"故事中的世界，提高阅读兴趣和参与感。此外，开发图书馆移动应用 APP，集成社交媒体功能，方便用户随时访问资源、分享阅读心得，构建在线阅读社区。

3.2　创新图书馆阅读推广保护机制，使传统文化成为主流文化

图书馆不仅能够有效地保护和传承传统文化，还能激发公众尤其是年青一代对传统文化的兴趣和热爱，使传统文化在现代社会中焕发新生，成为主流文化的重要组成部分。[6]首先，政府层面要加强图书馆阅读推广的监督指导，出台扶持政策和建立甄别机制，对其他国家和民族的、与我国传统文化和社会主义核心价值观相一致的内容要积极引进、促进交流，增强中华文化的包容度，对侵蚀、弱化我国传统文化的内容则坚决予以抵制。其次，图书馆层面要利用数字技术将传统文化资源（如古籍、手稿、艺术作品等）进行数字化处理，并通过各种线上平台和线下推广活动进行保护与传播，让公众更便捷地接触和了解传统文化。最后，公众层面要自觉增强文化自信，自觉抵御外来不良文化的入侵，还要增强知识产权意识，在数字化内容的阅读、推广过程中做尊重知识产权的合格消费者。

3.3　创新优质图书和阅读空间，增强客户黏性

一是创新优质图书内容。如图书馆可梳理经典书目，定期免费在平台上推广，大力推广反映社会公德、职业道德、家庭美德的符合本土文化、弘扬社会正气的图书内容，引导公众"读好书、做好人"。根据读者的个性化需求，提供定制化书籍服务，并允许读者参与书籍内容创作，激发正向情绪价值。增加多媒体和互动图书数量，利用数字技术开发包含多媒体元素（如视频、音频、动画）的电子书和互动图书，丰富阅读体验。[7]与艺术家、科技公司、教育机构等进行跨界合作，开发融合艺术、科技、教育等多领域内容的图书，吸引更广泛的读者群体。二是创新阅读

空间服务。如创新多样化阅读空间，将阅读、学习、讲座、展览、工作坊等活动融为一体，创造灵活多样的阅读环境。根据特定主题或热门书籍设置专门的阅读角，如科幻角、历史角、健康生活角等，定期更新主题和书籍，吸引具有特定兴趣的读者。在阅读空间中融入自然元素，如室内植物、水体等，或设计室外阅读花园，创造宁静、舒适的自然阅读环境。通过利用技术手段提升服务体验，如提供自助借还书服务、采用 RFID 技术管理书籍、引入智能推荐系统等，以提高效率和用户满意度。建立社交互动区域，鼓励读者交流和分享阅读体验，如读书会、主题讨论区、咖啡交流区等。为自由职业者、学生和远程工作者提供灵活的工作与学习空间，配备高速网络、手机充电站、打印机和扫描仪等服务。

3.4 打造专业推广团队，塑造阅读品牌

一是要建立专门的数字资源阅读推广组织机构，专人专责，制订推广计划，开展系统化、多维度的推广活动。[8]定期邀请推广领域专家授课培训，提高团队的市场攻关能力。定期推出阅读活动，发展用户生成内容，鼓励用户撰写书评、推荐书单、共享故事，丰富图书馆的内容和提高互动性，让用户自身成为推广团队的一员。二是要塑造良好的图书馆阅读品牌，增强品牌影响力。通过有效的营销和传播策略，如邀请知名作家、艺术家、学者等担任阅读推广大使，开展公益性宣传，利用其影响力吸引公众参与阅读活动；开展为贫困儿童、残障人士捐书助力阅读的公益活动，履行企业社会责任，塑造有温度、有厚度、有担当的企业形象，扩大图书馆阅读品牌的影响力。

4 结语

在数智时代背景下，图书馆需要从挖掘用户情绪价值、创新服务模式、保护主流文化、创新内容空间、塑造阅读品牌等方面着力，以满足用户多样化和个性化的阅读需求。随着时代的发展，图书馆有必要持续探索和实践新的阅读推广模式，继续扮演好文化传播和教育引导的重要角色。

参考文献

[1]付礼媛.新媒体环境下公共图书馆阅读推广创新策略研究[J].河南图书馆学刊，2024，44（1）：18-20.

[2]徐洁.大数据背景下高校图书馆阅读推广创新路径研究[J].文化创新比较研究，

2023，7（36）：106-110.

［3］林青.基于新媒体时代下公共图书馆经典阅读推广创新探索[J].中国民族博览，
　　　2023（23）：244-246.

［4］郎林芳，黄世晴，王珏，等.元宇宙图书馆阅读推广服务创新发展研究［J］.
　　　图书馆杂志，2023，42（10）：55-63.

［5］郭晓.数字文化战略下的图书馆阅读推广创新研究［J］.黑龙江教师发展学院
　　　学报，2023，42（8）：151-153.

［6］李阳.新时代图书馆阅读推广的创新思考［J］.内蒙古科技与经济，2023（8）：
　　　152-153.

［7］蒋心怡.新媒体视域下图书馆阅读推广服务模式探究［J］.江苏科技信息，
　　　2023，40（23）：59-62.

［8］王丹，陈雅，谢紫悦.我国图书馆阅读推广品牌建设创新策略研究［J］.图书
　　　馆理论与实践，2023（2）：83-89.

文化传承视域下图书馆经典阅读推广的价值与实现路径

麦钰铃 ①

（百色市图书馆，广西 百色 533000）

【摘要】 在图书馆对群众的知识传播中，影响最深刻、推广最广泛的就是经典阅读。通过图书馆的经典阅读推广，人们在经典阅读中提升自身素质，拓宽视野，从而在潜移默化中传承传统文化。然而在当前图书馆的经典阅读推广工作中，还存在推广效率低等一系列问题。因此，需要图书馆工作人员从文化传承的角度，对图书馆经典阅读推广工作进行调整，提出改进图书馆经典阅读推广服务的有效途径。

【关键词】 文化传承；图书馆；经典阅读；推广路径

【中图分类号】 G252.17　　　　　　**【文献标志码】** B

随着经济发展和社会对阅读的重视程度不断提高，当今图书馆建设日趋完善，图书馆需要开展的社会性工作内容也逐渐丰富起来，其中经典阅读推广成为图书馆现阶段推广的主要活动。[1]通过经典阅读推广工作的开展，广大群众对中华民族传统文化的认识程度逐渐加深，同时在阅读学习中也能传承传统文化。图书馆在开展经典阅读推广活动时，需要根据现阶段推广工作的情况及出现的问题，结合工作需求及图书馆可利用的条件，对经典阅读推广工作进行改进，进而实现经典文化的传承和发展。

1 图书馆经典阅读推广工作的重要性和意义

1.1 图书馆经典阅读推广工作的重要性

从人类文化传承的角度来看，公共文化机构和部门积极开展对民众的文化普及工作，对一个国家和民族的文化传承起到非常深远的作用。现阶段重视经典阅读推广活动，能够在社会上树立崇尚经典及传统文化的好风气，让人们在阅读中反思自身的行为，提升综合素养。同时，对现实生活有更高的理想追求，摒弃拜金、利己

---

① 麦钰铃（1988—），女，馆员，就职于百色市图书馆。

等不良风气，从长远来看能够为社会的稳定和谐发展带来深远的积极影响。而图书馆经典阅读推广工作在开展过程中既传播了优秀的传统文化，陶冶了人们的情操，又能维护社会的稳定和谐，引导人们树立正确的人生观和价值观。此外，在经典阅读推广的过程中，人们还能从过去发生的事情中找到应对现实问题的可行性策略，在反思和学习中改进当前的生活，丰富自己的人生价值和意义。

1.2　图书馆经典阅读推广工作的意义

鉴于经典阅读推广工作在现阶段对个人和社会的重要意义，图书馆开展经典阅读推广工作是势在必行的。在文化强国建设的过程中，需要提升我国文化软实力，继承和发扬中华优秀传统文化。经典阅读推广能够促进人民群众理解和传承我国优秀传统文化，有助于提升人民群众的综合素养，丰富人民群众的知识储备。当今，信息技术不断发展，人们获取信息的渠道被拓宽，时间大大缩短，这就使得人们陷入碎片化阅读的"快文化"困境中，对传统文化和经典的品读与研究逐渐减少，长此以往会导致社会风气浮躁，人们倾向功利化，进而逐渐丧失文化自信。为了防止信息技术发展在文化建设过程中的弊端，重塑传统文化的标杆作用，图书馆经典阅读推广工作能够对社会公众精神信念的构建起到指导作用，让人们在感悟优秀传统文化的过程中实现文化传承。

2　大众阅读现状的概括

2.1　逐渐摆脱纸质媒介

在互联网技术的发展和应用不断成熟的当下，可供人们选择的阅读媒介不断增加，人们阅读受到的限制越来越少。同时，新技术在阅读中的应用也让传统纸质阅读媒介受到影响。逐渐摆脱纸质媒介是科技发展和生活方式改变的必然结果。虽然电子阅读给人们带来很多便利，但是也不能忽视纸质阅读的独特价值。

2.2　阅读环境逐步实现网络化

除在阅读媒介上有所转变外，信息化对当今时代的阅读环境也有不小的影响。这种信息化的阅读环境对扩大人们的阅读面有着积极的作用。[2]一方面，广大读者在阅读过程中，可选择的阅读资源更多，人们的阅读方式因此得到了极大的改变。另一方面，传统经典阅读与网络小说阅读之间的碰撞，使经典阅读的传播受到极大的影响。

2.3　阅读方式逐步向碎片化阅读转变

在快节奏的现代生活中，人们很难抽出持续的时间进行阅读。碎片化阅读适应了这种时间模式并成为主流,人们可以利用零散的时间,如等车、排队、午休等间隙,在社交媒体、新闻客户端、电子书等平台进行阅读。这种碎片化阅读模式带来的影响是双面的。它能够帮助读者在短时间内获得所需信息的要点,有利于读者打破时空限制,随时随地进行阅读。但是这种碎片化信息受限于篇幅,削弱了人们理解文章全貌的能力,对人们思维能力和认知能力的发展带来一定的阻碍。在碎片化阅读时,人们往往容易受到手机通知、广告弹窗等各种干扰,这些干扰容易分散人们的注意力,使人们难以专注于阅读内容,影响阅读效果。

3 图书馆经典阅读推广过程中存在的问题

3.1 推广模式单一

当前,图书馆开展经典阅读推广工作的效果远远低于预期。从中华文化传承的角度来说,主要是因为图书馆经典阅读推广工作所积累的经验太少。一方面,活动形式较为传统,往往局限于举办讲座、征文比赛、读书分享会等常见形式。例如,一些图书馆每年举办的读书活动内容大同小异,缺乏创新性和吸引力,时间久了,读者的参与热情逐渐减弱。另一方面,推广渠道较为狭窄,主要依赖线下宣传和图书馆自身的网站、公告栏等,对社交媒体、移动应用等新兴渠道的利用不足。以微信公众号、微博为例,据统计,约30%的图书馆通过这些平台开展经典阅读推广工作。这导致推广范围有限,难以覆盖更广泛的读者群体。甚至有许多图书馆没有开展经典阅读推广工作,单一的推广模式无法将经典阅读的宣传影响到大多数读者,从而导致读者经典阅读意识缺乏,同时也无法使文化传承意识在工作中得到实践。

3.2 人员专业能力不足和缺乏系统性管理

现在许多公共图书馆的工作人员都是通过社会招聘来的,特别是在一些经济欠发达地区的公共图书馆中,由于馆藏资源不足、资金缺乏,工作人员素质不高,在进入图书馆工作后没有接受相应的专业培训就上岗,因此图书馆无法实施有效的整体管理。甚至有些图书馆的领导人员不是图书情报专业毕业的,在图书馆的管理和人员安排方面缺乏系统性的管理能力,而经典阅读推广工作所需的专业性很强,专业程度不足会对文化传承产生诸多不利影响。一是在经典书籍的推荐方面,由于缺乏专业的筛选和解读,可能有一些质量不高或不适合特定读者群体阅读的书籍被推荐,影响读者对经典阅读的兴趣和体验。二是在推广活动的策划和组织方面,由于缺乏专业的方法和技巧,推广活动效果不佳。因此,对于职业素养不高的工作人员来说，很难保证工作的顺利进行，使经典阅读推广工作流于形式，无法为读者提供高质量的阅读指导和服务，不利于优秀传统文化的传承和发展。

3.3 大众阅读趋于多样性

经典之所以称为经典，是因为其内在是一个时代人民智慧的结晶，需要人们通过阅读来陶冶和洗涤心灵，并对未来的生活起到指引作用。[3] 而如今人们阅读只是为了缓解压力，更多人倾向于选择"快餐"文学。虽然"快餐"文学能在一时的阅读中能让人感受到乐趣，但是在促进读者的深入思考方面效果不明显。同时，一些读者的阅读心态在社会影响下变得更加多样化，对阅读内容的选择更倾向于对工作有用的书籍，而非有助于自身精神层面构建的经典著作。

4 优化图书馆经典阅读推广工作

4.1 丰富经典阅读推广内容，优化馆内阅读空间

在阅读经典作品的过程中，人们获取作品文本的方式越来越便捷，但是对这些经典作品，特别是古文内容的分析却知之甚少，这在很大程度上降低了读者对经典作品阅读的积极性。因此，图书馆在宣传经典作品的阅读工作中，除宣传经典作品外，还要引导读者探索经典作品，从而使读者在深入阅读中感悟与传承相关文化。例如，在推广儒家经典作品时，可以推荐读者阅读《十三经注疏》，让读者在阅读中了解儒家文化与经典的发展历史。

除了扩展与丰富内容，图书馆在阅读推广工作中还要认识到，良好的阅读氛围是吸引读者实现长期阅读的关键。因此，图书馆需要根据读者的需求，优化图书馆内部阅读环境，使读者能够在良好的阅读氛围中阅读。这需要工作人员对图书馆进行合理布局，满足读者的个性化阅读需求。此外，要提高经典阅读的工作效率，找准受众喜爱经典阅读的特点，并为其设计相应的阅读角，营造良好的阅读氛围，让读者可以全身心地投入阅读中，不受周围事物的干扰，从而增强图书馆的阅读推广效果。

4.2 发挥课堂教学内容与经典阅读相结合的教育作用

许多人的经典文化阅读启蒙阶段就是在学校进行的。学生在教师的指导下能够对经典阅读有深入的理解，提升自身的文学素养，从而潜移默化地实现文化传承。从德育的角度来说，我国许多经典读物对"以文化人"有详细的描述，指导学生通过阅读经典读物能够反思自身的行为，形成符合社会发展的正确观念，从而对学生的未来产生深远的影响。在现阶段，经典阅读课已经在大中小学中得到了一定的发展。因此，图书馆的经典阅读推广工作可从学校的教学入手，更好地指导学生阅读

经典作品。在开展工作的过程中，图书馆应为学生的经典阅读创造更多开放的条件，使学生的借阅更加便捷，同时也可开展一些针对学生经典阅读的征文比赛，让学生在阅读经典著作的过程中体现自身对经典著作的理解，从而帮助学生养成阅读经典著作的良好习惯。除了传统的方式，图书馆经典阅读推广工作还可与先进的教学硬件、软件设施相结合，让学生在课堂上能够学习经典著作，课外能够开展与经典阅读相关的校园活动。图书馆在提高自身经典阅读推广工作效果的同时，可为教育事业的发展提供社会助力，促进教育与文化之间的融合。

4.3　在经典阅读推广中发挥全媒体技术的作用

文化经典对我国当前建设文化强国起到十分重要的作用。尤其是现阶段，我国经济不断发展，与物质数量增长相匹配的精神文化发展也需要得到重视。[4]此外，在社会发展中不同思想相互交汇，虽然带来了许多好的影响，但是也产生了许多不良风气。这就需要普及经典阅读，抵制不良风气的影响，让经典著作中所蕴含的优秀文化洗涤人们的心灵，从而增强优秀传统文化对现代人的影响。因此，图书馆经典阅读推广工作必须持续进行，还要根据人们的需求和时代的变化进行调整。当前正处于信息媒体时代，很多人为了节省时间和减少阅读成本选择线上阅读方式。这表明信息技术在社会生活各个领域的应用起到了积极的促进作用，同样，对提升图书馆经典阅读推广工作效果也有着十分重要的意义。而如何提升技术的应用效果，则需要图书馆工作人员在分析工作内容的基础上，探究能够调动读者进行经典阅读的方法，及时更新信息推送渠道的内容。在图书馆信息渠道的应用上，既需要应用传统媒体渠道，如电视、广播和纸质媒体等，结合时下热播的文化类综艺节目进行经典阅读的推广，也需要大力发展新媒体技术，整合线上线下资源，打造全方位的推广平台。在整合线上资源方面，利用图书馆官方网站、微信公众号、微博等平台，定期发布经典图书推荐、阅读心得分享、文化讲座预告等内容，吸引读者关注。同时，开发数字阅读软件，为读者提供便捷的阅读服务。在整合线下资源方面，通过举办各种文化活动，如经典诵读比赛、读书分享会、主题展览等，增强读者的参与感和体验感。此外，创新推广方式，激发读者对经典阅读的兴趣。例如，采用虚拟现实技术、增强现实技术，让读者亲自感受经典作品中的场景和氛围；开展互动式阅读活动，如读者与作者对话、读者之间的讨论交流等，使全媒体技术的应用真正落实到经典阅读推广工作中。同时，图书馆经典阅读推广工作中的内容除了要结合时下热点与读者需求，还需要根据当地图书馆发展的现状进行调整。

4.4　提高工作人员素质

在进行经典作品的阅读推广时，图书馆工作人员是沟通读者与作品之间的关键纽带。[5]读者对经典作品的阅读兴趣能够通过工作人员的介绍被调动起来。由此可见，在经典阅读推广中，工作人员的素质对推广效果有着直接的影响。在经典阅读推广工作中，提高工作人员的综合素质，具体体现在两个方面：一是图书馆工作人员的专业素质要过硬，不但要对自己的工作内容、图书馆日常管理中的行为规范有相应的了解，还要在工作中能够适应图书馆信息化发展的变化，并且能够通过大众媒体进行阅读推广活动的宣传，对工作原则以及活动内容牢记于心。二是在经典阅读推广活动中，通过积极参与经典作品阅读的方式来提升自身的文化素养，从而在宣传过程中能够更好地对读者讲解经典作品的内容，与读者进行友好的沟通交流，在沟通中减少读者在阅读中的疑惑，拉近与读者之间的距离，从而实现以人为本的理念。

5　结语

综上所述，在文化传承视域下对图书馆经典阅读推广工作进行研究，能够让工作人员深入了解图书馆馆藏价值，并根据其中所蕴含的传统文化，对中华民族传统文化进行普及和传承。顺应新时代发展潮流，图书馆在经典阅读推广工作中，应扩大优秀传统文化对人们生活的积极影响，让人们通过阅读经典，增强文化自信，实现传统文化在当代的传承。同时，经典阅读推广还能改善社会风气，培养符合时代发展的观念。因此，图书馆工作人员要在经典阅读推广工作中坚持科学、务实、认真的原则，细化工作内容，积极运用现代科技手段，采取多种方式进行宣传和推广，确保推广工作惠及广大人民群众。在满足群众精神文化需求的基础上，优化内容和形式，实现图书馆社会影响力的最大化，为我国优秀文化的传承贡献力量。

参考文献

［1］苗地.文化传承视域下图书馆经典阅读推广对策研究［J］.采写编,2019（5）：181-182.

［2］张剑,张宝珠.基于文化传承的经典阅读推广活动探析：以辽宁大学图书馆古籍特藏中心为例［J］.图书馆学刊,2018,40（11）：78-81.

［3］赵艳萍.文化传承视域下图书馆经典阅读推广的价值与实现路径［J］.河南图

书馆学刊，2017，37（5）：5-6.

［4］陈海珠，秦嘉杭，胡唐明，等．基于文化传承视角的高校图书馆经典阅读推广新思路：以雕版印刷技艺展演进校园为例［J］．大学图书馆学报，2015，33（5）：64-68.

［5］王春梅．基于文化传承的经典阅读推广［J］．科教导刊，2013（11）：171-172.

数智时代公共图书馆沉浸式阅读推广模式研究

——以玉林市为例

潘玉婷[①]

（玉林市图书馆，广西 玉林 537000）

【摘要】数智时代，数字化与智慧化结合赋能图书馆各项服务的革新，以数智技术为支撑的沉浸式阅读场景真实地贴合社会对图书馆的期待。广西玉林市共有8个公共图书馆，其中玉林市图书馆是规模最大、资源最丰富、阅读推广活动内容最完善的图书馆。本文通过分析玉林市8个公共图书馆2021—2023年阅读推广活动的开展情况，结合数智技术对公共图书馆阅读推广带来的影响，探讨数智时代如何在玉林市8个公共图书馆开展沉浸式阅读推广模式的路径，助力玉林市公共图书馆阅读推广的创新发展，促进全民阅读。

【关键词】数智时代；数智技术；沉浸式阅读推广

【中图分类号】G252.1　　　　　　　【文献标志码】B

1　背景

1.1　数智时代

《2022年度中国数字阅读报告》（简称《报告》）显示，2022年我国数字阅读用户规模达5.30亿人，同比增长4.75%。《报告》指出，提升阅读体验和优化题材结构是数字阅读用户最关注的内容。未来数字阅读行业需要更加关注用户需求，注重精品内容建设。而数智时代是数字化与智能化的融合，为数字阅读行业高质量发展注入强劲动力。

1.2　全民阅读

2014年，"全民阅读"首次被写入政府工作报告，政府工作报告指出："促进基本公共文化服务标准化均等化，发展文化艺术、新闻出版、广播电影电视、档案等

---

① 潘玉婷（1993—），女，助理馆员，就职于玉林市图书馆。

事业，繁荣发展哲学社会科学，倡导全民阅读。"至 2023 年，"全民阅读"作为一项重要内容，已连续 10 次被写入政府工作报告，从"倡导全民阅读"到"深入推进全民阅读"，充分体现了以习近平同志为核心的党中央对全民阅读建设的高度重视。

1.3 "双减"政策

2021 年 7 月，中共中央办公厅、国务院办公厅印发《关于进一步减轻义务教育阶段学生作业负担和校外培训负担的意见》（简称"双减"政策），"双减"政策的实施必将使少年儿童的课余时间增加，公共图书馆将成为少年儿童重要的课外活动场所。

2 现状

2.1 玉林市 8 个公共图书馆阅读推广活动情况

广西玉林市共有 8 个公共图书馆，分别是玉林市图书馆、玉州区图书馆、福绵区图书馆、北流市图书馆、兴业县图书馆、陆川县图书馆、博白县图书馆和容县图书馆。笔者通过访问各个图书馆的微信公众号和官方网站，结合实地走访、电话咨询等方式，获取了玉林市 8 个公共图书馆 2021—2023 年主要阅读推广活动的开展情况，将这些情况整理成表格加以分析。其中，玉林市图书馆作为地市级公共图书馆，是规模最大、资源最丰富、阅读推广活动内容最完善的图书馆，其阅读推广活动的具体情况见表 1。

表 1 玉林市图书馆 2021—2023 年阅读推广活动情况

活动类型	2021年开展场次	2022年开展场次	2023年开展场次
线上推广（红色经典、四季童读、科普专题等）	23	19	34
线上讲座（春节、经典名著、党史）	4	1	4
线上数字资源荐读、馆员荐书	25	69	119
线上展览	3	17	8
线下阅读推广（绘本故事会）	35	18	10
线下讲座（安全、健康、党史）	8	3	1
线下展览（画展、书展等）	16	18	8
线下爱国主义观影活动	7	6	6
线下惠民活动（送温暖、文化下乡等）	11	3	5
线下公益培训（书法班、机器人创客班）	2	2	2
线下阅读交流分享会、走读活动	5	1	1

由表1可见，玉林市图书馆阅读推广活动采用线上与线下相结合的方式来开展，活动类型较多，但也存在许多不足之处：一是阅读推广主要是由图书馆工作人员主导、读者参与的被动式阅读推广；二是智能技术应用不足，以传统的展览宣传模式为主，缺乏利用智能技术进行阅读推广的硬件条件；三是未实现馆藏资源的整合，馆藏资源未得到充分利用。

玉林市其他7个公共图书馆属于县级公共图书馆，在资源配置、活动形式等方面较玉林市图书馆简单。这7个县级公共图书馆2021—2023年主要阅读推广活动见表2。

表2　玉林市其他7个公共图书馆2021—2023年主要阅读推广活动情况

图书馆名称	活动类型	活动内容
玉州区图书馆	线上	线上讲座、馆员荐书、读书打卡
	线下	写春联、文化专题展
福绵区图书馆	线上	线上摄影展、文化展览、国图公开课、馆员荐书
	线下	写春联、文化专题展
北流市图书馆	线上	馆员荐书、线上讲坛
	线下	读书会、猜灯谜、手工制作、文明家庭年会、亲子绘本、国学夏令营等
兴业县图书馆	线上	线上讲座、馆员荐书、国图公开课
	线下	亲子绘本故事会、义写春联、观影活动、传统文化专题展
陆川县图书馆	线上	线上科普、馆员荐书、线上讲坛
	线下	公益国学周末班、寒假亲子手工、红色故事演讲比赛、线下年俗展览
博白县图书馆	线上	线上讲座、馆员荐书、国图公开课
	线下	诗文朗诵比赛、"三月三"游园、书法培训班、红领巾讲解员、猜灯谜、观影活动
容县图书馆	线上	线上讲座、馆员荐书、国图公开课、作品展
	线下	践行党的二十大手抄报比赛、写春联、观影活动

由表2可见，玉林市其他7个县级公共图书馆2021—2023年阅读推广活动的类型与玉林市图书馆大同小异。结合微信公众号来看，这7个县级公共图书馆活动形式相对简单，开展活动数量较少，参与人次也相对较少。

2.2　资源利用情况

在馆藏资源方面，目前玉林市图书馆有馆藏图书约 78 万册，还有移动图书馆、QQ 阅读、畅知经典、博看有声、博看微刊、超星名师讲坛、红色故事绘等免费数字资源，数字资源总量为 23.531 1 TB，但由于经费有限，一些数字资源如库客数字音乐图书馆因授权到期未续费，无法正常使用。库客是全面的古典音乐平台之一，是公共图书馆、学校、专业音乐人和收藏家的宝贵资源库。目前，玉林市图书馆一楼大厅只有一台库客音乐机可以听内置音乐，无法满足众多古典音乐爱好者的需求。玉林市图书馆数字文化服务平台的"书香玉林"模块有许多优质电子图书，但大部分只能试读，完整阅读需要注册会员，在馆外访问时也存在因网络服务器等问题而无法进行完整阅读的情况，给读者带来了诸多不便。笔者浏览了玉林市其他 7 个县级公共图书馆的官方网站，发现博白县图书馆、福绵区图书馆的部分数字资源可以免费使用，其他图书馆如兴业县图书馆甚至没有独立的官方网站，原因是兴业县图书馆与兴业县博物馆、兴业县文化馆、兴业县体育馆共同组成了兴业县文体综合馆，大多数阅读推广宣传和数字资源只能通过微信公众号获取。

基于上述分析和时代发展要求，玉林市 8 个公共图书馆急需开展沉浸式阅读推广模式，探索阅读推广的创新发展路径。

3　沉浸式阅读推广路径

3.1　角色互换，让读者主导阅读推广活动的开展

"双减"政策的实施使得公共图书馆成为少年儿童重要的课外活动场所。由于阅读推广受众群体数量和需求的变化，阅读推广活动原有的资源数量与种类已不能满足现实需求，原有的推广模式也需要改变。一方面，公共图书馆应充分利用大数据、云计算等新技术及时进行数据挖掘和分析，科学有效地调整阅读推广活动中推荐资源的数量与种类，推出更多智能化的阅读模式；[1]另一方面，转变角色，不再单纯由公共图书馆牵头发起阅读推广活动，而是可以根据活动需求，让学校、家庭成为活动主办方，公共图书馆作为参与方，提供场所、设备等资源来协助学校、家庭开展阅读推广活动。在数智时代背景下，还可以打造虚实结合的数智阅读推广空间，这些资源优势可以全力配合学校和家庭开展智慧化的阅读推广活动，这样既能让社会重新认识图书馆，又能提高家庭参与度，共同关爱少年儿童身心健康，让他们成为潜在的阅读推广人。[2-3]

3.2　化零为整，整合资源，搭建沉浸式阅读场景

数智时代，智能媒体、智能技术给读者带来了全新的视觉、听觉、触觉等沉浸

式体验，搭建沉浸式阅读场景，将资源整合优化，再创新性地呈现，实现"一键式"资源检索，可以为读者提供更好的阅读服务。例如，利用虚拟现实技术或增强现实技术，将文献资源数字化并呈现给读者，使馆藏资源"活"起来。温州市城市书房就是近年来温州市图书馆应用 AI 和元宇宙技术，实现阅读服务数字化和智慧化的一个缩影。温州市城市书房智能地将文化资源"化零为整"，其"瓯越记忆"历史人文知识服务应用，运用数字文献、音频、视频、图片、文本等多种载体，设置了温州地方特色、温州古迹、文献及著作目录等多个分类，读者可以通过时间维度、空间维度，或通过名人、著作等主题分类一键式检索原先散落在各处的温州特色历史人文资源，年长的读者还能用"长辈版"实现便捷阅读。这种创新性的推广方式，将温州古今人文风貌实现"一触即现"，拉近了图书馆与读者的距离，解决了以往本土文化和旅游资源展示不充分、相关古籍和地方文献利用困难、无法一键检索关联各专题库数据等难点与痛点，2023 年以超过 32.2 万次的访问量遥遥领先于浙江省内同类型数据资源库。

玉林市可以借鉴温州市图书馆的经验，利用新技术将特色文化资源整合融入阅读推广活动中，推广沉浸式阅读模式，不仅可以更好地整合馆藏资源，为读者提供阅读导航、信息指引和个性化阅读服务，还可以创新性地传播知识文化，扩大公共文化服务半径。古人的读书治学经验是眼到、口到、心到、手到。沉浸式阅读场景注重读者听觉、视觉、触觉等感官体验，用极强的代入感和交互性使读者沉浸在阅读活动中，有效地获取知识并享受阅读的快乐。[4]

3.3　深化技术应用，提升全市阅读推广的智能化水平

2022 年 5 月，《关于推进实施国家文化数字化战略的意见》指出，到 2035 年，建成物理分布、逻辑关联、快速链接、高效搜索、全面共享、重点集成的国家文化大数据体系，中华文化全景呈现，中华文化数字化成果全民共享、优秀创新成果享誉海内外。要顺应"数字中国"的要求，就要促进智能技术在全市公共图书馆大规模应用，提升公共图书馆阅读推广的智能化水平。具体措施包括以下两个方面：

一是保障运作资金的投入。要加强对基层公共图书馆智能化阅读设施设备的技术支持，为阅读推广智能化提供硬件条件。目前，玉林市公共图书馆推广智能化阅读的主要困难是资金不足，无法大规模引入智能化技术，导致大多数阅读推广仍采用传统模式，无法满足数智时代读者多样化的阅读需求。因此，在新时代，玉林市公共图书馆要积极向政府展现图书馆的特色，打造特色阅读推广品牌，制订可视化、可量化的阅读推广方案，争取更多资金支持，切实提高智能化、智慧化水平。[5]

二是体现人文关怀，科技感与人情味共存。阅读服务说到底是对人的服务，以人为本是公共图书馆服务应秉承的宗旨。人们对新技术、新应用的诞生刚开始可能会感到陌生，对数智阅读的接受度需要一个过程。因此，公共图书馆首先要认清窗口期，保持服务热情，发挥专业优势，向读者介绍和推广数智阅读。此外，要多开展信息素养教育活动，提高读者的信息素养。信息化时代，读者能更加快速、便捷地获取信息，随之而来的是信息过载的问题，海量的信息会使读者担心错过重要内容而造成心理压力。同时，知识储备不足、检索策略失当等因素也会给读者获取信息和开展深度阅读造成困难。因此，图书馆可以定期举办信息素养主题讲座，帮助读者从信息海洋中获取准确的、有价值的内容，从而节省时间和精力，全身心投入沉浸式阅读中。例如，通过电子问卷、访谈、实地观察等方式，了解不同年龄、不同职业的读者阅读需求，以及他们获取资源的方法等信息；利用大数据分析读者在获取信息过程中遇到的问题，将提升信息素养和阅读技巧融入阅读推广活动中；与高校图书馆建立长期合作，开展任务导向型的信息素养培育模式；邀请专业老师举办线下讲座培训，现场演示资源检索方法和途径，并定期向读者介绍热门专题的检索方法、经验心得，再推荐一些信息检索指南刊物、课程学习网站等。图书馆也要充分发挥信息参考咨询部的职能，增强用户的信息化意识，提升信息获取能力。

4 结语

总体而言，数智时代推广沉浸式阅读涉及的不仅是技术的提升，更是理念和服务模式的转变。在这个过程中，公共图书馆需要把握数智时代带来的机遇，不断探索创新，以满足读者的需求，以创新思维应对新时代的挑战，充分发挥文化作为精神动力和智力支持的作用，推动数字阅读体系化，实现图书馆的社会价值。

参考文献

［1］吴丽丽.数智驱动的图书馆智慧化阅读推广服务模式创新研究［J］.图书情报导刊，2022，7（5）：18-22.

［2］袁燕，袁逸，华春花.高校图书馆体验式阅读推广模式研究［J］.图书馆研究，2023，53（3）：60-66.

［3］张晓凤.5G时代高校图书馆阅读推广服务的机制及措施［J］.河南图书馆学刊，2023，43（1）：67-68，76.

［4］肖海清，黄萍，旷芸，等．文旅融合视角下图书馆阅读推广融合模式创新与实践探索［J］．图书馆，2023（7）：58-67．

［5］王丹，陈雅，谢紫悦．我国图书馆阅读推广品牌建设创新策略研究［J］．图书馆理论与实践，2023（2）：83-89．

少儿阅读品牌推广活动的可持续发展策略

——以广西中小学生微视频和动画短片制作大赛为例

覃　翠①

（广西壮族自治区图书馆，广西　南宁　530022）

【摘要】经过多年发展，广西壮族自治区图书馆部分少儿品牌活动出现活力下降、发展受限等问题。笔者通过分析广西壮族自治区图书馆少儿阅读推广品牌活动——广西中小学生微视频和动画短片制作大赛目前遇到的瓶颈，找出原因，提出少儿阅读推广品牌活动可持续发展的方法。

【关键词】少儿阅读推广；品牌活动；可持续发展策略；品牌建设

【中图分类号】G252.17　　　　　　　　【文献标志码】B

阅读活动品牌是指以图书为载体、以阅读群体为对象，通过科学设计，连续开展三年以上，并覆盖公共图书馆所在辖区，群众喜闻乐见、参与度高、特色鲜明并产生广泛社会影响的图书阅读活动项目。[1]对图书馆少儿阅读推广活动而言，品牌不仅是一个标志，更是一种战略方法，用于表达公共图书馆阅读推广的理念和独特性，使图书馆少儿阅读推广活动易于被识别且令人难忘。[2]在广西壮族自治区图书馆少儿阅读品牌活动中，广西中小学生微视频和动画短片制作大赛具有显著特点。它经历过蓬勃发展，也跌入过低谷。通过分析这个典型案例，探讨少儿阅读推广品牌活动可持续发展的方法。

1　广西中小学生微视频和动画短片制作大赛简介

广西中小学生微视频和动画短片制作大赛至今已成功举办了十五届，是一个面向全区中小学生的电脑科普类竞赛，旨在检验和提高广西中小学生的电脑操作、网络运用水平，激发学生对网页、微视频和动画短片的创作兴趣，宣传广西中小学生现代信息技术教育的科普成果。大赛连续获得全国科技活动周广西活动优秀项目

---

① 覃翠（1984—），女，馆员，就职于广西壮族自治区图书馆。

奖，是全国科技活动周广西活动的品牌项目，也是广西壮族自治区图书馆举办时间最长、参与人数最多的少儿阅读推广品牌活动，获得广西电视台、南宁电视台、南国早报等多家媒体的采访和报道，引发强烈的社会反响。[3]

2　广西中小学生微视频和动画短片制作大赛的发展历程

广西中小学生微视频和动画短片制作大赛始于 2008 年，十几年来几经易名，主办单位几经更迭，赛制也几度更改。大赛最初以"广西中小学生网页制作大赛"的名称亮相，参赛选手仅提交网页作品，并分为小学组和中学组评奖。经过五年的发展，2013 年增加了电脑小报项目，赛制变为小学组提交电脑小报作品，中学组提交网页作品，大赛改名为"广西中小学生网页和电脑小报制作大赛"。至 2019 年，由于网络技术迅猛发展，微视频以"短、快、精"、大众参与性、随时随地随意性的特点迅速在网络走红，因此第十二届大赛新增中学组微视频作品评比，小学组赛制不变，比赛名称改为"广西中小学生网页、微视频和电脑小报制作大赛"。到 2022 年，区内小学生电脑操作水平持续提高，但电脑小报制作较为简单，参赛作品水平不足以客观反映选手们的实际水平。经组委会研讨及上级主管单位批准，决定用微视频取代电脑小报，赛制调整为小学组提交微视频作品，中学组提交动画短片作品。大赛名称改为"广西中小学生微视频和动画短片制作大赛"，并沿用至今。

3　广西中小学生微视频和动画短片制作大赛的特点

3.1　主题紧跟时事热点，紧贴社会主义核心价值观

第十一届大赛主题为"勤为本"，旨在宣传党的十九大精神，传承和弘扬中华民族传统美德。第十二届大赛主题为"诚立身"，旨在引导青少年做到诚实做事、诚意待人、诚信交友、遵纪守法。第十三届大赛主题为"国是家"，旨在引导青少年通过展现疫情中发生的感人故事，激发爱国情怀，抒发家国情怀，弘扬爱国主义精神。第十四届、第十五届大赛主题均为"牵手世界'和'创未来"，旨在继承和发扬中华"和"文化，聚焦世界之和、国家之和、社会之和、家庭之和、校园之和等。

3.2　时代与网络技术不断进步，赛制不断升级

大赛在设立之初仅有中学组一个组别，随着电脑课程在小学的普及，大赛增加了小学组的评比。小学组参赛项目从电脑小报升级到微视频，中学组从制作网页、微视频升级至动画短片，比赛难度呈阶梯式提升，赛制也顺应当代信息技术的发展而改变。

3.3 参赛作品较多，参赛热情较高

2018 年第十一届大赛收到广西区内 39 个市县的 134 所学校选送的参赛作品共计 508 份，其中中学组网页作品 51 份、小学组电脑小报 457 份。2019 年第十二届大赛收到 29 个市县的 83 所学校选送的 376 份参赛作品，其中中学组网页作品 68 份、微视频作品 14 份，小学组电脑小报 294 份。2020 年受疫情影响，作品提交数量有所减少，只收到 211 份。

3.4 参赛面广，区内偏远山区、贫困地区中小学均有参赛

区内偏远山区、贫困地区如百色市凌云县、隆林各族自治县、田阳区及来宾市金秀瑶族自治县等地均有学生参赛。虽然他们的作品在结构、色彩搭配等技术层面不够专业，但原创性强，对大赛主题的理解也十分深刻。

4 广西中小学生微视频和动画短片制作大赛目前存在的主要问题

4.1 参赛作品数量减少

笔者分析了近五届的作品数量和质量，发现赛制只要求提交电脑小报和网页作品的时期，作品总数最多，自 2019 年更改赛制，增加了微视频项目后，作品数量逐年下降。到 2022 年取消电脑小报项目，保留微视频项目，新增动画短片项目后，参赛作品数量呈断崖式下跌。近两届参赛作品总数不过百，参赛面也大幅缩小，大赛进入了低谷期。

4.2 参赛作品质量有待提高

微视频和动画短片作品普遍存在拍摄画面抖动、素材衔接不顺畅、拍摄角度和手法单一、风格缺乏个性、主题内涵不够深刻等缺陷。有些作品甚至分辨率很低，或者是几段不相关素材的简单拼凑。除了头部获奖作品，大部分参赛作品的水平还有很大的进步空间。

5 广西中小学生微视频和动画短片制作大赛陷入低谷的原因分析

5.1 赛制改革提高参赛门槛，对选手的能力要求更高

小学组在提交电脑小报参赛作品的时期，参赛积极性最高。电脑小报项目比赛要求学生运用 Word 制作一份 A3 大小的彩色电子版报纸。Word 编辑功能强大，素材丰富，选手只需要在排版和文字内容上下功夫，制作门槛较低。同时，经过学校和老师们的多年努力，广西小学生电脑基础操作能力得到了大幅提高，参赛选手对大赛主题的把握和作品的设计制作都颇有水准，作品水平差距不大。而制作网页则可套用现成的模板和框架，也给了一些人可乘之机。

若将制作电脑小报和网页视作平面、静态类创作，那么制作微视频和动画短片则属于立体、动态类创作，其制作难度远超前者，需要付出的时间和精力也更多。制作微视频或动画短片，都需要参赛选手写脚本、拍摄、剪辑等，难度大幅提升。虽然允许三人组队参赛，但对中小学生来说仍是巨大挑战。他们不仅要思考脚本怎么写，冲突怎么制造，故事怎么拍摄，如何调动演员，妆造怎么设计，还要选择合适的软件来剪辑。在这个过程中，参赛选手身兼多职，既是编剧、导演，又是剪辑师，甚至还是演员，能完成一个作品着实不易。

5.2　学生缺少专业指导，自行摸索很难创作出亮眼的作品

微视频和动画短片的制作，除了制作技术的创新，更重要的是想象力的突破。好的微视频和动画短片作品，离不开引人入胜的故事情节、高雅精致的画面审美、个性夸张的表现手法、行云流水的剪辑……而这些很难自学完成。课后兴趣班教授的内容以艺术类、运动类为主，科普类的大多与编程、乐高拼搭相关，几乎没有与视频拍摄、动画制作和剪辑相关的兴趣班。学生如果想自学，只能在网络平台的海量资源中自行搜索，其中的教程良莠不齐，课程内容不连贯，大大增加了学生的自学难度。

5.3　学生使用电子设备受限

作品的拍摄和后期加工需要使用手机、摄像机或电脑等设备，大部分小学生没有自己的手机，中学生只能在特定时间使用家长的手机，且需要得到家长的许可。此外，赛制的改变对学生的创作能力提出了更高的要求，同时也考验家长的认知和对孩子使用手机这一行为的理解。学生在创作前，需要到网站或自媒体平台寻找灵感，学习拍摄技巧。然而，这一行为看似在刷视频、玩手机，容易让家长误解，导致难以获得他们的理解和支持。

5.4　大赛宣传面不够广泛，且缺乏精准的垂直度

大赛以文件形式分两条线下发：一条线由自治区关工委下发到各市关工委，另一条线由广西图书馆学会下发到各市图书馆，再由各市关工委、公共图书馆组织发动学生参赛。媒体宣传方面，主要通过各主办、协办单位的官方网站、微信公众号等自媒体渠道发布，走大众媒体的渠道比较少，也鲜少能直接对接学校。

6　广西中小学生微视频和动画短片制作大赛可持续发展策略

6.1　增强品牌意识，重视品牌建设，优化品牌定位

笔者认为，可通过明确品牌目标、选好品牌主题、设计品牌标志、制定活动指南等方面着手，持续开展大赛活动。明确大赛的品牌定位，将大赛的功能和价值与

目标群体的心理需求结合起来，从而获得他们的认同和支持。在设置大赛主题时，应充分考虑时事热点和中小学生的身心特点，选择贴近学生日常生活的主题，便于学生理解、取材。结合大赛面向中小学群体又关联信息技术的特点，设计不失童趣又有科技感的品牌标志，用于大赛宣传和获奖作品发布，可增强大赛品牌活动的传播力，使大赛品牌概念快速深入人心。制定大赛专门的活动指南，对比赛细则、时间安排、推广计划、经费预算、参赛细节等提前规划，为大赛的持续开展提供指导。

6.2　进一步融入社会力量，组织赛前培训

围绕当年大赛主题，邀请视频拍摄、后期制作等专业教师，就脚本编写、拍摄方法、剪辑技巧等内容，在赛前分组别、分批次对学生进行免费培训。课程中期免费为学生的课堂作业提出修改意见，并鼓励他们积极参赛。若经费充足，可安排专业教师到参赛积极性高、教育资源相对匮乏的地区学校或图书馆开展讲座或短期培训，为其提供专业的技术支持，提高参赛作品的质量。

6.3　拓宽联络渠道，发动学生参赛

在保留原有联络渠道的情况下，筛选往年积极参赛的指导教师名单并主动联系，由教师点燃学生参赛热情，激励学生提交作品。有些职业学校专门开设动画、摄影、摄像等相关专业课程，可以主动与之联络，鼓励职业学校学生参赛，给学校提供展示教学成果的平台，同时给学生提供发挥个人特长的空间。

6.4　拓展传播渠道，利用新媒体进行宣传

把往年获奖作品制作成有趣的短视频或动画短片（往届参赛作者均签署了作品授权书，同意主办方把作品用于公益宣传），投放到本地主流媒体的视频号、抖音、小红书等新兴网络平台，以宣传参赛作品的形式来宣传比赛，吸引学生群体、青年教师、家长群体的关注。同时，应重视赛后总结和宣传工作，把获奖作品按组别、类别分类，在各主办单位、协办单位的自媒体平台和当地主流媒体进行轮流展播，进一步扩大大赛的宣传成果，增强学生的自豪感和教师的成就感。

历经十六载，广西中小学生微视频和动画短片制作大赛如同一个孩童不断成长。笔者经历了他的诞生期、幼儿蹒跚学步期、少年快速成长期，也伴随他走入如今的低谷期。希望通过总结经验，助他披荆斩棘，重回昔日辉煌。同时，也给正在开展少儿阅读推广品牌活动的同行一些浅薄的参考意见。

参考文献

［1］李敏.公共图书馆阅读推广活动品牌建设［J］.科技与创新，2018（14）：
　　　142-143.

［2］张纳新.公共图书馆少儿阅读推广活动品牌建设的实践与思考：以天津市中小
　　　学生"好书伴我成长"读书系列活动为例［J］.河南图书馆学刊，2020，40（9）：
　　　38-41.

［3］梁晓岚.如何成功策划少儿读者活动：以广西中小学生网页制作大赛为例［J］.
　　　山东图书馆学刊，2012（2）：75-77.

稽古右文　传承经典
——基于柳州地方中华典籍的阅读推广

粟卫民[①]　**韦　祺**[②]

（柳州市图书馆，广西　柳州　545001 ）

【摘要】中华典籍是中华优秀传统文化的精华，承载着数千年的历史文明和先人的智慧，在现代社会中仍发挥着重要的教育、启迪和引领作用。地方典籍是中华典籍的重要组成部分，具有地域性、传承性、实用性等特点，对于传承和弘扬地方文化有着重要意义。通过丰富推广方式、立足地方特色、寻求多方合作、融合地方文化、利用新媒体、活化典籍创意元素、构建多元化学习路径等策略，加强地方典籍的阅读和推广，将有效传承和弘扬中华优秀传统文化与地方文化，提升大众文化素养，推动社会文明发展。

【关键词】中华典籍；阅读推广；地方典籍；地方文化

【中图分类号】G255.1　　　　　　　　**【文献标志码】**B

党的十八大以来，习近平总书记高度重视中华典籍的保护利用，他强调让书写在古籍里的文字都活起来。中共中央办公厅、国务院办公厅印发《关于推进新时代古籍工作的意见》，明确要求"加大古籍宣传推广力度，多渠道、多媒介、立体化做好古籍大众化传播"[1]，为我国古籍的传承和利用指明方向。我国"十四五"规划作出"传承弘扬中华优秀传统文化，加强文物古籍保护、研究、利用"的重大决策部署，把全社会对中华典籍的关注提升到新的高度。社会大众对古文经典阅读的热情日益高涨，《中国诗词大会》《典籍里的中国》受到追捧，反映大众希望从我国古代典籍中找寻文化根源，重塑文化认同与文化自信，保护好、传承好、利用好中华典籍已成为时代的命题。

① 粟卫民（1977—），男，副研究馆员，就职于柳州市图书馆。
② 韦祺（1983—），女，副研究馆员，就职于柳州市图书馆。

1　中华典籍阅读推广的现实意义

中华典籍作为中华民族悠久历史和灿烂文化的重要载体，其阅读推广具有深远而现实的意义。

1.1　推动文化传承与创新

中华典籍蕴含着丰富的历史信息、哲学思想、文学艺术、科技成就等，是中华民族文化基因的宝库。阅读推广有助于这些宝贵文化遗产代代相传，让后人能够了解并继承前人的智慧与成果。同时，人们可以在传统中汲取灵感并进行文化创新，推动中华优秀传统文化的繁荣发展。

1.2　增强民族认同感与自豪感

中华典籍的阅读能够加深人们对中华优秀传统文化的理解和认同，激发民族认同感与自豪感。在全球化背景下，文化认同对于维护国家统一、促进社会和谐具有重要意义。

1.3　提升个人素养与智慧

中华典籍中蕴含着丰富的智慧与哲理，通过阅读中华典籍，人们可以学习到古人的道德观念、思维方式、人生哲理等，从而提升自身的品德修养、思维能力和人生智慧，这对个人成长和社会发展都具有积极作用。

1.4　促进知识普及与文化传播

阅读与推广有助于将中华典籍中的知识普及到更广泛的人群中，尤其是青少年和儿童。通过教育引导，让他们从小接触并热爱中华优秀传统文化，培养他们的文化兴趣和阅读习惯。

1.5　推动社会文明进步

中华典籍中的许多思想理念对于现代社会仍然具有指导意义。例如，儒家的仁爱思想、道家的自然观念、法家的法治精神等，都可以为现代社会的治理和发展提供有益的借鉴，从而"有效实现历史与现实的需求转化，回应时代需求，为中国特色社会主义发展提供基本素材与理论支持"[1]，推动社会文明进步。

2　中华典籍阅读推广面临的挑战

当前，中华典籍的阅读推广面临着多方面的挑战，主要体现在以下五个方面。

2.1　语言与理解的障碍

中华典籍以其深厚的文化底蕴和独特的语言风格著称，但同时也成为阅读的障碍。古籍中的文言文、繁体字等对于现代读者来说可能难以理解，需要读者具备一定的古文功底和阅读经验。此外，中华典籍中蕴含的哲学思想、文化观念等也可能因为与现代社会的差异而难以被普通读者所接受和理解。

2.2 传播方式的局限

尽管数字化技术在近年来得到迅猛发展，为中华典籍的传播提供了新的途径，但传统的传播方式仍然存在局限性。纸质书籍的印刷、发行成本较高，且难以覆盖所有潜在读者。同时，数字化资源的获取也需要一定的技术和设备支持，对于一些经济条件较差或技术基础薄弱的地区来说，仍然存在一定的困难。

2.3 公众认知与兴趣不足

在快节奏的现代生活中，公众对于传统文化的认知和兴趣普遍不足。许多人可能更倾向于关注现代科技、娱乐等话题，而对于中华典籍等传统文化资源则缺乏足够的了解和兴趣。这导致中华典籍在阅读推广过程中的受众基础相对薄弱。

2.4 创新与发展的压力

在数字化时代，中华典籍的阅读与推广需要不断创新和发展。然而，如何在保持传统精髓的基础上进行创新，如何利用现代科技手段提升阅读体验和推广效果，都是需要思考和解决的问题。这需要我们不断探索新的传播模式、技术手段和诠释方式，以适应时代的发展和读者的需求。

2.5 图书馆文化功能的转变

新时代社会公众对图书馆的要求不仅是借阅图书，更多的是在图书馆享受展览、讲座、沙龙、文化体验等高质量的文化服务，图书馆社会教育的作用日益凸显。在这种大背景下，需要从图书馆事业发展的大局出发，更深入地开发和呈现典籍文献，拓展图书馆发展的新路径。

3 地方典籍阅读推广的现状

3.1 地方典籍阅读推广的时代价值

地方典籍是中华典籍的重要组成部分，也是中华优秀传统文化的重要组成部分。地方典籍不仅记录每一个地方的历史变迁、文化传承，还蕴含着深厚的文化底蕴和独特的地方特色。

地方典籍最显著的特点是地域性。地方典籍往往专注于记录某一特定地区的历史、地理、政治、经济、文化、风俗等各方面的信息，具有鲜明的地域特色。地方典籍中的许多内容对于地方发展、文化建设、学术研究等具有重要的参考价值，为学者提供了丰富的研究素材和视角，有助于深入挖掘地方历史文化的内涵和价值。

通过地方典籍的传承和学习，可以增强人们对地方文化的认同感和自豪感，也有助于提升市民的文化素养和阅读水平，从而更好地传播地方历史文化和传承地方文脉，增强城市文化底蕴，建立起城市的文化自觉和文化自信。

3.2　柳州地方典籍阅读推广的现状

柳州是国家历史文化名城，拥有丰富的地方典籍资源，全市古籍藏量在区内仅次于桂林市、南宁市，是广西最重要的古籍保藏中心之一。目前，柳州市图书馆作为国家级、自治区级古籍重点保护单位，古籍藏量有 51 000 余册，善本 3 500 余册。此外，柳州市博物馆藏量约 4 800 册，县区也有不少古籍收藏。例如，鹿寨县图书馆有古籍 80 多册，其中善本 30 多册；融水苗族自治县图书馆古籍藏量 90 多册，民国文献约 2 000 册。柳州古籍不仅藏量大，而且价值高，全市有 11 部古籍入选《国家珍贵古籍名录》，50 部古籍入选《广西珍贵古籍名录》，还有不少历代柳州地方志书、名人著述等地方典籍留存，成为柳州历史赓续、文化传承的根脉与见证。

近年来，柳州各古籍公藏单位开展一系列阅读推广活动，如柳州市图书馆举办"翰墨芸香——柳州典籍展"，展出唐代至民国最具代表性的 32 部 15 篇柳州乡邦文献；柳州博物馆依托柳侯祠推广柳宗元典籍阅读，如《荔子碑》等实景碑文及馆藏《唐大家柳柳州文钞》十二卷刻本等。

虽然各古籍公藏单位在古籍的阅读推广上都做出了尝试和实践，也取得了一定实效，但目前古籍的宣传推广大多仍以传统形式为主，属于单向传播的方式。随着人民群众的精神文化需求日益增长，这些方式已不能满足读者获取古籍内容的需求。

4　地方典籍的阅读推广策略

针对当前中华典籍尤其是地方典籍的阅读推广工作仍存在开发利用形式单一且刻板、服务社会公众的深度与广度不足等问题，从大众阅读需求入手，以弘扬优秀传统文化经典、传承地方文脉为着眼点，让典籍从藏书阁中走出，进入公众视野，推动典籍大众共享。

4.1　丰富推广方式，破除阅读障碍

注重调研分析大众古籍阅读需求，丰富古籍阅读推广活动的内容与方式，采用展览、讲座、线上推介、体验活动等大众喜闻乐见、易于接受的形式开展古籍阅读推广活动。既让大众有机会鉴赏和阅读原文原版珍贵古籍，又帮助大众扫除阅读古籍的理解障碍，并形成具有一定影响力的古籍阅读推广品牌。

例如，柳州市图书馆积极开展线上典籍推荐活动，在微信公众号、官方网站上推送《晒书丨柳州典籍展之〈柳宗元集〉》《晒书丨乡邦文献"游子"回家 带你看"古籍中的柳州"联展》等系列专题文章，通过线上图文、短视频等形式展现柳州的地方文化脉络与人文精神。此外，实现典籍转化，以典籍中记载的柳宗元、紫荆花等地方文化元素制成碑拓和雕版工具，开展古籍修复、碑拓、雕版印刷和活字印刷等中华传统技艺体验活动。

4.2 立足地方特色，开辟传承路径

在开展古籍阅读推广活动过程中，柳州市图书馆立足本馆特色馆藏，结合本区域特有的历史文化传统，着力开发利用地方古籍资源，深入挖掘古籍中蕴含的优秀传统文化思想内涵。在传承和弘扬优秀传统文化的同时，讲好柳州地方故事，展现柳州文化的深厚底蕴，引导读者发现地方文献这座文化"富矿"。在传播柳州历史文化和传承地方文脉的同时，让市民更加了解和热爱这座城市，产生了良好的社会效应，为探索地方古籍文献的利用和开展地方乡土文化教育开辟了新的路径。

4.3 寻求多方合作，激发社会参与

古籍的保护和传承离不开社会力量的参与，对于资源相对匮乏的西部地区公共图书馆来说尤为重要。优秀传统文化的传承和弘扬需要全社会的共同参与，需要公众的集体力量。图书馆积极"走出去"，与中小学、高校、社区、部队及社会文化团体等合作开展古籍阅读推广活动，凝聚社会力量，共同构建中华优秀传统文化典籍保护与传承的社会化体系。

柳州市图书馆汇聚全国馆藏柳州地方古籍，与国家图书馆、广西壮族自治区图书馆、桂林图书馆、柳州市博物馆和柳州高中图书馆共同举办"古籍中的柳州"展览，展出28部柳州地方古籍和善本古籍，携手共传地方文脉。围绕古籍中的柳州往事，柳州市图书馆与柳州市地方志办联合主办"古籍中的柳州"主题讲座，通过梳理《马平县志》等古籍中关于柳州地方历史的记述，厚植乡土文化。

4.4 融合地方文化，创新阅读模式

习近平总书记指出："研究我国反腐倡廉历史，了解我国古代廉政文化，考察我国历史上反腐倡廉的成败得失，可以给人以深刻启迪，有利于我们运用历史智慧推进反腐倡廉建设。"柳州市图书馆以最能代表柳州文化形象的地方古代名人柳宗元及其典籍著述为切入点，深入挖掘其著作《蝜蝂传》所蕴含的启发后人慎独慎微、淡泊知止的廉政文化思想内涵，将《蝜蝂传》制作成古籍抄写字帖，开展"书诵经典 翰墨飘香"古籍抄写活动。该活动将党的作风建设与弘扬中华优秀传统文化、

学习柳宗元廉政文化有机结合，以柳州干部群众耳熟能详的柳宗元在柳州的一个个廉洁故事，让干部群众感受到柳宗元一身正气、清正廉明的高尚情操，自觉传承柳宗元廉政为民的思想，形成"党建＋廉政＋传统文化"三者融为一体的学习模式，为党建活动提供新形式。

4.5　利用新媒体，深化数字传播

利用新媒体和数字技术，开发互动式的学习工具，如在线课程、虚拟现实体验、增强现实应用等，使学习者能够更加直观地感受和理解中华典籍的内容。这些工具可以增强学习的趣味性和互动性，提高学习效果。

充分利用社交媒体平台，如微博、微信、抖音等，发布与中华典籍相关的内容，包括解读文章、短视频、直播讲座等。通过社交媒体的广泛传播，可以吸引更多年轻人的关注和参与，扩大中华典籍文化的影响力。

柳州市图书馆和柳州市博物馆都在官方网站、微信公众号、视频号、微博和抖音平台上发布与古籍相关的线上推文及短视频，如《嘘！我要告诉你一个关于柳州市图书馆的小秘密——柳州市图书馆镇馆之宝》和《开卷可与古人神会，走进柳州博物馆馆藏清代〈唐大家柳柳州文钞〉十二卷刻本》等，利用多形式、多渠道、多平台向社会公众讲述和展示与古籍相关的背景知识及传统文化内容。

4.6　活化典籍创意元素，开发衍生周边产品

结合现代新兴数字化技术，开发中华典籍周边产品，如文创产品、有声读物等。这些产品可以让读者在娱乐中找到阅读的乐趣，寓教于乐，提高读者对中华典籍的兴趣。

柳州市图书馆从古籍中选取《柳郡全图》《马平县图》《柳江书院》《柳宗元像》等13幅与柳州地方文化相关的图片作为素材，开发线上拼图游戏"古籍拼拼乐"。通过生动、有趣的游戏体验，拉近读者与古籍的距离，给读者提供新的阅读互动体验，让读者在交流互动中了解更多的地方文化。

4.7　构建多元化学习路径

将中华典籍的学习与现代学科相结合，如历史学、文学、哲学、艺术学、社会学等，通过跨学科的教学和研究，帮助学生从多角度、多层次理解中华典籍的深刻内涵，不仅能增强学生的综合素质，还能促进学术研究的深入发展。

组织学生开展实地考察、文化体验等活动，如参观柳州驾鹤书院、柳州典籍博物馆等，让学生在亲身体验中感受中华典籍所营造的历史场景和文化氛围。实践体验学习能够使学生更加直观地理解中华典籍内容，增强学习的趣味性和实效性。

综上所述，加强中华典籍尤其是地方典籍阅读推广需要全社会的共同努力和支持。通过深入挖掘与整理、创新阅读推广模式、营造良好阅读氛围等，可以让更多人感受到中华优秀传统文化的温暖和力量，更好地传承和弘扬中华优秀传统文化与地方文化，提升大众文化素养，推动社会文明发展。

参考文献

［1］王镇．推广与创新：让中华典籍文化活力再现［J］．文化产业，2023（19）：88-90．

稽古右文　传承经典

——基于中小学生大语文时代背景下的图书馆中华典籍阅读推广路向研究

熊堃玲 [①]

（南宁市图书馆，广西　南宁　530201）

【摘要】中华文明绵延五千年，典籍功不可没。公共图书馆利用丰富的地方文献及中华传统典籍馆藏资源，在开展典籍的活化利用、阅读推广活动时，响应中小学生在大语文时代的典籍阅读需求，将他们所需的中华典籍资源有机融入阅读推广活动中，是倡导全民阅读、构建书香社会的有益尝试和生动实践。本文通过调查中华典籍阅读推广现状，分析制约大语文时代背景下典籍阅读推广活动的因素，策划设计新时代背景下的图书馆典籍推广路线，助力公共图书馆更好地践行"文明传承、社会服务"的历史担当和社会使命。

【关键词】中华典籍；图书馆；大语文时代；阅读推广；路向研究

【中图分类号】G252.17　　　　　　　【文献标志码】B

中小学生是祖国的未来，在当今大语文时代背景下，通过参与深度阅读、积淀文化，加强对包括具有地域、历史渊源特征的地方文献等中华典籍的传承与学习，可提升语言构建与运用、思维发展与品质、审美鉴赏与创造、文化传承与理解等语文核心素养，在未来发展中有所作为。[1]

公共图书馆是照亮人类文明前行的灯塔，通过响应中小学生对中华典籍的课外延伸阅读需求，将有效服务中小学生的部分优秀典籍文献资源进行收藏、保护、整理、解析、开发，与家庭、中小学校、社会古籍保护机构协同合作，不断提高中小学生四个维度的语文核心素养，有效履行保护古籍、传承文明、服务社会、推动文化教育的公共职能，实现新时代图书馆业务的创新和迭代升级。

---

① 熊堃玲（1981—），女，馆员，就职于南宁市图书馆。

1 中华典籍阅读推广的现状

近年来，公共图书馆在传统文化典籍推广方面做了许多实践探索和理论研究。笔者在中国知网数据库以"典籍""图书馆""阅读推广"为关键词进行主题检索，截至 2024 年 9 月 2 日，共检索出 169 篇文献，其中学术期刊类 98 篇、学位论文类 27 篇、会议论文类 4 篇、报纸类 40 篇。典籍阅读推广活动作为图书馆新的研究主题领域，在内容方面涵盖阅读推广、公共图书馆、新媒体、传统文化、体系研究、文旅融合、古籍推广、图书馆展览服务等；在学科方面则涵盖图书情报与数字图书馆、新闻与传媒、中国近现代史、文化等。

通过调查分析可知，我国多数省级公共图书馆均能设置典籍专栏，并积极开展相关阅读推广活动，但仍处于活动内容较为狭窄，活动数量尚未实现定期、固定更新的阶段；典籍推广活动类型较为单一，未能针对特定读者人群定制与其相匹配的推广活动；传播渠道多局限于馆内的官方网站、微信公众号等，不能多渠道、跨界开展有效的推广和宣传，受众认知程度不够；尚未有意识地打造典籍阅读宣传品牌，读者认同度不高。

2 大语文时代背景下制约典籍阅读推广活动的因素

典籍作为年代久远的特殊文献，易受虫蛀、老化、絮化等影响，读者很难在图书馆以外的地方接触到这些珍藏的典籍。因此，这在一定程度上制约了典籍阅读向读者的触达和普及。此外，由于典籍语言晦涩难懂等特点，还有以下五种因素制约其发展。

2.1 典籍阅读活动定位未能准确反映特定读者的阅读需求

目前，公共图书馆在典籍阅读活动推广方面的定位、内容策划不能完全反映中小学生的课外阅读需求和心理预期，导致典籍阅读推广活动存在供需不匹配的情况，个性化、定制化的水平不高。通过对中小学生的需求信息特征开展用户画像工作，推出针对性、互动性、融合式、沉浸式的推广课程和模式，逐步激发其对典籍的阅读兴趣，有效引导中小学生养成良好典籍阅读习惯。

2.2 语言理解障碍，教学指导难度大

典籍是古人运用古文字书写，其语言表达方式与现代汉语存在较大差异，特殊的句式、特定的唐诗宋词格律、大量的成语典故引用等都对读者提出了较高的语言知识背景要求，中小学生难以自行理解和掌握。同时，典籍反映的是古代社会、思想、价值观念和文化背景，与现代社会有很多不同之处。因此，读者除须具备一定

的古代汉语功底外，还需掌握相关历史、文化知识，才能正确理解古籍的含义，不被某些生僻词汇、历史知识和表达方式影响而产生阅读困扰。

2.3　当代阅读习惯的差异

受互联网、手机高度普及的影响，当代中小学生的阅读习惯存在短平快、碎片化、浅尝式、非系统性的阅读趋势。这些短视频式的网络速食阅读习惯，对耗时较长、阅读节奏较慢、需要文化知识储备、深度思考和理解的典籍阅读活动构成严峻挑战。[2]

2.4　典籍保护资源及文献学人才较为匮乏

典籍的出版研究需要相应经费以及古籍保护和文献学专业人才支撑，但各公共图书馆在这些方面配置的经费和资源并不充分。同时，由于人才存在一定程度的匮乏，对于那些珍稀孤本的典籍，不能做到规模化的影印、复刻、数字化整理与保护，以及细颗粒度资源的加工、解析、输出，这也制约了典籍的广泛普及和深度推广。

2.5　推广内容及渠道较为单一和僵化

通过案例研究发现，在典籍阅读推广内容方面，我国省级公共图书馆大多停留在展示、检索、查询等初级应用层面，除少部分图书馆开展典籍阅读推广活动外，多数图书馆仍处于不定期、非常态化的运营状态，未形成定期更新、持续策划并推出相关典籍阅读推广活动的机制，尚未形成系统的整体推广体系。

在典籍阅读推广渠道方面，我国省级公共图书馆的典籍阅读线下推广渠道多为图书馆车体广告、电视广播宣传、线下宣传单等，线上多采用图书馆官方网站、主流自媒体宣传矩阵等渠道开展推广。这些线下、线上的推广渠道存在单向、被动式输出、重复建设的情况，未能形成优势互补、定位分工明确的闭环推广模式，不利于中小学生获得良好的阅读体验以及典籍阅读推广品牌知名度的提升。

综上所述，为有效化解上述制约因素，图书馆可通过组织古籍专业人才，为中小学生提供准确全面的解读、注释，有效激发其典籍阅读兴趣，纠正中小学生的不良阅读习惯，培育其良好的典籍阅读能力；优化古籍的数字化推广方式；加强家庭、学校、公共图书馆、社会古籍保护机构四级联动等，不断优化典籍阅读在社会和中小学教育阶段的推广与普及；高效响应国家在推动中华优秀典籍传承方面的顶层设计，确保相关工作部署接地气、能落地。

3　大语文时代背景下图书馆典籍推广路向

3.1　精准画像，锚定读者，定制策划对接需求的中小学生典籍阅读活动

公共图书馆可利用馆内后台数据系统，开展为用户画像的数据分析，了解不同

年龄层次的中小学生的关注点、兴趣点、智力认知特点、典籍阅读难点和阅读需求，组织策划主题鲜明、层次突出、形式多样的典籍推广活动，准确匹配教育部推荐的古代优秀传统文化的课外阅读书目要求，推出展览、讲座、培训、交流研讨等知识普及类活动，典籍装订修复、地方传统非遗技艺体验等参与体验类活动，典籍知识竞赛、游戏竞技等竞赛类活动，户外文化研学、实地探访等实践类活动，避免活动形式"千篇一律"，有效提高中小学生对中华典籍的阅读热情。

以福建省图书馆为例，该馆2024年8月开展的典籍阅读推广活动形式多样，如邀请嘉宾和市民参与"熹传千古　故纸弥香——福建省图书馆七夕传统晒书雅集"，策划组织读者观看"册府千华　故纸芬芳——福建省图书馆藏珍贵古籍与古籍特色数据库展"，推出"文脉千年　积厚流光——福建省图书馆全民阅读推荐展"等活动。活动类型覆盖不同读者人群，值得其他公共图书馆借鉴参考。

3.2　知行结合，构建情境式、贯通课内外的典籍阅读活动环境

图书馆在"大语文观"理念指导下的典籍阅读推广活动需重视学生的阅读与表达，构建情境化课堂；帮助学生感受时代背景，加深文学体验；引导学生培养独立分析、思考课外典籍资料的能力，有效拓宽学生的知识面，将课外典籍阅读与实际生活贯通，为中小学生构建富有生活性、探究性的课外典籍阅读活动环境、语文学习的场景和空间。[3]

针对小学生，典籍阅读推广活动重在提高其对优秀传统文化的感受力、认知力，引导学生了解传统典籍、文字、当地历史文化变迁、家乡习俗、传统非遗及民族艺术的多元化魅力，学会理解他人，懂得感恩，提高辨别是非、善恶、美丑的能力，树立人生理想，热爱祖国河山、历史和文化。典籍阅读推广活动可采用诵读（熟读成诵、抑扬顿挫、悟理明义的教学方式）、讲故事、交流阅读心得体会、故事绘本比赛、听写比赛、古诗竞背等方式开展，如开展"我是小小讲解员之成语故事篇、中国古今寓言篇""我是故事大王之中国神话故事""声律启蒙、千家诗朗诵大赛"等活动，通过有古汉语基础的阅读推广人现场引导，调动现场读者参与的热情，培育其对典籍的阅读兴趣和对典籍思想感情的思考与理解能力，有效提高读者的识字能力、写作水平和阅读理解能力。

面向初中生，在开展典籍阅读推广活动时要以增强学生对中华优秀传统文化的理解力为重点，提高其对中华优秀传统文化的认同度，引导学生认识我国统一的多民族国家的文化传统和基本国情。可根据初中生喜欢比拼、热衷游戏的心理特征，举办《水浒传》《西游记》《儒林外史》等名著中的经典角色扮演大赛，选择《诗

经》《唐诗三百首》等部分经典诗文诵读，以及《唐诗三百首》书法作品比赛等，以学生为主体，阅读推广老师为主导，强调双方互动，提升学生主动建构知识的能力，培养思辨型人才。

面对高中生，以增强学生对中华优秀传统文化的理性认识为重点，引导学生感悟中华优秀传统文化的精神内涵，增强学生对中华文化的自信心。[4]通过引导学生参与《资治通鉴选》《三国演义》《红楼梦》《窦娥冤》《官场现形记》等篇幅较长的典籍阅读讲座，并邀请古籍研究专家亲临现场，向学生传授典籍阅读理解技巧并分享个人感悟；借助多媒体技术，策划《庄子选集》《楚辞选》《汉魏六朝诗选》《唐宋散文举要》《唐宋传奇选》《宋词选》等 VR 古籍展览；开展七夕晒书等活动，同时开展古籍排版、注释、解读、装订、修复实践等科普活动，帮助学生深入了解古籍的价值，掌握正确的古籍阅读和理解技巧及方法，提升学生对古典文学和传统艺术的鉴赏能力；认识中华文明形成的悠久历史进程，引导学生深入理解中华民族的精神追求，正确认识当代中国、外部世界，自觉维护国家尊严、安全和利益。

3.3 培育具有复合型知识储备的馆员推广人才队伍

实现典籍阅读推广活动长远发展的关键在于，公共图书馆具有复合型知识储备的典籍阅读推广人才队伍，有了人才的支撑，才能精细策划组织阅读推广活动，实现典籍阅读推广活动的持续更新、后期运维，并逐步推动典籍阅读的整体推广体系建设。

作为合格的馆员应具备以下三个方面的职业素养：一是馆员需学习和更新阅读推广业务技能，还应具有一定的古代文献知识，熟悉馆藏典籍资源，全面深入地掌握典籍文献资源，成为既具有古典文献学、校勘学、版本目录学等专业背景，又熟悉新媒体环境下的文案策划、营销推广技能的古籍保护与文献学复合型人才，才可能在典籍阅读推广中掌握主动权和话语权。[5]二是馆员应通过关注教育部的政策、社会文化热点动向，与时俱进地运用合适的营销推广手段和宣传渠道，争取最优推广效果。再次，馆员能定期对典籍阅读推广活动开展更新运维，并开展事前、事中、事后三个阶段的活动问卷调查，根据中小学生的反馈，动态调整优化活动方式和内容，形成阅读推广活动的闭环管理。三是通过开展典籍阅读推广活动，有效激发馆员的内生动力，建立有效的馆员职业评价激励机制，打造稳定的具有复合型知识储备的馆员推广人才队伍。

3.4 聚焦馆藏优质典籍资源深加工，构建多层次的典籍阅读推广活动体系

典籍阅读推广活动成功的前提条件是图书馆必须首先摸清馆藏善本库、特色数

据库、缩微文献资源库等家底，甄选部分馆藏珍本等优质资源，对接中小学生课外典籍阅读书目及教学目标，策划组织多层次的典籍阅读推广活动。古籍文字形式多样，需要古籍保护和研究人员进行专门的细粒度数字化处理。同时，依赖高水平的专业人员对典籍知识、背景等相关内容进行采集、加工、分发、呈现等一系列高层次的高维度的二次输出、再加工与生成工作。在具体操作中，运用高清扫描、OCR识别等技术手段，对实物典籍进行数字化加工，最终生成可供检索、阅读和研究的电子文本。同时，图书馆须依法依规获得版权所有者的许可，或在公共领域、合理使用的前提下进行典籍数字化工作。典籍数字化处理完成后，借助数字图书馆、二维码电子书、读书软件、公共文化云等平台，为中小学生提供多元化的阅读方式和服务平台，化解典籍阅读走向中小学生的阻力。

在典籍阅读推广方面，广西壮族自治区图书馆聚焦地方历史传承的优势资源，推出八桂讲坛"中华传统文化百部经典"主题讲座、承典焕薪丨"一笔一划拓千年"甲骨传拓体验活动等典籍推广活动，通过在图书馆官方网站、小红书、抖音等新媒体平台设置典籍查询、典籍阅读推广体验等活动栏目，方便读者自主搜索所需信息，有效促进中华优秀传统文化的弘扬与传播。

3.5　优化推广策略，畅通推广渠道，对不同读者群体进行精准活动推送

典籍阅读推广除了科普知识，还需要通过线上、线下推广渠道有机结合，全方位、多角度扩大活动影响力，运用优化算法、搜索引擎优化等手段，准确推送个性化数字典籍学习资源，覆盖不同年龄段的中小学群体，让读者更便捷地获取所需的典籍学习资源，提高典籍阅读推广活动的传播效力，实现典籍阅读推广活动与读者的深层次良性互动。

3.5.1　构建触达性强的线上营销模式。线上营销主要聚焦于运用互联网、数字技术等手段，对读者参与度、兴趣不高的典籍阅读活动开展品牌定位与整体推广，充分发挥新媒体的裂变式传播速度、互动性、即时分享、精准推送、多渠道、智能终端便捷性、信息流通分享开放性等优势。不断优化中小学生读者典籍阅读推广活动的搜索引擎，通过研究并优化读者搜索关键词，分析掌握读者潜在阅读需求，策划适合不同层次、年龄段的读者且针对性强、有价值的典籍阅读推广活动，并形成固定的动态更新机制，实现线上预约及线下事后评价服务反馈，持续运营的完整营销管理模式，不断提高读者参与度，持续提升品牌关注度、忠诚度，不断增强读者黏性。

3.5.2　优化内容营销，有效积淀读者群体。典籍阅读的内容营销通过图书馆全媒体宣传矩阵的推广，确保依据不同读者的使用习惯和阅读需求，运用凝练、精彩的图文和短视频等方式，第一时间将不同类型的典籍阅读推广活动的深度内容、主要信息精准推送至不同的目标读者群体，高效激发读者主动分享传播，发布主题突出、与教育部印发的《完善中华优秀传统文化教育指导纲要》相匹配的典籍阅读推广活动，注重明确目标、创新内容、渠道选择、数据分析及反馈评估，有效积淀读者群体。

3.5.3　线上与线下无缝对接、协同联动。利用线上平台开展高效的品牌宣传和活动推广，构建典籍数字化阅读空间和场景，引导中小学生通过线上平台参与线下典籍阅读推广活动的预约、咨询，并服从图书馆组织方的合理安排，将读者分流到不同类别、层级的典籍阅读推广活动中，线上与线下有效结合，形成推广合力，充分运用好新媒体技术，构建立体化、多元化的全流程服务评价机制，逐步提高典籍阅读推广的专业程度。[6]

3.6　跨界合作，打造品牌，提高典籍资源流通率和利用率

图书馆阅读推广需要通过精心创意、策划，将读者的注意力从海量馆藏引导到小范围的有吸引力的馆藏，以提高馆藏的流通量和利用率。对于小众又晦涩难懂的典籍阅读推广活动也是如此。[7]

图书馆阅读推广的目的是促进全民阅读，对于中小学生而言，有效激发其对晦涩难懂的典籍知识的阅读和学习兴趣，提升其学习能力，是开展典籍知识学习推广工作的重要环节。这需要图书馆联合家庭、中小学校、社会古籍保护机构等形成宣传推广合力，通过复合型阅读推广人员精心策划，以更有趣的方式呈现古籍内容，同时打造统一且 IP 形象鲜明的典籍阅读品牌。通过这一系列举措，高效开展典籍知识的普及体验推广活动，切实提高典籍文献的活化利用程度和流通效率，实现其社会价值最大化。

4　结语

典籍是中华传统文化的鲜活载体。图书馆积极响应中小学生的典籍阅读需求，大力开展相关典籍推广工作，并不断创新推广方式方法。通过这些举措，让典籍中的文字与故事活起来，使中小学生在参与典籍阅读推广活动中完成从产生兴趣、有所了解，到自发爱上典籍阅读的转变，进而提升他们在四个维度的语文核心素养。这不仅有助于深层次弘扬优秀传统文化，培养民族文化自信，为建设全民阅读的书

香社会、提升国民文化素养奠定坚实的精神根基，助力公共图书馆在大语文时代背景下践行"传承文明、服务社会"的历史担当与社会使命，奋力谱写中华典籍阅读推广发展新篇章。

参考文献

［1］高青兰，蒋焘阳，刘小飞．中学政治教师传统文化修养的实然状态与应然要求［J］．重庆文理学院学报（社会科学版），2018（1）：82-89．

［2］张叶．公共图书馆古籍阅读推广模式的构建［J］．江苏科技信息，2024（12）：130-132．

［3］梁恩齐．大语文观念下的《孔乙己》教学策略［J］．文学教育，2022（10）：124-126．

［4］王岱．引导学生读好书人人有责：谈如何用好《中小学生阅读指导目录（2020年版）》［J］．人民教育，2020（13）：105-108．

［5］冯昊昱，张美芳．关于新设"古籍保护与文献学"二级学科的思考［J］．大学图书馆学报，2024（5）：108-116．

［6］虞乐．新媒体环境下公共图书馆古籍阅读推广研究［J］．图书馆工作与研究，2023（12）：100-107．

［7］周林兴，黄星．国家文化数字化战略背景下公共图书馆数字阅读推广研究［J］．图书馆学研究，2024（1）：129-136．

从文化保存到文化活化：
公共图书馆文创产品开发实践探索

——以广西壮族自治区图书馆为例

钟 晖[①]

（广西壮族自治区图书馆，广西 南宁 530022）

【摘要】本文以广西壮族自治区图书馆文创产品开发实践为切入点，通过梳理广西壮族自治区图书馆文创产品开发的历程，分析其在政策驱动、多元合作、文旅融合与数字化创新等阶段的实践成果和经验，揭示了公共图书馆在文创产品开发过程中面临的产品同质化、资源转化不足、权责不明晰及可持续开发难度大等痛点问题，提出资源深耕、机制创新与生态构建等应对策略，以推动公共图书馆从文化保存向文化活化的转型，为文化的永续传承与创新发展提供新路径。

【关键词】公共图书馆；文创产品；文化活化；开发实践

【中图分类号】G252.1　　　　　　【文献标志码】B

文创产品是以文化为根基，通过创意设计和技术手段将文化元素转化为兼具实用价值与艺术美感的商品或服务。其本质是文化资源与创新思维的融合产物，以历史故事、地域特色、传统符号或流行文化为灵感来源，通过设计师对文化元素的提炼与重构，赋予产品独特的精神内涵。[1]

2016年5月，国务院办公厅转发文化部、国家发展改革委、财政部、国家文物局等联合印发的《关于推动文化文物单位文化创意产品开发的若干意见》（简称《意见》），明确鼓励图书馆等机构开发文创产品，为公共图书馆正式开启文创产品开发工作吹响了号角。笔者认为，图书馆文创产品是以馆藏文化资源为核心，通过创意设计和科技手段转化而成的兼具文化价值、教育功能与市场潜力的商品或服务，其

---

① 钟晖（1985—），女，馆员，就职于广西壮族自治区图书馆。

本质是图书馆职能从资源保管向文化传播升级的载体。[2-3]

公共图书馆的核心职能是文化保存，即以文献收藏和知识传播为核心。公共图书馆的文化保存职能体现在对文化遗产的系统性收集、整理与保护。[4]这种文化保存不仅是对物质载体的维护，更是对文化基因的延续。例如，《中华人民共和国公共图书馆法》明确要求图书馆保存地方文献，2022年发布的《2021—2035年国家古籍工作规划》更强调古籍保护的系统性。然而，随着文旅融合政策的推进与用户需求的不断升级，图书馆逐渐转向"文化活化"理念，强调通过文创产品将静态资源转化为动态文化体验。

习近平总书记强调："要在创造性转化和创新性发展中赓续中华文脉。"这为静态文化资源转化为动态文化体验提供理论支撑。图书馆应通过科技、文创等手段赋予传统文化新价值。[5]例如，故宫文创将典籍元素融入生活用品，使古籍"活起来"；中国人民大学提出的"创意—传播—体验"活化路径[6]，构建了从文化解码到市场触达的完整链条。

广西壮族自治区图书馆（简称"广西图书馆"）的文创产品开发实践自2016年启动以来，其实践过程在一定程度上反映出国内公共图书馆文创产品开发理念的演变路径：从"藏"到"用"的功能性转变，从"单一传播"到"多维赋能"的价值重构，从"传统工艺"到"数字化创新"的技术融合。这一演变路径使公共图书馆文创产品的功能从文化展示逐渐转向实用性、互动性设计；文创产品本身也由文化传播载体发展为图书馆服务延伸的触角。这一演变路径同样体现了公共图书馆从文化守护者向文化传播与创新者的角色转型。

本文主要以广西图书馆文创产品开发实践为切入点，结合国内公共图书馆文创产品开发面临的痛点及难点，为公共图书馆文创产品开发工作提供相关策略。

1 广西图书馆文创产品开发实践

广西图书馆作为广西公共图书馆行业的"龙头馆"，在履行公共图书馆核心职能的同时，积极探索文创产品开发实践，致力于通过文创产品传播中华优秀传统文化，开发符合读者需求、实用性强且极具图书馆特色，富有广西文化内涵的文创产品，取得了显著的社会成效，成为广西公共图书馆文创产品开发的标杆。下面，笔者将结合广西图书馆文创产品开发实践的发展历程，分析其取得的实践经验与启示。

1.1　政策与标准化驱动

广西图书馆的文创产品开发实践与国家政策的推动密切相关。2016 年,《意见》明确提出鼓励图书馆等机构开发文创产品。2017 年, 文化部发布的《"十三五"时期全国公共图书馆事业发展规划》将文创产品开发纳入评估定级标准, 进一步明确了文创产品开发的重要性。同年, 全国图书馆文化创意产品开发联盟成立, 广西图书馆被确定为 37 家国家级试点单位之一。2018 年,《中华人民共和国公共图书馆法》第四十一条从法律层面提出, 通过创意产品开发等方式, 加强古籍宣传。2019年, 国务院办公厅《关于进一步激发文化和旅游消费潜力的意见》提出, 优化文创产品展示与销售环境。2021 年, 文化和旅游部会同国家发展改革委、财政部联合发布《关于推动公共文化服务高质量发展的意见》, 鼓励图书馆提炼文化 IP、构建文创体系。2022 年《公共图书馆年度报告编制指南》(WH/T 96—2022)发布, 要求将文创产品开发纳入年度报告, 标志着公共图书馆文创产品开发进入了标准化建设阶段。2024 年 10 月,《图书馆志愿服务管理指南》(WH/T 101—2024)实施, 规范文创产品开发中志愿者的参与机制。正是在政策不断深入的驱动下, 广西图书馆的文创产品开发经历了从无到有的过程, 标志着广西公共图书馆行业开始系统性探索文创产品开发。

1.2　实践过程

广西图书馆的文创产品开发实践经历了起步、快速发展和全面深化三个阶段, 逐步形成了具有地方特色的文创产品体系。

1.2.1　起步阶段(2016—2019 年):政策驱动与元素叠加。这一阶段, 广西图书馆以《意见》《"十三五"时期全国公共图书馆事业发展规划》《中华人民共和国公共图书馆法》等法律、政策文件为导向, 依托广西图书馆古籍文献资源, 结合图书馆标志、建筑元素及阅读文化, 开发了首批文创产品, 包括"芥子园"线装笔记本、陶瓷笔筒、馆藏文献竹简、阅读元素行李牌等。这些产品初步体现了文化元素与实用物品的融合, 虽然创意性和艺术性不足, 但是为后续文创产品的开发奠定了基础。

1.2.2　快速发展阶段(2020—2022 年):多元合作与品牌建设。这一阶段, 广西图书馆借助全国图书馆文创联盟成立的契机, 通过跨界合作与资源整合, 推动文创产品开发进入快速发展期。通过与企业、设计师和高校合作, 广西图书馆逐步实现从简单元素叠加向馆藏资源深度挖掘的转变, 开发了"忆红军"系列茶具、壮族元素木筷、帆布包等产品。同时, 广西图书馆开始打造差异化品牌, 推出了"ATU家用""传统祈愿""百年峥嵘·鲐背风华"等文创系列, 初步形成了品牌体系。

1.2.3 全面深化阶段（2023年至今）：文旅融合不断深入与数字创新。广西图书馆依托馆藏资源与广西本土文化，结合文旅融合与数字化创新，推动文创产品开发进入全面深化阶段。通过提取广西文化元素，开发了具有地域特色的产品，如"走读广西"文化IP、"百鸟衣"文化IP、"廖江竹枝词"文化IP等系列文创产品。同时，广西图书馆积极探索数字化赋能，开发解谜游戏、互动游戏、VR体验等虚拟文创产品，并通过线上展览、直播、短视频等新媒体形式拓展应用场景。通过场景创新与叙事重构，广西图书馆实现了从"静态展示"到"动态赋能"的转变，进一步提升了文创产品的文化价值与公共图书馆的社会影响力。

1.3 实践成果

截至2024年底，广西图书馆共开发各类文创产品119种，产量近60种，从开发起步之初的便利贴、手臂包等单纯市场成品加标志的形式，逐步转向社会征集，再到自主开发转型，并逐渐实现设计化、精致化、系列化。当前，广西图书馆文创产品已有"百年峥嵘·鲐背风华"系列、"那家书香"系列、"传统文化"系列、"ATU家用"系列等，产品功能覆盖文具、摆件、装饰品、家居用品等多个领域，既丰富了图书馆文化传播的载体，也形成了以自主设计为主，依托馆藏文献与本土文化相结合，挖掘和创造具有广西特色的IP作为主要开发方向，在文创产品开发实践过程中不断积累自有知识产权的公共图书馆文创开发体系，为地方文化资源的活化与创新发展提供了实践样本。

1.4 核心痛点

广西图书馆文创产品开发在馆藏文献资源挖掘、原创展览策划、本土特有元素运用等实践过程中，寻求文化创意产品开发与阅读推广工作的契合点，追求广西图书馆文创产品设计开发的独特性、艺术性和实用性，并注重商标注册、作品登记等知识产权保护措施，社会效益明显，形成了具有广西图书馆特色的典型经验，也发现了公共图书馆在文创产品开发实践中的核心痛点，主要体现在以下四个方面：一是产品同质化程度高。受限于资金、人员、工厂资源等原因，公共图书馆的文创产品开发过度依赖古籍复刻与常规载体，如书签、帆布包、笔筒、冰箱贴等，产品类型趋同，缺乏差异化竞争力。二是资源转化能力不足。对馆藏资源的挖掘停留在表层符号的提取上，形成系统性的IP矩阵难度大，数字化文创开发任重道远。三是权责划分不明晰。公共图书馆在文创产品开发过程中可能涉及图书馆、企业、设计团队等多方主体，缺乏明确的利益分配与责任界定机制，导致合作效率低下。四是可持续开发难度大。主要表现在资金依赖政府拨款，绝大多数公共图书馆的文创产品用于阅读推广活动的奖品赠送，无法进入市场流通渠道，既不能经过市场检验，也缺乏额外的创收途径，以致难以支撑长期研发。

2　应对策略

2.1　立足传统文化，挖掘馆藏资源

公共图书馆应当充分利用丰富的馆藏资源优势，挖掘馆员文献研究和再创造的潜力，开发具有公共图书馆馆藏资源特色和符合图书馆传统调性的文创产品，打造特色文创品牌，避免陷入产品雷同的恶性竞争局面。[7]例如，广西图书馆的"百年峥嵘·鲐背风华"系列镇尺套装和手账本套装、"永乐大典"周边系列印章、"那家文化"系列原创书立等系列文创产品的开发，均是在馆藏文献的基础上对文献内容进行二次挖掘与创作，结合本土特有文化和图书馆的独特元素设计开发的文创产品，与其他图书馆的文创产品相比，具有明显的地域特色。

2.2　深挖馆藏特色资源，打造差异化文化 IP

对文创产品的开发，公共图书馆应该立足于自身文化资源，通过对馆藏古籍等文化资源的全面解读和深入研究，合理提取关联文化元素，选取图书馆最具代表性的兼具文化价值、艺术价值、情感价值的文化符号，通过解构、提取、联想、重构等艺术设计方式，打造系统化 IP 文化体系，实现 IP 文化资源的创造性转化，使得文创产品呈现鲜明的图书馆文化特征。[8]例如，广西图书馆开发的"廖江竹枝词"系列、"百鸟衣"系列文创产品，正是基于广西图书馆馆藏资源与广西本土文化 IP 的结合，通过提取本土文化元素并进行艺术重构而生。

2.3　明确开发定位，建立用户导向的研发与反馈机制

用户需求是产品生命力的核心。公共图书馆文创产品开发应当坚持人本理念。[9]公共文化服务的普遍均等性，要求公共图书馆文创产品开发需要考虑用户群体的需求差异，形成形式多样、富有创意的文创产品体系。由于不同用户群体的年龄层次、文化程度、兴趣爱好等存在差异，根据特定人群的兴趣爱好，开发主题系列文创产品，引发用户文化与情感共鸣，满足产品使用和精神享受的双重需求。[10]同时，建立用户反馈机制，让公共图书馆文创产品开发实践与受众群体形成沟通闭环，有利于产品开发的用户需求导向和后续产品的改进优化。

2.4　发展数字文创，构建技术驱动的可持续生态

随着数字时代的快速发展，数字文创产品成为图书馆文创产品开发的新方向。数字文创产品开发是指相关主体运用新一代技术，将传统文化资源以数字化的多元形式呈现，从而给用户带来更强体验感、更高参与度的文化服务。在新兴技术快速

更迭与智慧知识服务需求不断拓展的背景下，公共图书馆应重视技术与文化的融合，利用大数据、物联网、人工智能、虚拟现实、全息影像等先进技术来提升文创产品的文化元素、创意价值、表现形式和传播效果，增强文创产品的文化承载力、展现力和传播力，实现文创产品的全面发展。[11]当前，广西图书馆的古籍数字化、细颗粒度建设都有可能成为日后开发数字藏品或其他数字文创产品的基础。数智技术在文创产品开发领域的深度应用必将成为未来图书馆文创产品开发实践的必由之路。

2.5 设立专职文创部门，优化权责与资源投入

图书馆文创产品开发需设置专职部门，明确文创产品开发责任、职能与任务目标，将文创产品开发、调研、设计、市场推广作为研究课题，在不断调研与思考的过程中，审视自身的规划及目标，契合受众需求，最终完成文创产品的开发与推广。此外，如果公共图书馆要建设高质量的文创产品开发团队，在设立专职部门的前提下，还需要为专业人才提供专职岗位，聘请文创产品开发专业人士与学者对其进行指导和培训，激发文创产品开发团队的积极性与创造性。[12]广西图书馆制定了相关文创产品的开发管理制度，规定文创产品的开发工作由阅读推广部牵头统筹，同时明确了文创产品开发管理各环节的部门任务及权责分配。在与企业、代理商的合作实践中，一般采取由公共图书馆主导内容策划，设计师承担创意落地，企业负责生产的分工模式。

3 结语

广西图书馆的实践表明，公共图书馆文创产品开发需突破文化保存的固有思维，以文化活化为导向，通过资源叙事化、机制市场化、合作生态化等策略，实现从"静态展示"到"动态赋能"的跃迁，本质上是公共图书馆从"文化仓库"向"文化引擎"的跃升。这一过程既需要坚守文化底线，又需要拥有活跃的创新思维。未来，随着元宇宙、生成式人工智能等技术的不断渗透，公共图书馆需进一步探索文创产品与智慧服务、社区教育的深度融合，或将通过数字孪生、个性化定制等路径，进一步模糊文化保存与活化的边界，实现文化遗产的永续生命力，使图书馆真正成为文化创新的孵化器与社会价值的创造者。

参考文献

［1］刘雪婷.文旅融合背景下公共图书馆文创产品开发研究［D］.沈阳：辽宁大学，2023.

［2］王毅.公共图书馆文化创意产品开发理论模式与实现路径研究［J］.农业图书情报学报，2020，32（11）：5-14.

［3］马祥涛.文旅融合背景下图书馆文创产品开发探析［J］.农业图书情报学报，2020，32（11）：15-21.

［4］许魁义，卢珂琦，陆和建.中国公共图书馆参与文化遗产传承的策略研究：以公共图书馆古籍保护为例［J］.农业图书情报学报，2023，35（7）：85-93.

［5］周建新，吴美英.习近平文化思想：引领文化产业高质量发展的理论基础与行动指南［J］.特区实践与理论，2023（6）：5-11.

［6］中国人民大学创意产业技术研究院，腾讯数字舆情部.文化遗产"活化"指数《指标体系与实证分析报告》［EB/OL］.（2022-07-04）［2024-03-28］.http：//icit.ruc.edu.cn/zxdt/c1b80bcd5c4e453bbf009c0bda7eda3e.htm.

［7］肖兴东.基于PEST分析法的公共图书馆文创产品开发策略研究［J］.河南图书馆学刊，2024，44（11）：55-56，72.

［8］邓绵.公共图书馆文创产品IP化构建路径探究［J］.传播与版权，2024（24）：56-58.

［9］周秀峰.文旅融合背景下公共图书馆文创产品开发优化策略研究［J］.河南图书馆学刊，2024，44（9）：59-61.

［10］王毅，肖天晴.公共图书馆文化创意产品的纵向回溯、横向对比与开发思路［J］.图书情报工作，2025，69（1）：106-119.

［11］季婷.新时期公共图书馆文创产品开发现状与推进策略［J］.传播与版权，2024（19）：66-68.

［12］罗颖.图书馆文创产品开发的障碍及策略研究［J］.河南图书馆学刊，2023，43（9）：115-116，137.

信息管理与信息服务

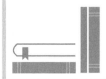

AIGC 视角下高校未来学习中心构建模式研究

符荣鑫[①]

（广西师范大学图书馆，广西　桂林　541004）

【摘要】生成式人工智能（AIGC）为未来学习中心的构建奠定知识服务基础。文章以人工智能为建设模式构建主线，研究探讨未来学习中心建设的"六位一体"构建模式，结合统一身份认证、云服务、物联网、人工智能、区块链、元宇宙等新兴技术建设未来学习中心，并讨论未来学习中心建设的不足之处。研究结果表明，未来学习中心能满足高校教育者和受教育者的实际需求，优化高校图书馆与读者间的密切联系，提升全校师生的访问体验，提高高等教育服务可持续发展的质量水平。

【关键词】未来学习中心；构建模式；AIGC；六位一体

【中图分类号】G250.7　　　　　　　　**【文献标志码】**B

近年来，随着人工智能技术的快速发展，社会由信息化时代迈入智能化时代。"5G+6G"、云计算、大数据、AIGC（artificial intelligence generated content，生成式人工智能）等新技术的应用，使得图书馆提供新型学习方式成为可能。高校图书馆作为高校科研教学活动的知识集散地，为全校师生提供专业的知识服务和学科服务。如何让图书馆服务更智慧、更精准地满足师生个性化需求，成为高校图书馆亟待解决的问题。未来学习中心的建设理念以新兴技术为基础，整合、集成图书馆业务系统，一体化改造图书馆服务环境，创新服务模式，切实满足师生多元化的服务需求，提升面向高等教育的高质量服务水平，为高校图书馆未来学习中心建设指明新的方向。

1　国内外研究现状

未来学习中心作为新的建设理念，国内研究得较多，主要集中在体系建设、实践模式、构建原理和新技术应用等方面。早在 2004 年，杨光武根据新的教学思想，要求图书馆更多地发挥教育职能，首次提出建设现代学习中心是高校图书馆未来的

---

① 符荣鑫（1984—），男，副研究馆员，就职于广西师范大学图书馆。

发展方向，而现代学习中心就是未来学习中心的雏形。[1]之后的研究便沉寂下来。直到 2014 年，刘永权和刘海德基于澳大利亚"下一代学习空间"的 PST 框架，并参考欧美等国著名开放大学学习中心的实地考察成果，对开放大学未来学习中心从智慧学习环境的角度进行设计，提出了新型的开放大学学习中心的架构，并从实然状态到应然状态进行了分析，提出了未来学习中心的架构方式。[2]近年来，未来学习中心的研究得到蓬勃发展。蔡迎春、周琼和严丹等基于对未来学习中心内涵特征与多元功能的分析，提出在未来学习中心方案设计中引入场景化理念，构建适用于各类能力培养的特色化场景，包括语言能力培养场景、跨文化交流场景、跨通融支撑场景和涉外实践体验场景等，并提出了场景化构建原理。[3]杨峰、张雪蕾、李娟基于未来学习中心的建设理念，通过重塑空间、资源、学习三大服务场景来支撑学生的自主学习和终身学习，探索智慧图书馆服务未来学习中心之路。[4]李乔从大学生视角出发，提出高校图书馆未来学习中心的构建策略，构建智慧学习环境，培养自主学习能力，利用知识图谱模型，培养科研思维能力，应用场景化学习教学模式，实现理论与实践紧密结合。[5]赵兴胜、程川生和宋西贵等从新空间观、新信息资源观、新服务观和新队伍观四个维度展开实践探索，以山东大学图书馆为例做出先期探索，在若干领域获得了长足进展，丰富了未来学习中心建设的理论认知和实践经验。[6]刘莉和邵波通过研究大语言模型环境下未来学习中心的建设方式，认为嵌入大语言模型的未来学习中心，通过搭建智慧平台，满足了未来学习中心空间再造的要求，聚合了学科资源，实现了资源专题定制与智能推荐，更提供了 AI 智能学习助手，辅助高校的教学与科研。[7]

这些研究表明，自"未来学习中心"概念提出以来，未来学习中心的研究得到了蓬勃发展，为进一步研究打下了良好的前期基础。尤其是近年来，AIGC 技术在行业领域的应用表现出强劲势头和广阔发展前景，应用于高校未来学习中心的建设，能够改进建设模式，提升未来学习中心的建设水平。

2　未来学习中心"六位一体"构建模式

高校图书馆以全校师生为服务主体，而未来学习中心建设离不开师生的教学科研需求。高校图书馆每天都会处理上万名师生的服务请求，需要高效的管理运作模式才能支持新的服务模式。基于 AIGC 建设的未来学习中心，需要承载大量的高校师生服务请求，以统一身份认证、云服务、物联网、人工智能、区块链、元宇宙为核心的"六位一体"构建模式，为高校未来学习中心提供有效的运行架构。

2.1 建立统一身份认证中心

资源复用与共享是未来学习服务的本质特征，建立统一身份认证中心能够实现高校图书馆数据资源共享与利用，解决未来学习中心建设中用户身份认证与识别的难题。统一身份认证中心将全校师生的个人信息数据纳入身份信息管理中心库中进行统一管理，确保师生数字身份全校唯一，并采用防火墙和多重权限管理机制，确保个人信息的安全性和完整性。图书馆各业务系统无须建立自身的用户认证系统，都由统一身份认证中心进行用户身份识别与权限甄别，保证权限统一调配。利用 AIGC 技术，能够智能识别用户的多重身份，鉴别伪造身份信息，增强系统安全性。高校图书馆依托学校网络信息中心建立的全校用户统一身份认证系统，实现用户身份识别和权限管理，利用人脸识别技术增强生物身份识别能力，提升智慧化管理的安全性。图书管理系统接入统一身份认证中心，以学校建立的师生数据为标准，实现未来学习中心用户数据标准化，并在此基础上个性化自身用户管理模式，增加高校图书馆特有的身份类型检测，便于管理师生的访问权限，提升智慧化服务质量。

2.2 夯实云服务平台基础

未来学习中心的建设会接入大量的业务系统，复杂多样的业务系统需要强大的硬件基础设施来运行。调配海量的硬件资源和管理多源异质大数据，都对系统管理软件提出了不少挑战。如今，最佳的解决方案是采用云服务平台统一管理和调配资源。云服务平台以服务器虚拟化技术为基础，在软件层面整合底层异构的硬件资源，用户只需申请满足需求的资源而无需关心硬件资源的具体位置，极大地改进了服务管理模式，提升了硬件资源的智慧管理能力。AIGC 能够辅助云服务平台进行管理，识别资源调配时机，最大化利用服务器共享资源。高校图书馆可借助云计算服务建立私有业务云，根据门户网站、图书管理系统、座位预约、研修间预约等业务系统的不同运行环境，虚拟多种服务环境，提供多元化内容服务，以提升智慧服务效果。云服务平台同时提供强大的算力和安全、稳定的数据管理服务，保障图书馆重要数据的安全性和可靠性，实现可信云计算服务，满足全校师生丰富的教学科研需求。

2.3 优化物联网借阅模式

物联网技术的发展使得每件物品都可以通过芯片连接到互联网。每个芯片都具有全球唯一的标识，能够通过专用设备识别真实物体。未来学习中心利用物联网技术，能够在每本书、每台设备上都安装识别芯片，从而实现图书馆内全方位的实时定位，解决图书馆中书籍乱架、整架耗时、找书困难等问题。利用 AIGC 技术，能自动生成图书相关信息，并嵌入物联网芯片中，优化图书流通流程，提升读者的借阅体验。高校图书馆可采用 RFID（radio frequency identification，射频识别）技术实现 24 小时图书自助借还，提升读者服务的智能化水平。图书馆在每本书上嵌入 RFID 识别芯片，通过专用识别设备实现不翻书即识别的功能，极大地提高了读者的借阅效率。通过自助借还书机、24 小时还书机、24 小时自助借还书柜，优化读者的图书借阅体验。RFID 技术能够优化高校图书馆的借阅流程，提升读者的服务体验，创新未来学习中心的服务模式。

2.4　提升人工智能服务质量

AI 技术能够最大限度地改进系统算法，优化工作流程，辅助高校图书馆，为全校师生服务。近段时间以来，AI 技术中最突出的是 AIGC 技术。AIGC 技术能够自动生成自然语言级别内容，与用户进行自然语言对话，优化检索结果，提高检索效率。AIGC 技术可自动生成文章内容，进行文学创作，识别用户意图，通过用户指令创作虚拟图像，生成多模态数据，丰富服务内容。未来学习中心可建设智能机器人，通过语音、文字等方式与全校师生进行智能问答，识别读者意图，给出准确答案；辅助学科服务进行参考咨询，通过专业中央知识库学习各领域知识，了解学科前沿热点，分析学科发展路径，为师生咨询提供专业、科学的回复；减轻学科馆员参考咨询负担，使得学科馆员有更多精力投入科研工作中，有效提升未来学习中心学科服务能力。

2.5　创新区块链管理方式

区块链的特征是防篡改和去中心化。作为新兴的计算机技术，区块链能有效增强未来学习中心数据的安全性和可靠性。区块链技术具有分布式存储和管理能力，即将数据离散分布在多台服务器上，根据业务需要生成多个类型区块，区块内部互相信任，区块外部用数据链路连接，区块之间相互校验，形成链状区块管理模式。区块链技术能够改进图书馆服务模式，在优化图书流通过程、增强数字版权保护、创新管理方式等方面有先天优势。利用 AIGC 技术，未来学习中心更能快速发现区块，智能管理区块链，增强区块链运行效能。高校图书馆的图书管理系统，现都采用第三代智慧图书管理系统架构，前后端分离设计，支持多终端、跨区域访问，建立完善的微服务框架，隔离各模块系统故障，使用多节点分布式部署，提升系统稳定性和安全性，将区块链建设理念良好地融入开发和管理中。改进图书采访流通模式，简化工作流程，建立中央知识库，实现门户、资源一体化，扩建学院分馆网站，为各学院师生提供专业化的学科服务，有效提升图书馆业务系统的智慧服务水平。区块链作为新兴的计算机技术，可以有效地提高计算机网络的安全性和私密性。区块链能够连接相关用户，并将相应用户的信息及时保存，避免相关信息丢失。

2.6 增强元宇宙服务体验

元宇宙的发展能利用数字孪生技术将现实世界虚拟到数字空间中，实现真实环境的模拟，增强读者沉浸式体验。读者在虚拟现实中能够与虚拟人互动交流，建立自己的个性化虚拟阅读空间，实现跨区域阅读学习。利用 AIGC 技术，能够增强元宇宙虚拟现实感，助力未来学习中心 3D 升级，加速元宇宙世界内容构建体系，形成新的创作生产力。未来学习中心的建设需要元宇宙技术支持，自行建立 3D 物体模型，通过利用 3D 打印技术生成模型实体，扩展创意空间，提升创作能力。搭建虚拟图书馆，读者通过增强现实技术或虚拟现实技术的设备从终端上体验虚拟空间带来的真实感，给读者带来全新的沉浸式阅读体验。建设心理实验平台，捕捉读者心理数据，为打造更真实的元宇宙空间提供数据参考。

3 未来学习中心建设的不足之处

3.1 建设标准不够完善

目前，未来学习中心的建设仍处于初期探索阶段，尚未有统一的建设标准。各系统的数据标准不统一，且每个图书馆也有自己的使用需求，从而降低未来学习中心的建设效率，浪费图书馆资源，影响读者服务效率，增加系统维护成本。各自独立的建设标准会对后期系统整合造成一定程度的阻碍。

3.2 建设资金来源有限

未来学习中心建设是一项庞大的系统工程，不能一蹴而就，高校图书馆更需要学校资金的支持才能建设完成。但图书馆向来资金匮乏，因此如何充分利用现有经费是建设未来学习中心的一大难题。我们在建设基础设施和部署软件系统时，就需要选择性价比高的软、硬件设备，降低购买成本，减轻维护压力。

3.3 整合系统困难重重

由于各系统标准不统一，系统数据相互异构，系统间互联共享相当困难。每加入一个系统，就需要进行数据采集分析，利用专门的数据转换程序转换数据，形成统一标准的数据，在集成系统中集中展示。因此，建立统一数据标准，能够降低系统整合难度，提高系统集成效率，提升系统智慧服务效果。

4 结论及展望

使用 AIGC 技术驱动高校未来学习中心建设，将高校图书馆建设引入新的发展方向。在未来，结合物联网、云计算、人工智能、区块链、元宇宙等新兴技术，未来学习中心的建设必将向纵深发展。高校图书馆运用未来学习中心建设理念，结合读者实际需求，对图书馆业务流和工作流做出适当的优化，提升全校师生的使用体验，改善智慧化服务质量。

参考文献

［1］杨光武.建设现代学习中心是高校图书馆的发展方向［J］.图书馆论坛，2004（4）：26-28.

［2］刘永权，刘海德.开放大学未来学习中心的架构：基于PST框架的智慧学习环境设计［J］.中国远程教育，2014（3）：47-51，96.

［3］蔡迎春，周琼，严丹，等.面向教育4.0的未来学习中心场景化构建［J］.图书馆杂志，2023，42（9）：12-22.

［4］杨峰，张雪蕾，李娟.未来学习中心对智慧图书馆建设的启迪与思考［J］.图书馆杂志，2023，42（9）：35-43.

［5］李乔.大学生学习能力视角下高校图书馆未来学习中心构建策略［J］.图书馆工作与研究，2024（6）：88-92，98.

［6］赵兴胜，程川生，宋西贵，等.未来学习中心的理论内涵及实践路径：山东大学图书馆的思考与探索［J］.大学图书馆学报，2024，42（2）：5-14.

［7］刘莉，邵波.大语言模型环境下高校未来学习中心的探索与实践［J］.图书馆学研究，2024（7）：70-76，109.

科研人员信息行为驱动下高校图书馆
服务一流学科的科研数字治理模式研究

蒋德凤[①] **黄　春**[②] **陈海华**[③]

（广西大学图书馆，广西　南宁　530004）

【摘要】随着新技术变革和"双一流"建设的双重推动，图书馆需要加快自身治理能力的转型升级，以数字化治理方式服务学校的科研和教学工作。文章通过对广西大学一流学科师生的访谈和问卷调研，从一流学科展示与评价、个性化推荐及科研创作服务能力提升等角度，探讨服务一流学科的高校图书馆科研支持服务数字治理体系的构建。

【关键词】高校图书馆；一流学科；科研人员；信息行为；数字治理

【中图分类号】G77　　　　　　　　　　【文献标志码】B

习近平总书记在 2019 年提出要更加重视运用人工智能、互联网、大数据等现代信息技术手段提升治理能力和治理现代化水平。[1]党的二十大报告进一步强调了加快建设数字中国的重要性。在新技术浪潮的推动下，科研人员的信息利用习惯也发生了深刻变革，全面数字化的科研信息对象要求高校必须构建高效、现代化的科研数字化治理体系。高校图书馆作为学校的文献服务机构，拥有专业的技术人员和丰富的文献资源，适应新信息需求，加快自身治理能力的转变，以数字化治理方式服务学校科研和教学工作。[2]在全国"双一流"建设的大背景下，高校对一流学科的科研发展和学科科研实力的提升给予了前所未有的重视。文章结合当前数字环境的变化和"双一流"建设的背景，对一流学科科研人员的信息行为和需求进行深入的访谈与调研，在广西大学已有的学科成果数据服务平台的基础上，探讨服务"双一流"建设的科研数据数字治理精准服务平台的构建。

---

① 蒋德凤（1976—），女，研究馆员，就职于广西大学图书馆。

② 黄春（1988—），男，工程师，就职于广西大学图书馆。

③ 陈海华（1978—），女，副教授，就职于广西大学图书馆。

1　高校图书馆科研支撑数字治理体系研究现状和存在的问题

1.1　国内外研究动态

国外学者对科研数据的管理策略和政策制定进行了深入研究。同时，关注数据标准的制定，探讨如何建立数据共享机制，建立完善的数据管理系统，实施科研数据监护、共享和管理模式等多元化策略。康奈尔大学图书馆、哈佛大学图书馆建立了科研数据管理平台。[3]

国内在科研支持服务方面的研究虽然起步较晚，但发展较快，特别是在"双一流"建设的背景下，国内高校图书馆积极探讨转型，以创造新的科研支持数字治理环境。有些学者就如何为学校"双一流"建设提供支持保障做了相关研究，[4-5]但未结合一流学科建设构建科研支持服务精准化服务平台。有些学者探讨了科研管理数字化建设，[6-7]但没有对构建系统中如何实现科研人员数字化及数字治理体系进行系统研究。2013年起，我国开始重视科研决策数据支持、科研数据管理与维护的研究，有些高校建立了科研数据管理与共享平台，如清华大学中国经济社会数据中心、中山大学学术研究数据库共享计划。[8]有些学者对国外图书馆科研数据管理与共享进行经验分享，[9-10]有些学者对数据治理框架和路径展开研究[11-12]。上述研究对科研数据管理工作的开展起到了很好的借鉴作用，但在高校图书馆开展科研数据支持数字治理方面的研究尚显不足。

1.2　国内高校图书馆科研支持数字治理存在的问题

从调研可以看出，国内高校科研数据管理工作有一定的进展，但总体而言，我国高校图书馆科研数据管理服务建设较为薄弱，还有许多问题需要解决。一是缺乏服务高校"双一流"建设的科研数字治理平台。"双一流"建设高校在构建科研数据管理平台方面相对缺乏，特别是针对一级学科的专业化科研数据管理平台更是稀少。在42所"双一流"建设高校中，仅有17所高校图书馆建立了机构知识库。[13]二是缺乏精准信息推送和个性化服务。目前，高校图书馆主要为科研数据服务和数字治理提供基本的科研数据管理服务，页面展示仅限于科研成果和热点追踪，缺乏针对用户个性和创新的内容，难以吸引用户的注意力，提高用户的参与度。

2　高校图书馆科研支撑数字治理需求及影响因素

为深入掌握广西大学各学科的科研创作与文献利用需求，广西大学图书馆在对土木工程一流学科进行分析的基础上，深入了解了广西大学科研人员的科研水平、科研分布、科研需求以及科研着力点。根据广西大学一流学科建设专业分布，共访谈了广西大学多个学院和学科的二十几位老师，归纳出广西大学一流学科科研人员的信息行为特征和信息需求。在访谈的基础上继续对土木建筑学院、资源环境与材料学院 137 位教师和研究生进行了问卷调查，主要从科研生命周期过程中文献的获取、论文的创作不同周期等维度进行问卷调查，以期了解不同阶段科研创作需求、检索习惯及科研创作习惯的变化。

2.1　科研数据与文献的获取途径和获得帮助的渠道

在获取科研数据与文献方面，图书馆的电子资源和搜索引擎是首选，当科研人员遇到文献资源方面的困难时，更倾向于通过搜索引擎寻找解决方案。学科服务或科研数据服务平台、开放获取与机构知识库及图书馆数据库的选择比例较高。移动图书馆、学科服务专门网站平台及图书馆主页、微信公众号的选择比例也占较大比重，反映出被调查的科研人员对于便捷化、移动化、专门化和社交化服务平台的关注与需求。

2.2　不同科研创作阶段科研人员的创作需求

不同的科研创作阶段，科研人员的需求表现有所差异。前期，科研人员更需要图书馆提供研究热点追踪、科技查新及讲座培训支持；中期，科研人员更希望得到文献获取、长期跟踪、计量分析及交流帮助；后期，投稿指南、科学数据管理及成果展示服务备受关注。

2.3　科研数据处理与保管意向、满意度调查

在科研成果发表后，多数科研人员选择个人或团队自主管理数据，而非交由图书馆或管理部门保管。对数据管理和保存现状的满意度呈现出中等偏下的水平，如 55.47% 的科研人员表示一般，28.47% 的科研人员表示满意，3.65% 的科研人员表示非常满意。这说明图书馆有必要改进和优化该项工作。

2.4　科研数据及经验的分享意愿

大多数科研人员表示愿意共享科研数据，仅有 8 人表示不希望分享科研数据。在科研经验分享方面，大多数科研人员愿意分享科研经验方法及为他人提供科研帮助，但分享方式和平台偏好有所不同。因此，图书馆应加强平台的建设和推广，以便更好地促进科研交流与合作。

2.5　希望学校图书馆提供科研数据管理服务

对于学校图书馆提供的科研数据管理服务，需求最多的是科研数据、文献资源查找与获取；科研数据管理与保存和科研经验方法共享是科研人员的重要需求，科研数据交流与共享的需求也过半，还有 34.31% 的科研人员希望图书馆能提供"其

他科研人员指导"的服务。这反映出在科研过程中部分科研人员希望获得同行的支持和指导。

由此可见，学校图书馆应重点加强文献资源的查找与获取、数据管理与保存、科研经验方法共享及数据交流与共享等方面的服务建设，而科研支持数字治理平台智慧和强大的数据处理能力及便捷的服务能更好地满足科研人员的需求。

3 构建高校图书馆服务一流学科科研的数字治理平台

学校"双一流"建设离不开一流的高校图书馆的高质量服务。高校图书馆构建服务"双一流"建设的科研数据治理平台是学校科研水平提升的重要保障，科研数据的收集、整理、分析与应用已成为提升科研创新能力的关键环节。作为学校科研服务的重要阵地，高校图书馆应充分发挥自身优势，积极构建科研数据治理平台，为学校的"双一流"建设提供有力支撑。

3.1 一流学科建设的科研成果展示与评价平台

目前，国内部分高校已经构建了机构知识库，为用户提供科研成果的统计与分析，[14]但在一流学科和一级学科的科研成果揭示、跟踪及监测评价方面还不完善。一流学科和一级学科成果难以建设，主要原因在于学科分类较难，成果归类有一定的难度。可以先从已规划的一流学科着手逐级建设，再从以下三个维度助力一流学科科研成果建设，以便在科研数据数字治理平台上对学校的高水平论文和一流学科的科研成果进行合理布局与规划。

3.1.1 从国际一流学科的角度展示学校的科研成果。目前，许多高校注重对学校国际一流学科的比较研究，在构建科研竞争力分析体系时，国际一流学科的发展动向与特征成为重要的参照标准，特别关注 ESI 学科进展、高被引论文及期刊信息，旨在揭示学科的研究前沿和影响力。跟踪分析学校 ESI 优势学科和潜力学科的发展情况，并进行可视化比较研究；对不同数据来源的高被引论文的发表情况进行对比分析，尤其是对 ESI 学科高被引论文进行定期跟踪，了解学校高被引论文和高被引作者的情况。

3.1.2 从教育部一级学科的角度分析学校的科研成果。教育部一级学科作为科研竞争力分析的重要抓手，对于评价高校学科水平和指导学科发展具有重要意义。多所高校图书馆开展一级学科科研竞争力分析评价，并构建适合各所学校的评价指标体系。广西大学图书馆以教育部学科评估指标为基础，构建了一级学科科研竞争力分析指标体系，利用 WOS、InCites、CNKI、IncoPat 专利数据库等多种数据资源，从论文、项目、专利三个层面，对选择的 10 所高校土木工程学科的发展现状、水平和学科竞争力进行综合评价及对标分析。在学校信息化建设平台中嵌入一流学科科研监控平台，通过平台能梳理出学校学科的优势与劣势、强项与短板，同时有针对性地梳理出科研资源、学科前沿等信息。

3.1.3　对一流学科的研究主题进行梳理研究。针对一流学科或学科群的交叉学科和重要领域的前沿动态，相关科研分析聚焦于特定领域，涵盖科研人员、科研主题、学科前沿、发文期刊等多方面信息。例如，浙江大学图书馆针对海洋学院的海洋工程技术领域开展分析，[15]华中科技大学图书馆对武汉光电国家实验室的科研产出进行论文分析。这些案例都展示了各校在相关研究领域所取得的研究成果。借助数字治理平台，能有效地揭示学校一流学科或交叉学科群的研究领域，为广大师生提供参考。

3.2　实现一流学科科研信息精准化推荐

科研数据数字治理平台不仅具有科研数据存储保管功能，更应能连接图书馆各类系统，精准集合科研人员的个人信息、研究方向、历史行为、借阅信息、阅读行为及信息需求等数据。通过对这些数据的挖掘和分析，图书馆可以构建详细的用户画像。基于用户画像，图书馆可以利用智能推荐系统为用户提供个性化的图书和资源推荐。目前，有些高校图书馆借助 SOM 神经网络、卷积神经网络算法和协同过滤算法开展个性化图书聚类。图书馆还可以根据"双一流"学科的特点和需求，为相关学科的用户提供定制化的数据资源和工具推荐，从而促进学科建设和专业发展。

3.3　提升服务一流学科科研人员创作的功能

需要构建服务于"双一流"建设的科研数据数字治理精准服务平台，整合先进技术，优化服务流程。一是提供学科动态发展与前沿信息追踪，科研人员通过平台可获取全面、精准的学科动态监测与前沿追踪服务，及时掌握研究热点与趋势。其次，设立论文写作和投稿支持模块，提供论文写作辅助和智能期刊推荐。这是在调研中博士、硕士研究生反映较为强烈的问题。二是提供用户培训与支持模块，通过线上培训和微视频课件学习，帮助科研人员快速掌握数据库检索技能和科研创作工具。三是构建用户交流分享模块，为科研人员提供分享经验、交流成果的平台，促进学科领域的交流与合作。通过线上授课、求助解答、成果数据分享等功能，科研人员能实现互帮互助。

4 结语

本文立足当下数字化治理和"双一流"建设的大环境，通过文献调研、当面访谈和问卷调查，深入了解了一流学科科研人员的信息行为和信息需求，并结合广西大学已有科研成果服务平台，提出了促进"双一流"建设的高校图书馆科研支持服务数字治理平台构建方案。但是在数字治理平台的建设实践和研究中，仍存在一些难点和不足，需要进一步研究和探讨。

参考文献

［1］现代信息技术手段将融入中国国家治理体系［J/OL］. 中国日报网，2019-11-05（2024-11-01）. https://baijiahao.baidu.com/s?id=1649410864599109342&wfr=spider&for=pc.

［2］李晓辉. 图书馆科研数据管理与服务模式探讨［J］. 中国图书馆学报，2011，37（5）：46-52.

［3］俞德凤. 哈佛大学图书馆科研数据管理服务实践与启示［J］. 图书馆，2021（10）：47-53.

［4］肖珑，张春红. 高校图书馆研究支持服务体系：理论与构建：兼述北京大学图书馆的相关实践［J］. 大学图书馆学报，2016，34（6）：35-42.

［5］肖珑. 支持"双一流"建设的高校图书馆服务创新趋势研究［J］. 大学图书馆学报，2018，36（5）：43-51.

［6］曾令强. 数字化校园环境下的科研管理信息系统［J］. 科技管理研究，2009，29（8）：255-256.

［7］刘刚伟. 科研项目数字化管理［J］. 科技创新与应用，2019（17）：191-192.

［8］徐慧芳. 中国科研数据管理实践现状调研及对图书馆的启示［J］. 图书馆学研究，2019（17）：45-53.

［9］司莉，辛娟娟. 英美高校科学数据管理与共享政策的调查分析［J］. 图书馆论坛，2014，34（9）：80-85，65.

［10］司莉，邢文明. 国外科学数据管理与共享政策调查及对我国的启示［J］. 情报资料工作，2013（1）：61-66.

［11］司莉，曾粤亮. 机构科研数据知识库联盟数据治理框架研究［J］. 图书馆论坛，2018，38（8）：61-67.

［12］孙仙阁，弓箭．开放科学视域下高校图书馆科研数据治理研究［J］．图书馆学刊，2017，39（9）：25-28.

［13］徐春，张静，卞祖薇．"双一流"建设背景下高校图书馆科研支持服务现状及发展对策研究［J］．图书馆学研究，2019（19）：71-78.

［14］姚晓娜，祝忠明，刘巍，等．机构知识库在科研评价服务中的应用及实现［J］．数字图书馆论坛，2020（6）：22-27.

［15］陈振英，李懿，田稷．"双一流"背景下高校图书馆学科决策情报服务探析：以浙江大学图书馆为例［J］．大学图书馆学报，2019，37（2）：24-28.

生成式人工智能融入智慧图书馆建设的
现实困境及发展策略

李 裴 [①]

（广西壮族自治区图书馆，广西 南宁 530022）

【摘要】在智慧图书馆服务场景中，生成式人工智能的应用已崭露头角。随着 AI 技术的不断进步，图书馆作为知识传播和信息服务的重要场所，正积极探索将生成式人工智能融入智慧图书馆建设，以提升服务质量和用户体验。本文主要介绍生成式人工智能在当前智慧图书馆不同场景和服务中的适用性，解读其面临的现实困境，分析生成式人工智能视域下智慧图书馆建设的发展策略。

【关键词】AI；生成式人工智能；智慧图书馆；智慧服务

【中图分类号】G259.21　　　　　　【文献标志码】B

近十年来，AI 等技术的高速发展，极大地加速了数字图书馆向智慧图书馆转型升级，智慧图书馆的概念与发展模式均已成为学术界的关注热点。[1] 数字图书馆与智慧图书馆发展的根本是技术，因此科技领域的每一次跨越式发展必然催化图书馆界的蜕变。当前，在公共图书馆领域，AI 在图书馆服务各场景中的智慧应用必将深刻地影响图书馆事业的发展。

2021 年，文化和旅游部、国家发展改革委、财政部等三部委联合印发了《关于推动公共文化服务高质量发展的意见》，提出"加强智慧图书馆体系建设，建立覆盖全国的图书馆智慧服务和管理架构"。此项重要政策体现了国家对智慧图书馆建设的高度重视，必将推动公共图书馆智慧服务进入新阶段。作为 AI 领域的焦点，生成式人工智能在众多行业的前景被广泛研究和讨论。可以预见，作为新质生产力中的佼佼者，生成式人工智能在图书馆多场景中的应用也将加快智慧图书馆建设从理论走向实践的进程。

---

① 李裴（1987—），女，副研究馆员，就职于广西壮族自治区图书馆。

1　生成式人工智能及其代表产品

生成式人工智能是利用复杂的算法、模型和规则，从大规模数据集中学习，以创造新的原创内容的 AI 技术。这项技术能够创造文本、图片、声音、视频和代码等多种类型的内容，全面超越了传统软件的数据处理和分析能力。2022 年底，美国人工智能研究实验室 OpenAI 发布的文本生成类 AI 产品——ChatGPT（chat generative pre-trained transformer）是生成式人工智能领域的重大突破。其采用 Transformer 架构执行自然语言处理（natural language processing，NLP）任务，目前已经升级至GPT-4 版本。此版本在专业测试中已十分接近人类水平，为 ChatGPT 在智慧图书馆应用中更好地服务用户提供了强大的技术保障。2024 年初，OpenAI 的第二个生成式人工智能模型——Sora 正式发布。该模型可以根据用户的文本提示创建最长 60秒的逼真视频，可以深度模拟真实的物理世界，能生成具有多个角色、包含特定运动的复杂场景。

2　生成式人工智能在智慧图书馆不同场景和服务中的适用性

新一代智慧图书馆的五大要素包括服务、空间、馆藏、馆员和技术，其中空间、馆藏、馆员和技术四个要素发展的最终目的都是服务。笔者认为，智慧服务的内涵是以移动互联网、云计算、大数据和智慧终端共同作用，建设一体化服务平台，打破业务系统信息孤岛现状，链接用户资源、图书馆信息资源，并为大众用户提供高效、便捷、深层次的知识服务和智力支持的综合性服务。生成式人工智能拥有强大的人机交互能力、庞大的信息内容库及不断发展的神经网络学习能力，其应用潜力与智慧图书馆服务有着诸多契合点，能够成为智慧图书馆建设的强大"赋能器"。

2.1　生成式人工智能的大数据和算力技术实现图书馆多场景服务应用形态

生成式人工智能驱动智慧图书馆从传统的移动端和电脑端向虚拟现实与元宇宙场景方向发展，实现智慧图书馆多场景服务应用形态。应用大数据分析读者的借阅偏好、年龄层次等数据，自动生成符合读者阅读风格的图书评价等，缩短信息获取时间。例如，当读者经常选择某一特定类别图书时，图书馆可实时自动生成符合阅读此类图书的背景音频，推送关于此类图书涉及领域的相关专业知识，并辅以视频、图片、游戏等手段，提升读者的阅读兴趣和阅读体验。

2023 年 3 月 21 日正式开馆的上海临港科技智慧图书馆，充分利用包括生成式人工智能在内的多项人工智能技术，汇聚全球西文学术电子专著 20 余万册、中文科技类电子图书 30 余万册，对约 20 亿条学术数据进行学科谱系化链接，为用户提供前所未有的数字阅览和检索体验。用户可以轻松使用 AI 数字人询问他们感兴趣的书籍，而 AI 数字人将以交互式的方式向他们介绍书籍，为用户提供个性化推荐和阅读建议。借助生成式人工智能，馆员能够将专业书籍拆解成易于理解的文稿，也可将其转化为入门级的有声书，使知识的获取变得触手可及。

2.2　生成式人工智能的自然语言处理能力打造图书馆多模态服务内容

生成式人工智能将推进智慧图书馆的构建向多模态生成内容的方向整合。通过升级基础设施，图书馆整合馆藏数字资源（包括档案、电子文献、音频、视频等）与 AI 生成的知识内容（包括方案决策生成、介绍视频生成、有声读物生成、阅读音乐生成等），以文本、影像和音频为主要呈现形式，打造形式多样、类型丰富的智慧图书馆多模态知识内容库，进行全方位展示和多感官交互体验。生成式人工智能凭借出色的自然语言处理能力成为用户的智能助手，与用户进行拟真的智慧问答，将多元的信息内容通过人机交互的形式无缝嵌入图书馆服务中。

智慧阅读服务企业博看在 2023 年 7 月发布了图书馆行业大语言模型 BK–LLM 1.0。大语言模型（large language model，LLM）的核心思想是通过大规模的无监督训练来学习自然语言的模式和语言结构，这在一定程度上能够模拟人类的语言认知和生成过程。在实际应用领域，BK–LLM 1.0 可基于内部数据生成回答，提升用户的满意度和体验，是生成式人工智能在解决用户问题、提供咨询问答服务场景中的典型实践。无论是关于图书馆资源、服务流程还是特定领域的知识，用户都能获得及时的回答。此外，生成式人工智能使线上数字人的智能语音交互能力实现进一步迭代，提升虚拟图书馆员的实时问答能力，并以此为契机赋能元宇宙图书馆、线下机器人、数字人等更多元化的服务场景。

2.3　生成式人工智能的生成算法模型升级图书馆智慧化服务体系

AI 机器人具备图书盘点、上架、存取、智能识别等功能，并通过人机交互、参考服务、智能导航及阅读活动等功能解放图书馆员的劳动力。但人工算法限制机器人的创意能力，而生成式人工智能的深度学习算法模型将帮助机器人形成自己的性格，通过自动化系统和人类反馈强化学习（reinforcement learning from human feedback，RLHF）实时微调模型，让机器人像人一样学会理解，并思考人的知识及情感需求，为人类提供更准确、更专业的定制化服务，使图书馆从智能化向智慧化转变。

3 生成式人工智能融入智慧图书馆建设的现实困境

尽管生成式人工智能的特点和优势显而易见，但将其作为一种生产力工具在社会各行业中大范围应用，在当下还面临着不少现实困境，图书馆行业也不例外。

3.1 市场前景不明朗

在"创意—技术—产品—市场—生态"的产业链中，生成式人工智能虽然已经走到了第三步，但是离大规模商用还有一定距离（如 OpenAI 也认为 Sora 仅是一个模型，而非产品），原因就是它还处于寻找产品或市场匹配的阶段。当前，包括生成式人工智能在内的通用人工智能（artificial general intelligence，AGI）研究面临着开源（市场派）和闭源（技术派）两条发展路线的分野。目前，在激烈的竞争中，能待在牌桌上的只有少数面向企业用户类的产品，而面向个人用户类的产品因难以形成规模效应而无法找到盈利模式，导致市场尚未打开。[2] 要获得能有效助力智慧图书馆建设、显著提升用户体验、精准匹配用户个性化需求的成熟的生成式人工智能产品，必须经历资本的投入和选择、技术的迭代和升级、市场的验证和调节等阶段。例如，虚拟现实设备也在该技术舆论热度最高的时候被众多图书馆争相购入，而喧嚣过后则沦为积灰之物，原因同样是产品或市场不匹配，导致其陷入难以盈利和缺乏用户规模的恶性循环。

3.2 配套法规不完善

《中华人民共和国国民经济和社会发展第十四个五年规划和 2035 年远景目标纲要》明确提出，强化有关 AI 技术研发与应用的政策法规和标准体系建设，以适应技术发展。2020 年 7 月，国家标准化管理委员会、中央网信办、国家发展改革委、科技部、工业和信息化部联合发布《国家新一代人工智能标准体系建设指南》，指导人工智能国家标准、行业标准的制定，并确定智慧城市为人工智能标准化重点行业应用领域之一。智慧图书馆是智慧城市建设的要素。智慧图书馆的建设需要广泛应用人工智能和大数据等新技术，以标准的规范化体系为保障，注重与人工智能行业标准对接和融合。2020 年 7 月，国际图书馆协会联合会颁布了《国际图联关于图书馆与人工智能的声明》，论述了在图书馆应用人工智能的可能性、风险及关键考虑因素，向政府、图书馆协会和图书馆提供建议，以便图书馆负责任地使用人工智能履行其使命。由此可以看出，国内外从政府到行业组织都意识到 AI 巨大的发展潜力，同时在对其加强管控方面也存在共识。然而，从目前生成式人工智能的发展来看，至少存在以下两个亟待解决的问题：一是版权归属不明晰。生成式人工智能是一种预训练模型，通过给定自然语言的提示信息和任务示例来执行自然语言处理任务。那么，作为训练内容的、来源于公共领域的语料是否能被相关权利人主张其所有权？生成式人工智能产出的内容是否拥有版权？如果拥有版权，其版权应归属哪一方？二是数据中毒难预防。如果把生成式人工智能比作一头奶牛，语料就是饲料，产出的内容就是牛奶。如果语料有问题（客观的"中毒"或存在主观恶意的"投毒"），则产出内容必定有问题。在这个过程中，如何防范和化解法律风险？产生的恶性后果如何划分法律责任？一个产品的合规性和行业的合法性不是自然形成的，必须依靠不断完善和细化配套法规以及足够的惩戒效应来对其进行规范。

3.3　行业伦理不健全

除了相应的法规，行业参与者自发形成、自觉遵守的职业伦理也是行业成熟的标志之一。目前，生成式人工智能作为新事物，在其发展过程中还是呈现一定的无序性，存在许多灰色地带。例如，上文提及的语料是生成式人工智能的关键。作为一种数据集，其规模大小和质量决定了生成式人工智能的智能化水平，而不论是开源还是闭源的技术路线都存在数据集被盗用、套用的风险。OpenAI 首席技术官 Mira Murati 曾在接受媒体采访时对于 Sora 的训练数据来源语焉不详。智慧图书馆服务最突出的特点是追求用户服务的个性化和智能化，要融入生成式人工智能助力智慧图书馆建设，必然需要将大量底层用户数据作为语料对 AI 进行训练。用户协议的设置、权利义务的告知、数据使用范围的约定、隐私权和智能化的平衡等都需要在不断摸索中形成具有公共性、合理性、可操作性的行业伦理，以此来降低或约束生成式人工智能的负面影响，使其发挥出积极正面的创造性优势。

4　AIGC 视域下智慧图书馆建设的发展策略

4.1　图书馆应积极融入新技术浪潮

以生成式人工智能为代表的 AI 技术已经取得重大突破，各领域也都在积极适应新技术，广泛研究新业态。作为知识信息的集聚与传递中心，图书馆肩负着保存文化遗产、传递科学信息和开发智力资源等重大社会职能，应以积极、包容的理念，始终关注 AI 领域和相关行业的国家政策与行业动态，主动了解和尝试新技术，提升图书馆的服务效率和质量。同时，要保持忧患意识，思考现有技术和岗位的可替代情况，积极拥抱新技术，切实提高图书馆的读者吸引力和社会影响力。

4.2　图书馆应加快完成技术转型

一是图书馆作为非营利的公共文化机构，非常适合与苦于找不到商业变现模式的生成式人工智能初创企业进行合作。图书馆提出智能化建设需求，企业提供生成式人工智能解决方案。在此过程中，图书馆将收获智慧服务的经验、软硬件设施升级和技术人员储备，企业可以对生成式人工智能产品和技术进行有效性与安全性验证，为后续的市场化积累经验。二是图书馆应关注 AI、大型语言模型的前沿信息，主动和相关的机构、行业协会建立信息共享体系。馆员应提升自然语言处理技术应用相关知识的使用能力。加速协调图书馆技术平台、业务系统与生成式人工智能的融合探索，确保技术平台的安全性与合规性。在整合各系统功能、消除网络安全不规范情况和统一接口等方面，与技术和数据供应商展开密切合作，做好生成式人工智能的落地应用方案。

4.3 图书馆应主动研究知识服务新常态

阅读行为通常由读者、读物和作者三个要素组成，是达到阅读活动目的和取得阅读效果的手段，其实现过程是读者对文献中的信息符号和信息内容的感知过程。同时，读者对语言的掌握和熟悉程度在对阅读效果的影响中占据着很大的比重。进入生成式人工智能时代，大语言模型可以成为读者的"外脑"，对读物进行概括和归纳。这极大地减少了阅读行为所耗费的时间。对于外文读物，非母语使用者也能无障碍地获取关键信息。图书馆将生成式人工智能融入用户个性化学习空间的创建中，可以让用户在付出更少的时间成本的前提下获得更多信息回报。同时，图书馆海量的外文文献的使用门槛也将被有效降低。在这个过程中，图书馆收获了更高的文献利用率，用户提高了学习效率。在阅读行为（显性知识转变为隐性知识）之后，一部分用户还有知识输出（隐性知识转变为显性知识）的需求，生成式人工智能也能通过接收用户给出的关键词组合生成接近自然语言、符合人类逻辑的通顺表达。图书馆在构建未来学习中心的过程中，应该主动研究融入生成式人工智能的知识服务新常态，用科技的力量帮助用户补齐学习技能中的短板，让知识的传播和流动更高效、更通畅。

4.4 图书馆应提升馆员的专业素养

馆员的能力决定图书馆的核心竞争力，图书馆的核心竞争力代表着图书馆的基因。图书馆建设的重中之重一定是提升馆员专业水平，让馆员拥有驾驭高科技产品的能力，推动馆员科研能力的快速提高，以服务立馆，以科研兴馆，以人才强馆。馆员应主动求新求变，通过各种方式进行自我教育，提高专业水平和综合素质。馆员整体素质的提升包含两个层面的意义：一是提升自我。生成式人工智能是新质的、潜力巨大的生产工具，馆员作为使用者，价值观和方法论也要同步更新。馆员既可利用生成式人工智能辅助自主学习，也可以利用馆内提供的学习机会，提升自己的创造力、分辨力、批判性思维等 AI 暂时还不具备的软实力，这样在使用中才能真正成为技术的"主人"。另外，图书馆应积极拓宽人才引进渠道，加强与外聘专家、业内人士的合作与交流，一同为打造图书馆专业化馆员队伍持续赋能。二是服务他人。馆员只有对生成式人工智能及其他能显著提升智慧图书馆服务和体验的先进科技、优秀方案、卓越模式有一定程度的熟悉与了解，才能在为用户提供知识服务的过程中提供有效帮助和指引。在这个过程中，馆员与用户共同利用 AI 技术，助力图书馆不断修正智慧服务的理念偏差，不断改善智慧服务的行为模式，不断提高智慧服务的效能质量，不断放大智慧服务的价值呈现。

5 结语

生成式人工智能作为智慧图书馆领域的一项重要技术，为信息生成、传播和用户服务带来了重要变革。未来，生成式人工智能将在智慧图书馆服务场景中发挥关键作用，提升服务效率，丰富服务内容，并引领图书馆迈向智能化和创新化的未来。这不仅将加强用户与知识资源的互动，还将使图书馆成为城市的知识信息核心引擎，推动智慧城市的发展与创新。生成式人工智能将为智慧图书馆的建设带来更多机遇与挑战，推动图书馆在数字化时代的持续发展。

参考文献

[1] 王世伟. 图书馆智慧体是对图书馆有机体的全面超越 [J]. 图书情报通讯，2022（2）：3-8.

[2] 张小珺. 朱啸虎讲了一个中国现实主义 AIGC 故事 [EB/OL]. （2024-03-06）[2024-03-28]. https://mp.weixin.qq.com/s/4111julSNH4XPXsUc8XEXA.

未来学习中心建设路径及思考

苏祯媛①

（广西壮族自治区图书馆，广西　南宁　530022）

【摘要】本文基于数智时代图书馆建设未来学习中心的必要性，勾勒出未来学习中心建设的指导性框架，通过图书馆人才支撑、资源整合、空间再造、服务平台建设，打造学习场景丰富化、信息服务专业化、资源服务个性化的深度未来学习中心体验，为终身学习提供支持服务。

【关键词】未来学习中心；终身学习体系；数智时代

【中图分类号】G250.76　　　　　　【文献标志码】B

随着教育数字化、信息化的深入发展，在以人工智能、物联网、区块链为主的数字信息技术驱动下，图书馆的服务模式、空间配置、队伍建设、馆藏共建均发生数字化智联共融。为构建服务全民终身学习的现代教育体系，国家"十四五"规划明确提出，积极发展、建设智慧图书馆是"加快数字化发展，建设数字中国"的一项重要举措。习近平总书记在主持中共中央政治局第五次集体学习时强调，要建设全民终身学习的学习型社会、学习型大国，促进人人皆学、处处能学、时时可学，不断提高国民受教育程度，全面提升人力资源开发水平，促进人的全面发展。[1] 2021年，教育部高等教育司司长吴岩首次提出了建设未来学习中心的任务。

未来学习中心是一种新型的教育机制，结合线上和线下教学、现实和虚拟网络教学，为学生提供多元性、个性化和前瞻性的学习交互体验平台。图书馆应以建设未来学习中心为契机，拓展人、资源与空间的三元互动，实现从知识资源中心到学习服务中心的转型，构建知识型、智慧型的未来学习中心。

---

① 苏祯媛（1990—），女，就职于广西壮族自治区图书馆。

1 未来学习中心建设现状

1.1 研究综述

未来学习中心的定位是"通过文献资源整合和空间流程再造,构建智慧学习空间",鼓励探索团队式、协作式、主题式学习,把图书馆建成信息服务中心、学生学习中心、教学支持中心,改革传统人才培养模式,探索新时代育人新范式。[2]

未来学习中心建设对图书馆来说是新的理念、新的尝试,其引发图书馆业界学者研究探讨的时间较短。截至2023年4月,笔者通过中国知网主题检索"未来学习中心",得到33条结果,模糊检索主题"未来学习中心 高等教育"得到362条结果。总体来说,目前业界和学界的相关研究较少,主要集中在高校图书馆的建设,对未来学习中心建设的整体情况、共性特点、标准化建设原则等研究尚不完整,缺少对存在困境等实际问题的深入探讨。

兰利琼提出智慧图书馆与未来学习中心"双心一意",二者相融相连,未来学习中心的建设突破学科、组织、时间的限制,构建全方位服务学习的"智慧图书馆——未来学习中心",实现个性化、多向互动,服务于终身发展的教育信息化支撑体系。[3]王宇和孙鹏从文献资源整合与空间流程再造出发,构建技术与人才支撑的动力体系。[4]蔡迎春、周琼和严丹等基于教育4.0对未来学习中心的内涵特征与多元功能的分析,提出未来构建适用于各类能力培养的特色化场景理念,助推学生未来学习方式变革。[5]

1.2 建设情况

未来学习中心强调图书馆的教育和引导作用,部分高校图书馆顺应教育部"探索未来学习中心试点"的工作重点,率先付诸实践。北京理工大学首创满足任何学生随时、随地、随求的学习生态,实现"智慧教育"与"五维教育"的有效互动,培养学生的终身学习能力。中国科学技术大学图书馆依托馆舍空间再造,建立了以网络课程中心为主的教学支持空间,以语言学习和国际交流中心为主的学习支持空间。[6]上海外国语大学基于应用场景化设计,从空间、资源和人的角度,创建适用于跨通融环境的学术氛围。未来学习中心逐渐成为图书馆数智时代转型和教育变革创新的重要实践。

由此可见,现阶段未来学习中心的建设以技术革新为基础,通过多部门合作、整合高校资源,改造高校图书馆馆舍,结合现代教育发展,运用现代信息技术,培育集成化一站式知识协同情境的新型智能化学习平台。

2 依托图书馆建设未来学习中心的重要性和必要性

图书馆作为传承人类文明、促进知识聚合的公共文化机构，是大众认知中社会教育和知识传播的重要场所，是学生校外自主实现知识创新的主阵地。图书馆建设未来学习中心，要抓住教育数字化转型发展机遇，提升馆藏系统建设和全民阅读推广服务水平。一是建设高标准的智慧学习新环境。我国正积极打造学习型社会，创建全民终身学习教育体系。图书馆通过营造阅读氛围，转化馆藏资源，提供专业知识服务，创新推广项目，为社会公众实现全面阅读学习提供了优质、便捷的信息服务。二是搭建高水平精准学习新平台。未来学习中心不仅是传统教学育人的延伸，更是汇聚教育资源和专业知识，提供跨学科信息服务的平台，图书馆能为学科专业化建设提供有针对性的知识服务保障。

3 未来学习中心建设路径

本文基于数智时代交互式、感应式的未来学习形态，勾勒出未来学习中心建设的指导性框架，通过图书馆人才支撑、资源整合、空间再造、服务平台建设的互联互通，打造学习场景丰富化、信息服务专业化、资源服务个性化的深度未来学习中心（图1）。

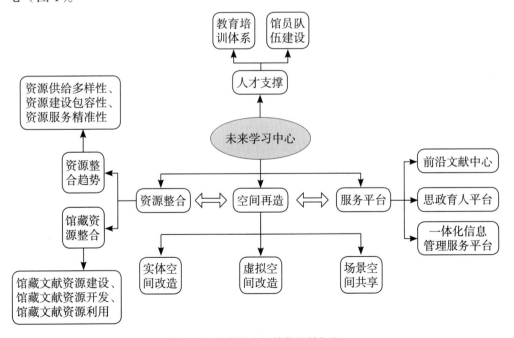

图1 未来学习中心的指导性框架

3.1 人才支撑

3.1.1 构建具有专业能力的馆员队伍。人才队伍建设是支撑未来学习建设的底层基础。图书馆要注重多元化、专业化的馆员队伍建设，全方位对接读者需求，全视角瞄准服务点，以高水平服务要求培养馆员队伍的专业化素养。未来学习中心对馆员的知识储备和综合素质能力提出新的要求。未来学习中心是集学习、研讨、交流和创新于一体的新型教育模式，主要表现在以下三个方面：一是革新人事教育及招聘制度，优化图书馆人才培育组织结构，注重馆员队伍的专业学科与学历层次相匹配。二是通过线上与线下的培训，加强馆员知识产权、数据统计、数字任务等多元素养的知识储备能力，使其掌握图书馆学专业知识及计算机等数字领域的技术应用能力。提供全媒体学习形式，确保馆员专业化培养的灵活性。三是鼓励馆员组建创新服务团队、申报各级课题，支持课题立项，通过理论和实践相结合，注重具体业务问题处理和专业实践能力的提升。

3.1.2 建立分层教育培训体系。充分发挥图书馆信息素养教育的优势，构建深度嵌入式信息素养教育体系，分层分类进行培养：一是面向普通馆员，培养基础文献检索工具获取知识数据与信息素养能力；二是面向专业馆员，培养知识素养与学术规范能力；三是面向青年馆员，培养科研情境嵌入式的知识素养能力；四是面向中层干部，培养情报能力与科研系统思维能力。完善网上培训资源建设，通过举办规范性的馆员学习讲座、新馆员培训和馆员业务竞赛等，探讨知识服务、专业能力成长等相关内容，不断提高馆员的素养。鼓励和组织馆员参加数据创新大赛、信息素养大赛、知识产权大赛等赛事活动，提升馆员的信息素养。

3.2 资源整合

资源整合是未来学习中心建设的内在驱动。图书馆应以读者需求为导向，整合纸质文献资源、电子音频资源及各类学术资源等海量信息，结合人工智能模式打造智慧服务平台，为读者提供多样、融合、精准的智慧化服务，让资源"动起来"，帮助读者实现全科学习和综合能力的培养。未来学习中心资源整合应注重三个趋势：一是资源供给的多样性。结合读者多元化的资源检索需求，注重读者使用体验，将图书馆的日常业务同步至移动终端，让读者随时享受各项馆藏资源和信息服务。资源的多样性包含各种形式的教育资源、各种类别的教学资源，结合馆藏推荐、培训讲座、专题展览、研学等方式，激发读者的学习兴趣。二是平台建设的包容性。提供公共图书馆特色馆藏资源的在线阅读，扩大读者"一卡通"访问权限，采集读者使用信息，帮助读者实现知识点、知识面的融会贯通，实现读者随时登录平台，均可获取馆内外无差异访问的各项在线服务及资源。三是资源服务的精准性。图书馆通过建设馆藏资源数据库，实现纸质资源与电子资源的无障碍检索；通过人工智能等技术，追踪和分析不同读者学习行为的差异，分析读者特征及行为能力，提升文献精准查找能力，智能化地推荐适合其自身发展的学习资源，简化读者在海量资源中的获取路径。

探索馆藏文献资源构建机制，拓展馆藏资源的传播途径。一是拓展文献资源建设维度，注重资源内容、学科、传播等特征，将文献资源主动嵌入科研全过程，感知读者的需求，加速数字化转型。二是结合文献资源开发，细化文献资源的细颗粒度，强化文献资源的语义关联，提高文献资源与学科发展、读者需求的配适度。三是形成文献资源利用良性循环，创新文献资源的传播渠道和转换方式，从"让读者到图书馆找资源"转向"推送资源到读者应用"，构建可终身学习的生态机制。

3.3　空间再造

空间再造是未来学习中心建设的主要实践路径。未来学习中心的空间设施不局限于图书馆、教学楼等传统学习环境，而是形成一个集实体空间、虚拟空间和共享场景空间于一体，读者设备、资源互联共享的环岛型学习空间，基于场景空间的共享，形成信息服务中心、学生学习中心、教学支持中心的智慧空间，从而激发社群的活力和集体力量，帮助读者培养终身阅读的习惯。

3.3.1　实体空间改造。图书馆实体空间改造侧重于建设普适性、高效性的智慧功能服务场所。未来学习中心应做到以下四个方面：一是要突破物理空间边界，为读者提供学习交流的空间，以培养读者的社交能力；二是要重视学习区域动线，提升边学边研讨的交流效率；三是要注重动静区域相隔离，满足读者不同需求的体验感；四是要注重不同学科场景转换，通过先进设备实现学习体验的功能区分，如重新规划教学空间、有声空间、研讨空间、多媒体空间等，为读者提供探索式学习体验，让读者在学习中探索、在探索中碰撞、在碰撞中思考，充分发挥空间场域的多重价值。图书馆基于物联网构建更加智能化的建筑系统，如智能调整馆舍温度、湿度，为读者提供舒适的学习环境；利用红外识别技术、射频识别技术，降低图书馆运行的安全风险。

3.3.2　虚拟空间改造。未来学习中心要突破读者使用图书馆的时间限制和地域限制。一是满足读者全时段需求，构建全天候服务模式。24 小时自助图书馆和门户网站建设为全时段学习服务体系提供了有力保障。二是通过线上会议、直播工作和社交媒体等，实现学生与教师、学生与学生之间不限场地的学习和研讨，达到远程资源共享。三是开发线上学习云平台资源，为读者提供跨越时空维度、超学科的学习和教学资源支撑体系。

3.3.3　共享场景空间。未来学习中心为读者提供一个智慧化学习交互体验空间，为家庭提供一个亲子互动空间，为团队提供一个跨界融合空间，通过空间功能的场景化布局，营造沉浸式阅读空间氛围，优化馆藏资源的引导作用，不断改善学习科研模式，促进读者在知识交流中实现知识再创造。在空间设计上，一是要兼顾面对面交流的需求，如设置圆桌讨论区、小组学习角、研讨学习区等，便于组织开展学习小组；二是要充分考虑青少年交流互动的需求，设置亲子情感阅读区，鼓励家长陪同孩子并参与课外学习全过程，形成正向反馈的亲子互动关系；三是要丰富学习智能化改造模式，依托智能课桌、虚拟设备等打造新型创客空间，结合读者学习行为，利用人工智能技术实时分析，精准调整学习方向。[5]

3.4　服务平台

服务平台是未来学习中心建设的坚实基础。元宇宙、物联网、5G 通信等技术推动人机协同，跨界交互模式给未来学习中心带来无限可能，如基于 AI 馆员、虚拟数字人等元宇宙功能，通过体验式情景化空间，实现读者科研想象的智能化建设；基于 ChatGPT 的人工智能技术在资源建设、咨询服务方面推动了图书馆知识信息技术的发展。一是图书馆建立资源共建共享的前沿文献中心，充分发挥图书馆图情咨询服务优势，聚焦图书情报新兴领域，定期推送国际前沿学科分析报告，为学科专业建设和发展提供"超学科"的政策建议，如两会服务、课题咨询、基金申报等。二是图书馆发挥教学支持功能，打造思政育人平台，结合学校师生的学习服务需求，突破学科边界、组织界限，开展学术交流，举办圆桌会议，开展研学实践，提供更全面、优质的服务，满足师生对高品质精神文化的需求。发挥图书馆文献资源的育人作用，提升读者尤其是青少年学生对优秀传统文化的认同感，提升守正创新的思政意识与能力。三是构建一体化信息管理服务平台，通过创新实践和数据分析，提升学生学习的参与度，并提供个性化学习体验。学生通过技术平台，随时获取多样化的学习资源，利用学习空间强化合作交流和学习互动；馆员通过技术平台推广学习资源并提供个性化信息服务。

4　结语

数智时代的图书馆应积极投身于终身学习知识体系的建立，在全社会形成良好的学习氛围。未来学习中心建设构想的提出，推进我国人才培养与学习型社会建设，成为发挥以文化人的作用，培养文化自信，传承和弘扬中华优秀传统文化的有力探索。图书馆要积极求变，在创新体制机制中加快图书馆现代化、智慧化转型，提升馆藏资源和高质量服务水平，探索政府、社会与学校的协同合作，打造支撑未来学习中心的良好生态，共同促进未来学习中心的构建、落地与生效。

参考文献

［1］杨静，贺聪，魏继勋，等.智慧图书馆背景下的未来学习中心探索与实践［J］.图书馆杂志，2023，42（9）：23-28，43.

［2］吴岩.加快高校图书馆现代化建设　助力高等教育高质量发展［J］.大学图书馆学报，2022，40（1）：7-8.

［3］兰利琼."智慧图书馆"与"未来学习中心"的内涵耦合：面向《中国教育现代化2035》的思考与分析［J］.中国大学教学，2022（9）：74-79.

［4］王宇，孙鹏.高校图书馆未来学习中心建设的逻辑起点、时代机遇与探索路径［J］.大学图书馆学报，2022，43（4）：26-32，40.

［5］蔡迎春，周琼，严丹，等.面向教育4.0的未来学习中心场景化构建［J］.图书馆杂志，2023，42（9）：12-22.

［6］樊亚芳，李琛，王青青，等.高校图书馆未来学习中心建设与服务实践：以中国科学技术大学图书馆为例［J］.大学图书馆学报，2022，43（4）：5-11.

数智时代背景下图书馆转型发展策略研究

杨秋华[①]

（南宁市西乡塘区图书馆，广西 南宁 530000）

【摘要】 在数智时代背景下，图书产业作为文化传播的核心载体面临着转型与发展的紧迫需求。这一转型逻辑源自我国图书馆事业的现实需求，并在国家政策引导、用户需求支持以及国际数智化趋势的驱动下得以明确。在这个过程中，图书馆需要紧抓数智化升级所带来的高效驱动力，着力于推动其事业的高质量发展。本文以图书馆管理改革与创新为背景，探讨了数智时代下图书转型发展的策略，旨在促进图书产业适应数智时代的发展趋势，提高服务实效性，满足读者的个性化需求，进而推动图书馆管理的改革与创新。

【关键词】 数智时代；图书馆转型；发展策略

【中图分类号】 G252　　　　　　　**【文献标志码】** B

随着信息化时代的迅猛发展，人们对获取信息的需求与日俱增，公共文化机构的角色与功能也随之受到更多关注。在这一背景下，图书馆作为公共文化机构之一，其管理改革与发展面临着更为重要的机遇和挑战，特别是在数智时代的浪潮下，图书馆必须积极应对变革，以更智能、更高效的方式满足人们获取信息的需求，实现转型发展。因此，本文将探讨数智时代背景下图书馆转型发展的策略，以期为图书馆管理者提供有效的改革创新方案，推动图书馆事业朝着更数字化、智能化、信息化的方向迈进，以满足公众日益增长的阅读需求，推动公共文化事业的健康发展。

1 数智时代背景下图书馆转型发展的必要性

我国正致力于构建新发展格局，强调创新引领传统产业向数字化、网络化、智能化转型升级。[1]数智技术的广泛应用为社会各领域提供了有效支撑，也助推了图书馆事业的转型发展，使其更好地适应新形势下的需求。在这个背景下，传统的图书馆服务模式已经无法满足用户多样化的需求，需要转型为数字化、智能化的图书

---

① 杨秋华（1977—），男，副研究馆员，就职于南宁市西乡塘区图书馆。

馆，以适应时代的发展趋势。

此外，政府出台了一系列鼓励数字化转型的政策文件，如《新一代人工智能发展规划》《关于加快推进新型基础设施建设的指导意见》等。这些政策文件为图书馆的数字化转型提供了政策支持和引导，使得图书馆数字化转型成为国家战略的一部分。

用户的阅读习惯和需求正在发生变化，越来越多的用户希望能够通过数字化渠道获取信息和知识。图书馆作为信息服务的提供者，必须适应用户的需求，提供多样化、个性化的数字化服务，以满足用户的阅读需求。数字化转型可以提升图书馆的服务质量和效率。通过数字化技术，图书馆可以实现文献资源的数字化存储和管理，提供更加便捷的文献检索和借阅服务，同时还可以通过数据分析和挖掘，提供个性化的推荐服务，提升用户体验。[2]

数字化转型可以促进图书馆之间的知识共享和合作。通过数字化技术，图书馆可以实现文献资源的互联互通，促进图书馆之间的资源共享和合作，实现优势互补，提升服务水平。

由此可见，数智化背景下图书馆转型发展的必要性体现在适应时代趋势、政策推动、满足用户需求、提升服务质量、促进知识共享等方面。只有加快数字化转型的步伐，图书馆才能更好地适应数智化时代的发展，提升服务水平，实现可持续发展。

2　图书馆管理存在的问题

2.1　管理理念滞后

图书馆部分管理者的思想观念相对滞后，未能与时代发展同步，导致管理理念相对保守，不利于图书馆跟上时代步伐，从而影响了管理效果和服务质量。传统的图书馆管理模式往往较为保守，管理者倾向于维持现状，对新技术和新方法采取观望态度，导致图书馆难以适应信息化和数字化发展的需求，无法提供更高效的服务。[3]此外，部分图书馆的组织机构设置不合理，人员配备不足，缺乏有效的管理层级和协调机制，影响了管理效率和决策能力。

2.2　缺乏创新管理模式

图书馆管理模式相对单一、封闭，缺乏创新性和灵活性。这种管理模式难以适应信息化和数字化发展的需求，导致管理效率不高、服务水平有限。部分图书馆的基础设施和技术设备相对落后，未能适应网络化、智能化发展的需要，影响了服务效率和用户体验。一些图书馆长期未能及时更新馆藏资源，导致馆藏资源的数量和质量不足以满足读者的需求，影响了图书馆的服务水平和吸引力。

2.3　管理制度不完善

虽然国家出台了一系列相关法律法规，但是在实际执行过程中存在一定的问题。对法规的把握不够、规范标准的应用不足、配套制度的建立不完善等影响了管理的规范性和科学性。缺乏完善的管理制度使得图书馆的管理难以规范和有效地进行，容易出现管理混乱、效率低下等问题，影响了图书馆的正常运营和服务水平。

3　数智时代背景下图书馆的转型路径

3.1　增强数字化转型意识，转变办馆理念

确定图书馆的数字化转型理念是实现高质量发展的关键一步。在"十四五"规划期间，图书馆需要以创新思维来把握全局，思考在数智环境里如何形成关于办馆的深刻而稳定的系统观念，以实现办馆的目标。

一是组织图书馆工作人员参加关于数字化技术和数字化转型的培训与教育活动，提升他们的数字素养和意识。数字化转型的培训可以包括数字资源管理、数据分析、人工智能应用等方面的知识，帮助工作人员更好地理解数字化转型的重要性和影响。

二是设立专门的数字化转型工作组或委员会，制订详细的数字化转型规划和目标。数字化转型规划应包括数字化资源建设、技术设备更新、人才培养等方面的内容。数字化转型工作组或委员会应明确时间表和责任人，以确保数字化转型工作的有序推进。主动参与行业内外的数字化转型交流活动和学术研讨会，了解最新的技术发展和行业趋势。与其他图书馆、科研机构、高校等建立合作关系，共享经验、资源和技术，促进数字化转型的共同进步。在图书馆内部营造积极的数字化文化氛围，鼓励员工尝试新技术、新方法，提倡创新和实践。设立数字化转型奖励机制，表彰在数字化转型中取得突出成绩的员工，激励更多人参与到数字化转型中来。利用图书馆的网站、社交媒体平台、电子期刊等渠道，加强对数字化转型理念和实践案例的宣传与推广。向读者和社会公众介绍图书馆的数字化服务与资源，提高他们对图书馆数字化转型的认知和支持度。

3.2　构建数智化管理体系

馆藏作为图书馆的核心资源，在数智化时代具有至关重要的作用。为了实现图书馆的数智化转型，必须重新构建文献资源保障体系，以适应社会发展需求并克服

数字资源管理的挑战。采取一系列措施，包括加强数字资源的采集、组织、利用和安全保存，建立科学的管理机制和技术支撑体系，以确保数字馆藏的完整性、安全性和可持续性。只有这样，图书馆才能充分发挥数智化优势，为用户提供更加丰富、便捷和高效的文献资源与服务。

3.2.1　数字化馆藏建设。实施数字化馆藏建设的关键在于加强数字资源的采集、组织和管理。通过建立数字化馆藏库，包括数字图书、电子期刊和在线数据库等资源的收集与整理，构建起一个完整的数字资源体系。[4]同时，确保数字资源的长期保存和安全，采用先进的信息管理系统对其进行分类、标引和管理，以提高资源的利用效率和检索精度。

3.2.2　智能化服务应用。在数字化馆藏的基础上，通过智能化技术提供个性化、精准化的服务。利用数据分析和人工智能技术，开发智能化的文献推荐系统和检索系统，根据用户的阅读偏好和检索习惯，为其提供定制化服务。同时，建立智能化的服务反馈机制，利用用户反馈数据和机器学习算法不断优化与改进服务，提升用户体验感和满意度。

3.2.3　安全保障措施。为保障数字馆藏的安全性和完整性，须建立健全数据安全管理制度和网络安全防护体系。在数据安全方面，采取数据权限控制、加密和备份等措施，确保数字资源的安全存储和传输。在网络安全方面，加强对网络的监控和防护，防范网络攻击和数据泄露风险。同时，加强对数字资源的版权管理和知识产权保护，维护数字馆藏的合法权益。

3.2.4　用户参与和反馈机制。用户参与是数字馆藏建设的重要组成部分，可通过开展数字化馆藏的众包式建设，鼓励用户参与资源的整理、标注和共享，提升用户对数字馆藏的参与度和满意度。建立用户反馈渠道和机制，收集用户对数字馆藏的意见和建议，及时调整和改进服务，满足用户需求，提升用户体验感和满意度。

3.3　转变数智化管理模式

面对数智化时代带来的种种挑战和机遇，我国图书馆必须积极转变管理模式，加快向数智化管理转型进程。这就需要在人工智能与人文关怀、责任与自由、理性与感性等方面找到平衡点，使得管理思维能够与技术发展相协调，实现人力和技术的优势互补。数智化管理模式的建立不仅需要具备复合型数智能力的人才队伍，还需要灵活的组织架构和生态化运行方式。因此，本文从管理思维和管理方法两个方面出发，论述如何实现图书馆管理模式的数智化升级。

3.3.1　管理思维。图书馆管理者和工作人员需要转变传统思维，拥抱数智化思维。图书馆管理者必须意识到数字技术在管理中的重要性，将数字技术作为主导因素，并将用户体验放在首位，从而实现服务的迭代和持续改进。重视培养数智智商（DQ），即数智化智商，使图书馆工作人员具备将数据转化为实时、可操作、以用户为中心的见解能力。这就需要不断提高员工的数字素养和数据分析能力，以便更好地满足用户的需求。

3.3.2　管理方法。以数智智商为核心，重新组合运营理念、用户体验、馆藏资源和技术研发等方面，优化管理模式。通过数据驱动的决策和用户反馈，调整服务策略，提升用户满意度。[5]加大技术研发和创新力度，引入人工智能、大数据、区块链等新技术，为图书馆管理提供更多可能性。例如，利用大数据分析用户行为，优化馆藏布局；通过人工智能提升馆员工作效率，提供个性化的服务体验。积极引导用户参与图书馆的建设和服务改进，激活用户的智慧。通过用户反馈、社交媒体互动等方式，了解用户需求和期望，与用户共同构建智慧图书馆。

3.4　推出个性化精细服务

通过建设基于云计算和大数据分析的服务一体化平台，重新设计和优化图书馆的服务流程，实现业务的全面简化。[6]这样的重组可以帮助图书馆更好地适应数智化时代的需求，提高服务的效率和质量。利用各平台积累的阅读数据，为图书馆提供更准确的用户画像，从而安排更有针对性的资源服务计划。这样的数据分析可以帮助图书馆更好地理解用户需求，为用户提供更个性化的服务体验。引入微服务框架，在采购等方面提供多形式的流程，提高服务的灵活性和效率。这样的框架可以使图书馆更加快速地响应用户需求，提供更加个性化的服务。应用电子标签、盘点系统和微型图书馆等技术，实现图书自动管理和服务的智能化，提升服务水平和效率。这样的技术应用可以使图书馆实现更高效的资源利用和服务提供。利用人工智能技术如动态图、声音识别与合成等，帮助馆员进行管理决策，并推出个性化、精细化的服务。这样的技术应用可以使图书馆更加灵活地适应用户需求，提供更加优质的服务。

3.5　加快基础设施的转型

随着全球新基建的推进和疫情对数字化转型的催化作用，数智化基础设施再次成为图书馆发展的关键支撑。这些基础设施不仅是技术的底座，更是图书馆开展智慧服务的基础。图书馆应当加速基础设施的数智化建设，以提升图书馆的数智化水平。

一是引入 AIoT 技术。通过引入人工智能和物联网技术，实现图书馆内各种设备和资源的智能互联。例如，安装智能传感器和设备，监测图书馆内的人流量、温度、湿度等信息，从而实现智能化的资源管理和服务优化。

二是建设云平台。搭建云计算平台，实现图书馆信息资源的集中存储、管理和共享。通过云平台，可以实现对图书馆数据的统一管理和分析，为图书馆提供更高效的决策支持和服务优化。

三是构建数据中台体系。建立图书馆的数据中台，包括数据存储、处理和应用平台。这样的中台体系可以实现对图书馆数据的标准化管理和分析，为图书馆提供数据驱动的智能化服务和决策支持。

四是空间再造。重新设计和布局图书馆的空间结构，以适应数智化服务的需求。可以引入虚拟现实技术，打造沉浸式的阅读体验空间；也可以设置智能化的自助借还设备，提升服务效率和用户体验。

五是加强网络安全保护。加强图书馆网络和信息安全保护，确保数智化基础设施的安全稳定运行。加强网络安全的措施包括加密通信、身份认证、数据备份等，保护用户信息和图书馆资源的安全。

六是持续优化升级。不断对数智化基础设施进行优化和升级，跟随技术发展的步伐，不断提升服务水平，包括引入新技术、更新设备、优化系统架构等，以确保图书馆始终处于数智化转型的前沿。

4 结语

在数智化时代，图书馆的转型路径既充满挑战，又蕴藏着巨大的机遇。通过增强数字化转型意识、构建数智化管理体系、转变管理模式、推出个性化精细服务及加快基础设施的转型，图书馆可以更好地适应数智化时代的发展趋势，提升服务质量和效率，满足用户需求，实现高质量发展。数智化转型是一个长期而复杂的过程，需要图书馆与各方共同努力。相信随着科技的发展和社会需求的不断变化，图书馆将迎来更加辉煌的发展，为社会文化进步和知识普及做出更大的贡献。

参考文献

[1]向君，朱芸，樊俊豪.数智时代研究型图书馆联盟转型发展研究：基于"RLUK 2022—2025 发展战略"解读 [J].图书馆理论与实践，2023（2）：62-70.

［2］张笑玮.数智融合背景下图书馆教育服务场景设计与实现策略［J］.图书馆学刊，2023，45（9）：82-86.

［3］孙镇.公共图书馆图书管理现状及优化路径探析［J］.文化产业，2022（17）：99-101.

［4］赵凤娟.新时期的高校图书馆数字化转型策略研究［J］.河北画报，2022（12）：71-73.

［5］于静.数智时代图书馆空间重塑与创新研究［J］.文化产业，2023（1）：124-126.

［6］高爱芝.数智时代图书馆的功能定位与服务策略研究［J］.中文科技期刊数据库（全文版）图书情报，2022（4）：50-53.

图书馆工作研究

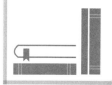

舒适物视角下新型公共阅读空间建设路径探索

陈　婧①

（玉林市图书馆，广西　玉林　537006）

【摘要】新型公共阅读空间作为图书馆阅读服务的延伸与扩展，能够为人们提供便捷的阅读服务，有利于提高人们的生活质量。在舒适物视角下建设新型公共阅读空间，不仅可以满足人们的阅读需求，还可以提高公共图书馆服务质量。本文以广西的新型公共阅读空间为例，对舒适物视角下新型公共阅读空间的建设策略进行探索，以期能够为相关工作者提供参考与帮助。

【关键词】舒适物；公共阅读空间；空间设计

【中图分类号】G252.17　　　　　　　　【文献标志码】B

随着城市化进程的不断加快，人们对于公共文化设施的需求日益增长，各种新型公共阅读空间也应运而生。舒适物视角下，建设新型公共阅读空间有助于激发人民群众的阅读积极性，同时也能够满足各地群众的多样化阅读需求。为了提供高质量的阅读服务，从舒适物角度对新型公共阅读空间建设加以研究，对提高城市建设质量而言具有重要现实意义。

1　舒适物视角下新型公共阅读空间的概述

1.1　舒适物理论

Amenities 是一个源于经济学领域的概念，汉语中通常指生活福利设施、方便设施、休闲娱乐设施等，近些年被定义为"舒适物"，并在区域经济学、经济地理学、城市经济学、环境艺术设计等领域得到广泛应用。[1]舒适物理论以能让人感觉舒服、愉快、满意的事物、环境、事件、设施或服务作为研究对象，并用量化比较分析的方法来判断这些因素对城市经济的作用。学者吴军认为，在城市发展过程中，文化舒适物发挥的作用日益凸显，并且还具备集聚人力资源的良好效果，有助于培育城

---

①陈婧（1985—），女，馆员，就职于玉林市图书馆。

市的内在动能，在未来将代替工业成为城市发展的动力源泉，因此应当对文化舒适物的建设规划加以重视。公共图书馆是一种文化舒适物，它具有社会教育作用，能为人们提供审美享受的物质环境，有可供市民休息、遮风挡雨的物理空间，还有可供人们娱乐、开阔眼界的书籍资源，以及内容丰富的阅读活动，能够让人感到舒适、放松。

1.2　舒适物视角下的新型公共阅读空间

综合多名学者的研究，新型公共阅读空间是一种由政府主导，由社会力量参与，在城市和农村地区对社会大众免费开放的多样化、复合型公共阅读空间。它既有传统图书馆的借阅服务，也有让人感到舒适的休闲功能、观赏功能等，满足人民群众对更高品质生活的新追求与新期待。从外部视角出发，新型公共阅读空间作为文化舒适物，自身的区位、周边配套设施及自身服务体系的构建，都将决定其对公众的吸引力大小。从内部视角出发，新型公共阅读空间中的舒适物系统建设越完善，服务质量越高，就越受到公众欢迎，越能够在城市发展中做出更多贡献。例如，我国中山市的中山纪念图书馆是一个典型的城市舒适物，开馆以来深受人们好评，日最高接待读者数量超过两万人，并且读者办证率和借阅量增长明显。该馆已成为当地的文化坐标。中山市公共阅读空间"香山书房"重视打造舒适物，为图书馆带来更多流通人次，读者黏性增强，为当地阅读活动的顺利推广打下基础。

2　舒适物视角下新型公共阅读空间的设计原则

2.1　舒适性原则

作为公共文化的重要组成部分，新型公共阅读空间是社会良好发展的产物，也是一种文化舒适物。一方面，新型公共阅读空间能够为人们提供休憩空间与阅读资源，人们在空间内可以收获大量知识，也可以收获愉悦情绪；另一方面，还可以为人们提供具有较高舒适度及良好审美体验的物质环境，在社会层面发挥教育作用。新型公共阅读空间具有公共服务性质，因此不需要过分新奇夺人眼球的设计，也不需要富丽堂皇的装饰，而是需要基于舒适性原则，让来往访客感到舒适、放松。为了避免过多装饰形成多余视觉要素，设计者应该遵循简化阅读空间的原则，把读者的注意力吸引到阅读活动上来。不过，简约的设计并不意味着粗糙，在基础照明、色彩等方面，都要采用专业设计方案，在家居设计等方面都要注重细节，让人们感到放松、舒适。[2] 设计者还要根据当地实际，发掘建筑特点，将地域文化融入公共阅读空间中，充分发挥其文化舒适物的功能，并提高公共阅读空间的社会价值，使其更好地服务于城市发展。

2.2 服务性原则

服务性原则强调以他人为中心，主动向他人提供帮助并满足其合理需求，从而使个体与社会的幸福感得到提升。遵循服务性原则，建设高质量服务体系，反映了新型公共阅读空间以人为本、保证安全性的设计理念，在设计过程中要注意残疾人、儿童和老年人等群体的使用方便。对于残疾人和老年人来说，在扶手、电梯和卫生间等方面通常需要进行方便的设计，而对于孩子来说，他们需要把重点放在安全设计上，如软化、环保等。在服务方式上，打破特定空间的界限，通过互联网与社区网络拓展公共阅读空间，如 24 小时阅读区、社区流动图书馆等。[3] 在零散的阅读空间基础上，若能建立统一的视觉标识系统指引方向，并结合当地环境优化空间设计，则有利于公众阅读空间的建构。

2.3 交互性原则

交互性原则是加强设计者和读者的交互作用，从而使阅读空间的公共性得以体现。一是以统一的形象设计实现读者交互，如把图书服务点设在距离读者最近的咖啡厅、写字楼、酒店等地方，使书籍更贴近人们的生活，并且把统一的视觉设计要素融入零散的服务点，把阅读品牌信息传递给读者。二是为读者提供合适的空间距离，以方便与读者交流。在阅读空间里可以设立独立茶室，在大型书店里，可以安排一些人围坐的小型空间，也可以为沙龙活动等提供独立空间来进行深入交流。三是通过让读者在设计作品中的参与来推动图书馆与读者之间的交流。在建设公共阅读空间的时候，可以把广大读者和志愿者都动员起来，让读者对书屋里的装饰画、书法、绿植等进行自主创作，同时，阅读空间的文创产品还可以选用本地设计师的地域特色的作品，从而增强读者对阅读空间的认同感。

3 舒适物视角下新型公共阅读空间建设优化的策略

3.1 创新运用舒适物理论

一座城市的品质，既要看当地舒适物情况，也要看舒适物与反舒适物之间的尺度关系，城市吸引力与竞争力会随着舒适物指标的提升而增强。新型公共阅读空间是一种典型的城市舒适物，其意义是显而易见的。在传统图书馆向新型公共阅读空间转变的进程中，急需加强对舒适物理论的认知与关注，将城市舒适物理念应用于新型公共阅读空间的建设中，以新型公共阅读空间的营造与管理为前提，对图书馆舒适物理论进行全面、系统的剖析与研究，从而构建一种全新的图书馆舒适度发展理论，并将其应用于新型公共阅读空间的建设，为公众提供现代化阅读服务。

为了营造良好的全民阅读氛围，方便市民户外借书与还书，图书馆可以开设 24

小时自助阅读空间，将图书阅读服务深入人们生活各处。例如，南宁市图书馆作为国家级图书馆，在 2011 年获得中国图书馆学会颁发的"全民阅读示范基地"称号后，更加积极地开展全民读书活动，并积极推广新科技运用，使公众阅读体验得到很大程度的改善，提高了图书馆的服务效率。南宁市图书馆 24 小时自助阅览室是广西第一家集阅读、借阅和自助服务于一体的 24 小时阅览室，为广大读者提供了一个安全、舒适的读书环境，利用射频识别技术实现图书 24 小时自助借阅。[4] 为了让读者有一个舒适的读书氛围，图书馆员工们还专门在房间里放置了一些植物装饰，读者可以选择落地窗附近的座位，感受温柔的日光与书香，舒适的阅读环境让人心旷神怡。南宁市图书馆不定时地更新 24 小时自助图书馆内的书籍，如果读者需要借阅书籍，就不会再受图书馆的上下班时间和关门时间所困扰，可以得到更加便捷、人性化的服务，让公众更加便捷地阅读。

3.2 完善舒适物网络体系建设

随着时代的发展，科学技术不断进步，人们对公共阅读空间的需求也越来越大。因此，应把新型公共阅读空间建设列入城市的整体计划中，完善舒适物网络体系建设。依据城市发展走向与居民需求，做好新型公共阅读空间配套设施建设规划，合理布局新型公共阅读空间配套设施，在此基础上，运用适宜性原则对现有公共阅读空间进行更新和优化。在用地紧张、人流量集中、对舒适性要求高的城区，应根据实际情况，建立小规模的公共阅读空间。例如，广西铁路部门建成公共文化阅读空间 534 个，建有各类职工图书室、职工书屋、读书角 534 个，藏书 36 万余册。北海火车站于 2020 年 11 月建立高铁读书驿站，共有 250 余册图书。在 2023 年融合铁路文化与北海市当地的海洋文化等元素，对原有空间重新规划，在火车站新站房二楼建成读书驿站，设计建造的新型公共阅读空间能够为游客提供更高质量的借阅服务。读书驿站设立的自助式智能书柜，可以自助借书与还书，除了近 700 册常规书籍，还有一些北海地方文献作品，存放的各类书籍总数超过 800 册。读书驿站加入了北部湾经济区图书馆服务联盟，可在广西部分城市图书馆实现通借通还，为各地游客提供了解北海市及广西文化的窗口，同时也为游客借书与还书提供便利。

地方政府应当充分发挥带头作用，充分挖掘已有资源，建设一批方便舒适的新型公共阅读空间，使图书资源融入社会各处，充分发挥新型公共阅读空间的社会教育功能。例如，贺州市图书馆"城市书房"采取了"政社合作"模式，即以政府为主导、社会参与的共建共享方式。在建设过程中，政府和贺州市图书馆是建设主体，政府通过购买企业服务的方式，对现有的场所空间进行改建、翻新，使之符合新型公众阅读空间的使用要求。城市书房开设在一座已有建筑物中。该建筑物属于国家财产，在政府的协调下，该建筑不收取租金。城市书屋的建设经费以政府出资为主，群众团体协同参与，努力为读者创造更浓郁的文化氛围，以提高人们的阅读体验为重点，城市书房还设置了带有方便设施的爱心角。

3.3 提高服务舒适物质量

基于舒适物理论，不断提高新型公共阅读空间服务质量，聚集一批优秀的馆员，为读者提供更高质量和更高效率的服务，并开展更为丰富多彩的读书活动。此外，重视新型公共阅读空间对各类群体的吸引与影响，对不同地区、不同群体的特征与需要进行分析，在原有图书馆服务的基础上，充分发挥新型公共阅读空间服务特性，开展有针对性的个性化服务。例如，在青年较多的区域突出休闲娱乐功能，在老年人较多的区域突出互动交流功能，在学生较多的区域突出阅读学习功能等，从而建立能够为各种人群提供服务的舒适物系统。公共阅读空间可以在视觉上采取统一主题设计，在不同空间中的书柜颜色与样式都是一致的，这样既可以为读者提供统一的服务，又可以进一步提升阅读品牌效应。

解析新型公共阅读空间与社会活力、社会发展的内在联系，并相应地增加舒适度类别，提高服务舒适物质量。将新型公共阅读空间服务与地域特色相融合，如贺州市图书馆的"红色主题阅读空间"是在广西壮族自治区图书馆的支持下，由红色、沉浸和交流三个部分组成的阅读空间。红色主题阅读空间位于贺州市图书馆三层的大阳台上，是一片开阔的区域，紧靠着著名的灵峰山。馆内陈列着各式各样的花草，营造充满自然气息的阅读氛围。[5]红色主题阅读空间也紧跟时代发展，不仅提供传统纸质阅读资源，也提供新型电子阅读资源。大量的红色电子资源为广大读者提供了多样化的阅读体验，让他们能够更深入地了解红色文化和革命历史。红色主题阅读空间设计打破了常规阅读空间的设计方式，将阅读与娱乐相结合，追求愉悦高雅的阅读环境布置，让读者在阅读中获得身临其境的感受。在红色主题阅读空间中，还设置了休闲区，让人在感到疲劳时，可以欣赏到休闲空间里种植的各类植物，生理和心理都得到放松，还可以沏一杯清茶继续阅读，这种人性化的空间设计能够满足人们多样化的阅读需求，让人产生轻松、愉悦的心理感受。

4 结语

舒适物视角下，城市舒适物网络系统的完善不仅需要大型图书馆支持，还需要新型公共阅读空间协同助力。通过创新性地运用舒适物理论来优化新型公共阅读空间建设，能够在推动全民阅读、提高城市发展水平、提升居民幸福度等方面产生积极影响。同时，还需充分挖掘并发挥新型公共阅读空间的特性，创造一种现代化、智能化的阅读环境，进而增强新型公共阅读空间对读者的吸引力和凝聚力。

参考文献

［1］吴军.文化舒适物［M］.北京：人民出版社，2019.

［2］唐晓睿.新型公共文化空间的理论溯源与创新：以城市文化阅读空间为视角［J］.中国出版，2023（11）：40-44.

［3］杨敏.文旅融合背景下公共图书馆新型阅读空间建设的探索与实践：以湖州市长兴县城市书房为例［J］.文化月刊，2023（3）：99-101.

［4］陈则谦，孙金瑛，张博文.新型公共阅读空间建设及服务效果研究：以扬州市"24小时城市书房"为例［J］.图书馆，2023（2）：63-71.

［5］刘艳.公共阅读空间的创新建设与创意营造：以贺州市图书馆为例［J］.图书馆界，2023（2）：83-86，94.

数智时代公共图书馆员专业化培养路径研究

郭 媛①

（广西壮族自治区图书馆，广西 南宁 530022）

【摘要】数智时代为我国公共图书馆高质量发展带来机遇，以人工智能为代表的数智技术逐渐渗透并改变着公共图书馆的服务模式，促使公共图书馆升级转型，同时也为公共图书馆员的职业能力和专业化发展带来全新挑战。本文分析数智化时代公共图书馆员专业化成长面临的机遇和挑战，提出从完善馆员职业能力体系建设、吸纳技术型人才、加强业务培训、建立考评机制、实施馆校合作五个方面入手，逐步建成专业、可靠的馆员队伍，为公共图书馆的高质量发展提供人才保障。

【关键词】数智时代；公共图书馆；图书馆员；专业化队伍建设

【中图分类号】G251.6　　　　　　　**【文献标志码】**B

党的二十大报告指出，必须坚持科技是第一生产力、人才是第一资源、创新是第一动力，深入实施科教兴国战略、人才强国战略、创新驱动发展战略，开辟发展新领域新赛道，不断塑造发展新动能新优势。这为新时期人才队伍建设指明了前进方向。公共图书馆作为我国公共文化机构的重要组成部分，是提升文化软实力的关键场所，也是提升民众综合文化素养，推动文化振兴，加快文化强国建设的核心阵地。2021年4月，北京大学信息管理系举办了第二届中国图书馆馆长高级论坛，与会专家提出用专业化推进新阶段图书馆事业发展，并发布了《推动图书馆专业化发展倡议书》。[1]这表明中国图书馆事业进入了需要大力倡导专业化发展的新时代。公共图书馆事业发展的关键在人，图书馆员是公共图书馆专业化建设的核心动力，加强图书馆员队伍的专业化建设，才能最终实现公共图书馆事业的高质量发展。笔者以数智时代为背景，分析公共图书馆员专业化成长道路上面临的机遇和挑战，结合实际提出培养公共图书馆员专业化队伍的有效路径，以期为公共图书馆事业高质量发展提供助力。

---

① 郭媛（1985—），女，馆员，就职于广西壮族自治区图书馆。

1　数智时代公共图书馆员专业化发展的机遇

1.1　数智时代的建设目标为馆员成长指明方向

数智时代是数字化与智能化技术深度融合、高速发展的新时期，涵盖人工智能、云计算、大数据、物联网等多个领域，是信息技术发展的高级阶段，具体到图书馆，则称之为智慧图书馆。早在"十四五"初期，智慧图书馆建设就已被列入国家政策和图书馆发展规划中，现今已取得重要进展。2025 年是"十四五"规划收官之年，也是"十五五"规划开局谋划之年。南开大学柯平教授在"十五五"规划编制指导中提出，"十五五"时期将是全面开展智慧图书馆建设的重要阶段，而智慧馆员的培育是建设重点之一。[2]实现智慧图书馆的目标，需要公共图书馆员紧跟时代步伐，找准自身定位，积极学习并掌握最新技术，熟练使用智能设备，并拥有开放性的创新思维。

1.2　新技术发展驱动馆员转型成长

数智技术作为信息技术发展的高级形态，其更新迭代速度十分迅猛，新技术、新应用、新设备层出不穷，这对馆员的信息技术水平提出了更高要求。而公共图书馆本身并不是高新技术产业，数智化水平不高，信息技术专业人才偏少，这就需要馆员跟踪新的发展趋势，不断提高自身信息化技术水平，升级智慧化服务模式，以适应数智时代的发展需求。例如，要实现线上线下一体化的全民阅读服务体系，就需要馆员掌握生成式人工智能技术；要整合信息服务和知识服务体系，就需要馆员能实现知识颗粒度的精细化；要构建智慧服务体系的整体架构，就需要馆员能收集、分析读者数据，进一步挖掘读者的个性化需求；在"采编图灵"上线后，需要馆员能审核自动生成的数据；AI 馆员推出后，需要馆员变身为学习指导员，根据读者的需求找到更贴心的服务方式。馆员在数智时代背景下，不可避免地会失去某些阵地，进而适应时代、转换角色，找到新的用武之地。

1.3　读者多元化需求促使馆员服务升级

数智技术的高速发展使得公共图书馆读者群体的阅读方式、习惯发生了巨大变化，图书馆媒介功能逐步削弱，图书馆工作的逻辑起点由"书"变成了"人"，人的需求从文献层面深入到知识、信息、文化、社交层面，图书馆新的服务范式即围绕满足人的需求展开。[3]在泛在知识环境里，以传统收藏、借阅为主导的服务模式已难以适应读者日益多元的服务需求，公共图书馆必须对业务进行梳理和重塑。公共图书馆的服务需要通过细分服务群体，如开展针对未成年人、老年人、残障人士等重点读者群体的服务；细分服务方法，如开展讲座、展览、走读、高铁读书驿站等新形式的活动；细分服务手段，如通过微信、微博、小红书、抖音等新媒体平台开展宣传推广服务。读者日趋多元化的需求，促使馆员不断延伸服务触角、创新服务方式、拓展服务平台，以满足他们的个性化需求。

2 数智时代公共图书馆员专业化发展面临的挑战

2.1 新兴技术发展为图书馆带来巨大冲击

近年来，数智技术和设备在图书馆行业的广泛投入与使用，在促进图书馆发展转型的同时，对图书馆员的服务能力和技术水平提出了更高要求。因为受图书馆消亡论、技术取代论等观点的影响，公共图书馆新兴技术面临转型发展的现实问题，公共图书馆员也正因为智能书架、智慧编目、AI 馆员的出现而面临着巨大的生存挑战。在传统教育和管理模式下，馆员信息素养能力和信息技术水平十分有限，对新技术的反应能力较慢，难以匹配数智技术高速发展的需要。与此同时，数智技术在图书馆业务中的深度融合和应用，给公共图书馆服务的时间、空间、场景、方式、层次、资源都带来了系统性的变革。公共图书馆服务将演变成数据驱动、泛在场景、智慧手段服务并兼具文化功能、社交功能，彻底改变了公共图书馆传统的本土化服务性质。

2.2 图书馆学教育与实践工作脱节

受数智技术发展的影响，图书馆的核心业务正在经历深刻变革，新兴的图书馆服务模式很多都必须使用数智设备或系统来实现，但现有的图书馆学教学却没有跟上这一节奏。许多高校的图书馆学课程重心还停留在传统图书馆服务模式上，没有开设适应新时代图书馆业务需求的相关课程。在信息技术相关课程中，往往侧重于传授现有某一系统操作技能，忽视了培养学生在系统设计、开发、维护方面的创新能力。调查发现，现有的图书馆集成管理系统、图书馆自动化等课程更侧重于理论性内容，与实际业务需求脱节，[4]导致图书馆学专业的毕业生到了图书馆工作后动手能力不强，不会使用和维护智能系统及设备，无法迅速适应新时代图书馆岗位需求，反而不如计算机专业的毕业生"好用"。

2.3 读者多元化需求与馆员精准服务能力无法匹配

数智技术的发展使得读者无需通过图书馆即可获取海量信息资源，导致读者对公共图书馆的依赖度、忠诚度大大降低。据 2024 年第 21 次全国国民阅读调查结果显示，2023 年我国成年国民人均纸质图书阅读量为 4.75 本，人均电子书阅读量为 3.40 本，而同年公共图书馆书刊文献外借总量为 78 299 万册次，人均 0.56 册次，公共图书馆在全民阅读中的贡献率约为 11.79%，读者自身及书店等主体在其中发挥了主要作用。这些内外部环境的变化，迫切需要图书馆通过改变传统的粗放式服务模式来提升读者的满意度和忠诚度。公共图书馆由于自身性质，读者群体较为复杂且松散，不同读者在年龄、受教育程度、信息接受度上存在显著差异，需要馆员借助大数据手段，分析读者的多元化需求，向读者提供更加精准的信息咨询、信息推送及个性化服务。

2.4　图书馆员的社会认同及职业认同偏低

图书馆员作为一个广为人知的职业、一个专业化群体，却尚未获得与其他专业群体，如医生、律师、教师等相同的社会认同。迄今为止，公共图书馆对馆员仍没有明确的任职门槛，未建立通行意义上的职业标准和职业资格认证制度，加上许多幕后工作不为人知，导致社会公众认为图书馆工作简单，什么人都能干，很难获得较高的社会认可和尊重。2024 年 9 月，科睿唯安发布的《图书馆的发展脉搏》报告中，基于对全球 1 500 名图书馆员的调查，大多数图书馆已制订或正在实施人工智能计划，52% 的受访者认为需要提升技能来适应人工智能时代的到来，但近三分之一的受访者表示无法获得培训。[5] 可见，图书馆员已经认识到数智时代给他们职业带来的巨大挑战，同时也因为信息技术的发展而对自身职业感到焦虑和担忧。

3　数智时代公共图书馆员专业化培养路径

3.1　依托图书馆行业协会，完善馆员职业能力体系建设

在我国，公共图书馆公开招聘制度在省、市级图书馆范围内基本建立，但还缺乏职业准入制度。求职者参加图书馆的公开招聘，普遍考的还是行政能力测试及公共基础知识，很少考查图书馆相关的业务知识，无法选拔出真正懂图书馆、能干图书馆活的专业人才。从实践经验来看，往往图书馆学毕业的考生，还考不过专门上过公务员考试培训班的考生，造成进入图书馆工作的图书馆员专业背景较复杂、专业化程度不高。众多的公共图书馆也为招不到合适的人而发愁。发达国家的图书馆行业实行职业资格制度已有 100 多年的历史，从国外实践经验看，行业协会在图书馆员专业化建设中发挥了重要的引领和推动作用。图书馆员专业化强调的不仅是个体服务能力，更是通过强化服务能力，促使馆员由传统专业向智慧型、专家型服务能力的转变。[6] 因此，我国公共图书馆应充分依托中国图书馆学会的优势，积极推动制定图书馆员职业准入制度，并进一步将馆员的任职要求、继续教育、职称评定、职业素养等形成较为完善和科学的职业能力体系，在新时代背景下将馆员的智慧化手段及信息技术水平纳入体系中，着重对智慧馆员、专家馆员的培养，以推动公共图书馆员职业能力体系持续健康发展。

3.2　吸纳技术型人才，提升馆员队伍信息技术水平

随着数智技术的发展，公共图书馆多元功能的拓展和服务不断深化，公共图书馆对图书馆员的要求也日趋多元化，特别是对计算机、信息类专业人才的需求日益增长。各大图书馆都想尽办法增强自身掌握和使用信息技术的能力以适应数智化时代，其中最有效的途径之一，便是吸纳更多技术型人才来提升队伍的整体水平。笔者通过调查发现，仅在 2024 年的公开招聘中，全国除香港、澳门、台湾外，共有 31 个省级行政区，其中有 14 个省级行政区的省级公共图书馆在招聘计算机、信息类专业人才，占比 45.16%；11 个省级行政区的省级公共图书馆没有设置此类专业，占比 35.48%；6 个省级行政区的省级公共图书馆未有信息披露，占比 19.35%。值得一提的是，湖南省少年儿童图书馆在 2024 年的公开招聘中，专门设置了智慧图书馆建设岗位，招聘人工智能、计算机、大数据等专业的研究生，主要负责图书馆智慧化建设等相关工作。这充分体现了公共图书馆在数智化转型阶段对技术类人才的迫切需求。除了公开招聘，公共图书馆还可以进一步拓宽用人渠道，通过高层次人才引进、调动以及与技术型单位合作等多种方式来强化自身人才队伍的技术力量。

3.3　加强业务培训，实现馆员服务专业化

除从外部引进技术人才外，还可以在现有的馆员中积极开展有效的教育培训。国际图书馆协会联合会与联合国教科文组织 2022 年联合发布的《公共图书馆宣言》中指出，图书馆员在用户和资源（包括数字资源和传统资源）之间具有积极的中介作用。图书馆员的专业和继续教育对于确保提供充分的服务是必不可少的。长期以来，教育培训一直作为我国公共图书馆员专业技能提升的重要途径。但在现有的培训模式下，公共图书馆大多注重图书编目、阅读推广、信息检索等传统项目的培训，对于数智技术鲜有涉猎，很多人会认为自己没有基础，很难学会。笔者认为，除常规的课堂、讲座外，还可以从以下两个方面入手：一是可以探索分层施教与精准培训模式，面向不同年龄、不同能力的馆员开展专项信息技术培训。针对有技术基础的业务骨干，开展技术前沿科普、系统设计与开发类的培训；针对基础薄弱的青年馆员，开展系统维护、大数据收集、分析与利用类的培训；针对年纪较大的资深馆员，提供基本知识普及、系统使用、简单答疑类的培训。二是通过提供标准化技能工具包的形式，为馆员提供岗位技能清单及相应学习资源，包含基础知识、业务实操、技术融合、学术研究等不同维度的内容，馆员可通过对比岗位技能清单的能力要求，根据自身情况主动在技能工具包中寻找相应资源，或学习所长，或补齐短板，不断提升自身的信息技术水平。只有提高图书馆员的智慧化手段和信息技术水平，

图书馆智慧化水平才能得到有效保障。

3.4　建立考评机制，助力馆员自主成长

公共图书馆培养馆员专业化成长的最终目的是促进人才队伍的专业化，进一步提升图书馆的服务能力，推动图书馆高质量发展。因此，馆员的专业化能力发展应满足公共图书馆发展需要，其职业成长方向应与图书馆发展目标相一致。[7]为此，公共图书馆应首先了解馆员的实际需求，结合本馆的自身定位和发展目标，有计划、有引导性地提供专业化能力提升途径和学习资源平台。同时，制定与之相符的馆员专业技能考核及评价机制，将馆员的专业技能提升及服务水平进步等情况与事业单位奖励性绩效考核制度挂钩，实现真正的"多劳多得、少劳少得、不劳不得"，进一步激发馆员的主观能动性。例如，建立自主学习跟踪调查及效果评估机制，检验图书馆提供的学习资源及路径是否能够真正帮助馆员提升专业技能，据此可以定期进行动态调整；建立动态服务评价与反馈机制，了解馆员日常工作动态及服务效率，及时了解他们在使用新系统和设备中存在哪些困难，并予以及时辅导，在服务中碰到什么问题予以及时校正，使馆员能够放下顾虑，主动学习，恪尽职守，尽心服务，不断提升专业能力和服务水平，使馆员的专业化成长路径与图书馆的战略规划目标保持一致。

3.5　实施馆校合作，培养馆员专业素养

馆校合作是公共图书馆提升自身队伍专业化水平的有效途径，搭建公共图书馆与高校之间的合作平台，以选送培养、合作项目等方式可以有效激发图书馆员专业化能力成长。高校需要来自公共图书馆的实践经验、业态等生动案例，充实和丰富理论；公共图书馆也需要高校的理论指导和对实践的总结提炼。针对公共图书馆选送培养的研究生，结合转型发展的需求，高校在传授现有图书馆学课程之余，应增设与之匹配的信息技术类课程，如数字资源管理、用户服务等，更注重技能测试、实践项目报告等考察方式。同时，应鼓励研究生发展跨学科技能，如数据分析、系统开发、用户体验设计等，以适应图书馆服务的多元化和信息化趋势。除了选送研究生到高校进修外，公共图书馆和高校还可以通过项目的方式合作培养人才。湖南图书馆、湖南师范大学美术学院及马栏山文化数字化创新中心共同合作开展了古籍数字化实训项目，将湖南图书馆丰富的古籍资源数字化，集中发布在数字化平台上，使读者能够在线阅读，让古籍更便捷、更广泛地服务社会大众。[8]该项目有效实现了公共图书馆与高校、理论研究及成果转化的系统性资源整合，有助于公共图书馆数字化、专业化人才队伍的建立与培养。

4 结语

图书馆的专业精神在不同时代具有不同表述，当代图书馆的专业精神是文化传承、守正创新、公平服务、保障权利；图书馆员的职业精神是爱岗敬业、精益求精、协作共进、追求卓越。[9]这就需要馆员积极主动地适应图书馆行业的变化发展，在拥有过硬的专业素养的同时，能及时调整心态，不断提升自身的职业技能与服务水平，并在工作中获得职业认知与认同感，为公共图书馆在数智时代的发展提供坚强的人才保障，实现公共图书馆与图书馆员共赢。

参考文献

［1］北京大学信息管理系.第二届中国图书馆馆长高级论坛成功举办：以专业化推进新阶段事业发展［EB/OL］.（2021-08-10）［2024-04-16］.https：//www.im.pku.edu.cn/xwgg/xgxw/352882.htm.

［2］柯平.面向"十五五"规划的智慧图书馆建设［J］.图书馆理论与实践，2025（2）：1-13.

［3］方家忠.公共图书馆需要大力倡导专业化发展[J].图书馆建设，2021(6)：9-14，20.

［4］陈传夫，赵庆香，朱传宇.图书馆核心业务变迁与人才培养合作发展策略研究［J］.图书馆建设，2024（6）：13-23.

［5］Clarivate.Pulse of the Library 2024［EB/OL］.（2024-10-19）［2024-11-12］.https：//clarivate.com/academia-government/wp-content/uploads/sites/3/dlm_uploads/Pulse-of-the-Library-Report-2024.pdf.

［6］杨小穷.图书馆员的专业化及其实践考量［J］.图书馆学刊，2016，38（2）：36-37，41.

［7］李卉."十四五"时期公共图书馆员专业化发展路径研究［J］.图书馆学刊，2021，43（12）：43-45.

［8］新华网.湖南数字化保护古籍 探索古籍产业化发展［EB/OL］.（2024-06-22）［2024-11-12］.http：//hn.news.cn/20240622/3838faf957bd4118a7cb1262b8723bc7/c.html.

［9］陈超，王惠君，陈军，等.专业化建设：图书馆高质量发展的基石［J］.图书馆杂志，2023，42（12）：4-5.

智慧图书馆视角下高校图书馆文化传承策略研究

李乔① 魏恒② 朱清③

（桂林理工大学，广西　桂林　541004）

【摘要】随着科技的发展和数字化时代的到来，智慧图书馆逐渐成为信息资源管理和文化传承的重要载体。智慧图书馆作为传统图书馆和现代信息技术的结合体，同样承载着文化传承的责任与使命。本文旨在探讨在智慧图书馆环境下，高校图书馆如何有效地开展文化传承，提升文化传承的效果，以提高高校图书馆的服务质量和文化传承能力，为当前高校图书馆的文化传承提供一些参考和借鉴。

【关键词】智慧图书馆；高校图书馆；文化传承；策略

【中图分类号】G122　　　　　　【文献标志码】B

随着信息技术的迅速发展，智慧图书馆已成为高校图书馆发展的新趋势，为高校图书馆文化传承提供了更多的技术支持和创新机遇。2023年6月2日，习近平总书记在文化传承发展座谈会上的重要讲话中指出："只有全面深入了解中华文明的历史，才能更有效地推动中华优秀传统文化创造性转化、创新性发展，更有力地推进中国特色社会主义文化建设，建设中华民族现代文明。"由此，文化传承已成为新时代我国新的文化使命。但是，随着信息技术的发展和数字化时代的来临，高校图书馆在进行文化传承时也面临着许多新的挑战，如数字化文化产权保护、文化多样性的呈现、技术的更新迭代、信息安全问题、传统与现代的融合以及资源共享障碍等。因此，在智慧图书馆建设的背景下，研究高校图书馆的文化传承策略具有重要意义。

1　高校图书馆与文化传承

高校图书馆作为高校文化的重要组成部分，承载着传承和弘扬校园文化的使

---

① 李乔（1973—），女，馆员，就职于桂林理工大学图书馆。

② 魏恒（1978—），女，馆员，就职于桂林理工大学图书馆。

③ 朱清（1967—），女，高级讲师，就职于桂林理工大学图书馆。

命，对广大师生了解中华优秀传统文化、继承中华传统美德和涵养人文精神起着良好的引导和支持作用。[1]高校图书馆实施文化传承不仅可保护、传承历史记忆和文化遗产，为学术界提供丰富的文化资料，推动相关领域的学术研究和发展，还可帮助学生深入了解历史、文化和知识，增强他们的文化自信，从而促进文化传承。

2 高校图书馆文化传承现状、机遇与挑战

高校图书馆作为优秀传统文化传承的重要基地发挥着重要作用，为广大师生提供了丰富的文化馆藏资源，提供了多样化的服务方式，成为校园文化的推动者。高校图书馆的文化传承意识逐渐增强，尤其是对古籍文化馆藏资源的重视、修复和保护，不仅扩充了古籍文献资源库，还促进了古籍文献的再次利用。许多高校图书馆利用古籍对广大师生开展中华优秀传统文化教育，通过阅读推广、公益讲座等方式提高广大师生对中华优秀传统文化的深层次认知，唤醒广大师生对古籍资源的保护和传承意识。许多高校图书馆积极与其他文化机构联合开展优秀文化传承活动，同时还积极与社区、社会公众建立联系，举办了不同形式的文化公益讲座和文化展览等，扩大了高校图书馆的服务范围和影响力，促进了高校图书馆的文化传承与创新。随着物联网、大数据、云计算等一系列新的信息技术的快速发展，高校图书馆的文化传承也迎来了前所未有的机遇：一是技术革新。高校图书馆可以利用先进的技术手段，如大数据分析、人工智能等，提升文化传承的效率和效果。二是阅读推广。在全社会提倡阅读的大环境下，高校图书馆可利用推广阅读活动，引导大学生养成良好的阅读习惯，从而更有效地传承中华优秀传统文化。三是跨学科合作。随着"新文科"这一概念的提出，学科交叉融合的趋势日益明显，高校图书馆可加强与其他学科之间的合作，共同推动文化传承工作。

目前，虽然高校图书馆的文化传承工作取得了一定的成果，但文化传承仍面临一系列挑战。一是技术变革带来的挑战。随着信息技术和互联网技术的快速发展，数字化阅读、移动阅读等成为主流的阅读方式。阅读方式的改变对高校图书馆的服务模式提出了挑战，要求高校图书馆在文化传承方面不断创新服务模式，以适应读者的新需求。二是资源建设方面的挑战。在数字化时代，高校图书馆的资源建设既要注重纸质资源的收藏，又要注重电子资源的建设，同时还要加强跨学科资源的整合和优化，以满足读者多元化的需求。三是服务创新的挑战。高校图书馆需要不断创新服务方式，提高服务质量，满足读者多元化的阅读需求，以增强高校图书馆的创新意识和创新能力。四是社会环境的挑战。随着社会的快速发展和变革，读者的

阅读需求和阅读习惯也在不断变化，高校图书馆需要密切关注社会环境的变化，不断调整和优化文化传承的策略和方式，以适应时代的需求和发展。

3　智慧图书馆视角下高校图书馆文化传承策略

3.1　紧扣文化传承主题，强化文化传承理念

高校图书馆在智慧化建设过程中，应始终贯彻文化传承的理念，明确文化传承的目的和价值，始终保持对文化传承的重视和关注，确保高校图书馆的发展方向和服务宗旨符合文化传承的需求。

一是对于文化资源，高校图书馆要采取数字化保存、多样化收藏的措施，优先选取具有文化传承价值的图书、音频、视频、图片等资源进行数字化和收藏。努力做到既要重视保留本土文化、传统文化和少数民族文化等具有代表性的资源，又要加强数字化文献和档案的收集与整理，保护珍贵的文化遗产。二是可设置不同的文化主题板块，突出文化传承的内容。例如，设置文化历史、文学艺术、传统民俗和家风家训等板块，为广大师生提供专门的资源和学习空间。同时，在这些板块中设置专门的数字展览、文化讲座等，利用高校图书馆的技术优势，提供更加丰富、互动性强的文化体验，推动广大师生对文化传承的深入理解和探索。三是通过高校图书馆智慧化服务平台，组织和举办与文化传承相关的活动和交流，结合当地的历史背景和特色文化，将中华优秀传统文化与当地的民族文化相互结合，举办相关文化讲座、民族文化体验活动等，为广大师生提供参与和体验文化活动的机会。[2]四是建立以智慧图书馆云为重点，以学校官网、微博、微信等为重要手段的数字化文化平台，设立专门的社交媒体和讨论区，让广大师生进行分享体验、互相学习，交流思想和文化。此外，利用研讨会、读书俱乐部和文化社团等形式，向学生传授文化知识和技能，强化学生文化传承的理念和能力，鼓励学生主动参与和传承文化，促进中华优秀传统文化的传承和发展，使学生在潜移默化中感受到中华优秀文化资源的魅力。

3.2　全方位融入新兴科学技术，持续提升数字化文化资源质量

数字化文化资源的质量能够在很大程度上保证文化内容的真实性。在智慧图书馆建设的背景下，高校图书馆在实施文化传承的过程中，要持续改进数字化文化资源的质量。

3.2.1　增加数字化文化资源的获取渠道。一是高校图书馆可建立自己的数字化文化资源库，将传统图书馆的文化资源进行数字化处理，使读者可通过互联网访问

这些数字化文化资源。二是高校图书馆可与出版社和学术机构等合作，引入电子图书、电子期刊和数据库等多元化的数字化文化资源，还可向其他图书馆、档案馆、博物馆等机构获取数字化文献、艺术作品、音乐影视等数字化文化资源。三是高校图书馆可与个人、学术界和社会公众合作，调动一切可调动的社会力量，增加数字化文化资源的获取渠道，进一步拓宽数字化文化资源的获取渠道。

3.2.2　完善文化资源的数字化处理技术与设备。一是要引入先进的数字化处理技术和设备，以确保数字化处理的效率和准确性，以便对各种类型的文化资源进行高效、精准的数字化处理。二是要建立数字化标准和规范，以确保文化资源数字化处理的一致性和准确性，如建立数字化资源的质量标准、元数据标准、文件格式标准等，对数字化处理的各个环节进行规范。三是要加强数字化处理的人才培养，以应对信息技术和设备更新换代速度快的问题，可通过内部培训、外部交流以及参加专业研讨会等形式，提高数字化处理人员的技术水平。四是要建立数字化处理的反馈机制，鼓励广大师生提供反馈意见，及时解决数字化处理过程中出现的问题。五是要加强与数字出版机构、数字媒体机构以及文化创意产业等行业的合作和交流，借鉴其先进的数字化处理技术和设备，提高高校图书馆的数字化处理水平。

3.2.3　引入人工智能与大数据分析。利用人工智能技术和大数据分析方法，处理和分析大量数字化文化资源，提高数字化文化资源的质量。例如，利用人工智能可对数字化文化资源进行智能分类和整理，评估文化资源的质量，筛选和过滤掉不符合要求的文化资源，提高文化资源的可用性和易用性；数据分析可将数字化文化资源的使用情况和用户行为等信息进行可视化展示，为改进数字化文化资源的质量提供数据支持。

3.3　充分利用在线学习，创新文化传承服务模式

在线学习主要指借助互联网、移动设备和其他数字化工具进行课程学习和知识获取的一种新型的学习方式。其不受时间、地点的限制，有利于个性化学习的实施。高校图书馆可充分利用在线学习平台，创新文化传承服务模式。一是将在线教育与文化课程相结合。高校图书馆可与学科教师相结合，开设在线文化课程，将文化传承教育融入学生的专业课程中，使学生在学习专业知识的同时了解中华优秀传统文化和地方文化特色等，从而促进学科知识与文化传承的结合。另外，高校图书馆可以邀请专家学者、业界精英或与相关机构合作开设文化课程，通过录制课程视频、提供文化学习资料和在线互动等方式，使学生在线上就能够接受高质量的文化教育。二是建立文化在线教育社区。高校图书馆可建立文化在线教育社区或论坛，为

学生提供一个文化交流和学习的平台。在此平台中，鼓励学生分享自己的学习心得、文化见解，与其他人进行互动讨论、提问和答疑，促进文化传承和知识共享。三是加强合作交流与跨界融合。高校图书馆可与其他文化机构、教育机构以及艺术团体进行合作，联合举办在线文化活动、文化讲座、文化艺术展览等，共享文化资源，为学生提供多样化的学习和参与机会，共同推动高校的文化传承与建设。

3.4　促进社区参与文化传承，发挥高校图书馆的引领作用

在高校图书馆的文化传承中，促进社区参与文化传承活动是非常重要的。社区参与文化传承可增强社区居民的参与感和归属感，激发他们对文化传承活动的兴趣，从而推动社区和高校图书馆的文化传承工作。

一是高校图书馆可定期举办多样性的文化展览和活动，涵盖不同类型的文化遗产和艺术形式。展览和活动可以包括艺术展览、讲座、演出等形式，向社区居民展示和传授各种文化传统和技能。二是高校图书馆与社区、其他学校、博物馆等合作，共同举办民间文化传承活动，如国学讲座、红色经典公开课、中医心理健康相关公益讲座等，弘扬中华优秀传统文化，加深公众对优秀传统文化的认识和了解，吸引更多社区居民积极参与文化创作、展览策划等过程，增加他们对文化传承的参与感和归属感。[3]三是高校图书馆可建立社区志愿者培训机制，培养一支文化传承的志愿者队伍。志愿者可以在图书馆开展导览、讲解、文化教育等工作，引导和帮助社区居民更好地了解和参与文化传承活动。四是高校图书馆可建立在线平台或社交媒体，让社区居民可以互动交流、分享文化传承经验和与文化相关的故事，利用平台提供在线展览、教程、资源下载等功能，鼓励社区居民积极参与文化传承的讨论和活动。

4　结语

高校图书馆在文化传承中担负着重要责任。其不仅是知识和信息的汇聚地，更是我国文化建设的主要阵地，是文化精神的传承者。在智慧图书馆建设的背景下，高校图书馆文化传承不仅是一个持续发展的过程，更是一个充满挑战与机遇的创新实践过程。高校图书馆应积极承担文化传承的责任，通过多元化的文化活动，激发广大师生的文化热情，推动中华优秀传统文化的传播与继承，持续关注技术的创新与应用，不断完善服务模式，自觉承担"举旗帜、聚民心、育新人、兴文化、展形象"的使命，发挥高校图书馆的技术与文化双重优势，以推动高校图书馆的现代化发展，同时更好地弘扬和传承中华优秀传统文化。

参考文献

［1］蔡保鹏，王忆南.高校图书馆传承中华优秀传统文化的基本策略［J］.连云港师范高等专科学校学报，2023（4）：104-108.

［2］刘显世.公共图书馆在文化传承中的探索与实践：以山东省图书馆为例［J］.山东图书馆学刊，2023（6）：1-5.

［3］王献增.公共图书馆如何传承与弘扬传统文化［J］.文化产业，2023（8）：91-93.

公共文化服务与文化产业融合发展研究

龙 娜① 余晓峰②

（河池市南丹县图书馆，广西 河池 547299；河池市宜州区图书馆，
广西 河池 546300）

【摘要】为促进公共文化服务与文化产业融合发展，本文对公共文化服务与文化产业融合发展存在的难点及促进公共文化服务与文化产业融合发展的建议进行了讨论，旨在促进二者协同发展与深度融合。当前，公共文化服务与文化产业融合发展面临资源较为分散、经费严重不足、文化水平差异显著、管理制度不完善等问题，为促进二者融合发展，应加大资金投入力度，构建公共文化服务资金保障机制，着力破解公共文化服务资源分散问题，完善公共文化服务平台建设，优化资源配置，提高公共文化产品和服务供给效能，完善管理机制，壮大公共文化人才队伍。

【关键词】公共文化；文化产业；融合发展；路径分析

【中图分类号】G259.21 　　　　　　【文献标志码】B

党的二十大报告指出，以中国式现代化全面推进中华民族伟大复兴，推动公共文化服务高质量发展是实现中国式现代化建设的时代命题和必然要求。作为国家软实力的综合体现，公共文化服务与国家民生、教育、文化、经济等多个领域息息相关。[1]从我国公共文化服务演化特征来看，从"十一五"规划到"十四五"规划，公共文化服务与文化产业、文化领域的融合被多次提出。其中，"十三五"规划对公共文化服务与文化产业的协同发展提出了明确要求，要求结合当前大众对文化活动的需求，加大公共性质如图书馆、博物馆及文化中心等文化产业的建设力度，依托公共文化服务理念赋能文化产业创新发展，根据不同地区、不同群体的实际需求，制定有针对性的计划，加大投入力度，提升设施建设水平和服务能力，满足广大群众对文化服务的需求。对此，本文对公共文化服务与文化产业融合发展的研究进行

---

① 龙娜（1977—），女，馆员，就职于河池市南丹县图书馆。
② 余晓峰（1977—），男，馆员，就职于河池市宜州区图书馆。

讨论，旨在促进文化服务与文化产业的协同发展。

1 公共文化服务与文化产业融合发展存在的难点

1.1 资源较为分散

公共文化服务与文化产业的建设与发展情况代表着国家、地区的文化程度高低。文化产业的文化资源为地方文化水平的提升奠定了良好基础，但从当前公共文化服务与文化产业融合的趋势来看，文化产业的不集中、不均衡、不协调是导致文化产业难以推动公共文化服务的关键。[2]公共文化服务的本质在于打破地区限制，消除区域间文化发展不均衡的问题，但我国诸多地区城乡文化产业结构差异过大，在推动公共文化服务发展上存在弊端。

1.2 经费严重不足

文化产业的建设与发展离不开地方政府的财政投入。目前，诸多地区因资金投入力度不够或经费不足等问题，文化产业发展滞后。诸多县域内的乡镇财政相对困难，在购买图书的经费上存在严重不足，造成乡镇图书馆馆藏资源陈旧，部分图书馆存在空壳现象，最终导致部分文化产业场地只能租赁、出售。这在一定程度上制约了公共文化服务的发展。

1.3 文化水平差异显著

在公共文化服务深化推进下，为进一步提高国民综合素质及能力水平，依托公共文化服务理念加大文化产业投入力度，引导广大群众积极参与文化产业学习，在丰富国民日常生活的同时，又能促进国民人均文化水平的提升。目前，我国国民文化水平存在差异，部分地区对文化产业的认知相对淡薄，具体表现为知识需求意识薄弱、缺少参与意识，导致公共文化服务与文化产业融合发展存在问题。[3]

1.4 管理制度不完善

科学、合理的管理机制是以公共文化服务理念发展文化产业，并积极开展文化产业服务，推动公共文化服务实践的关键。我国诸多地区公共文化产业管理缺乏制度，造成公共文化整体性规划不强、服务程序不规范及缺少长效化机制，最终导致公共文化服务落实不到位。同时，因部分地区公共文化服务人员专业素质不强，在日常公共文化服务中没有从服务的角度出发，导致文化产业陷入恶性循环，造成文化产业发展难、公共文化服务推进慢的问题。[4]

2　公共文化服务与文化产业融合发展的建议

2.1　加大资金投入力度，构建公共文化服务资金保障机制

为建立健全公共文化服务资金保障机制，构建公共文化投入增长制度，政府应持续加大对公共文化建设的投入力度，确保文化产业经费投入力度不低于当年财政收入的增幅。通过落实文化建设扶持政策，设立文化产业专项发展资金，将公共文化产业建设如图书购置、文物和非物质文化遗产保护、公益电影放映、文化人才培训、文艺创作奖励、群众性文体活动补助等经费纳入财政预算，从制度上保障公共文化基础设施、公益性文化事业单位经费。此外，政府应通过创新公共文化服务模式，采取资助、政府购买服务、以奖代补等方式，引导文化产业深入公共服务领域，释放文化内在活力。充分运用上级公共文化服务扶持政策，积极争取国家、省、市级财政补助，加大公共文化服务建设专项资金扶持力度，吸纳更多资金向公共文化服务领域转移，以此增加公共文化建设经费投入。地方政府应引入多元化文化投入机制，通过商业化、市场化的运作机制，吸引社会团体、机构、个人为文化工程、活动提供赞助，引导民间资本、社会力量参与公共文化服务供给与文化产业基础设施建设，形成以政府投入为主、社会筹资为辅的公共文化服务发展模式。[5]

2.2　着力破解公共文化服务资源分散问题，完善公共文化服务平台建设

破解公共文化服务资源分散问题是促进公共文化服务与文化产业融合发展的关键。在新时代，应积极促进公共文化资源共享化发展，立足于地区实际情况，加强与地方文化产业融合，通过构建共享资源平台，进一步扩大文化产业服务范围，搭建信息化管理平台，实现文化产业围绕公共文化服务进行交流与资源共享，在促进文化产业可持续发展的同时，缓解公共文化服务资源分布不均的问题。[6]对此，应合理改善当前公共文化服务空间的差异布局，联合相关组织，构建文化产业协同发展机制，引导文化产业围绕公共文化服务资源展开并协同利用。

第一，推进文化产业基础设施建设，加大对地方落后文化产业设施改造与升级的力度，按照文化产业类型、标准及特点，持续推动乡镇文化产业发展与创新。通过统一规划图书馆、博物馆及文化中心，按照文化部门及专业人士的要求，通过加强文化产业联动机制，更好地实现公共文化服务。

第二，优化乡镇基层文化产业建设与发展，巩固乡镇综合文化站建设成果，拓展村级文化产业等服务功能。基层文化产业服务建设应避免"一刀切""一阵风"，坚持因地制宜、有所侧重，打造符合乡村实际情况的综合文化基地。例如，将当前"农家书屋"与地方学校图书馆融合，基层文化活动中心与农村体育协会、礼堂等

合作，促使基层文化场所更贴近农民群众，以此实现公共文化服务与文化产业协同发展。

第三，加大公共文化服务平台建设力度，规范各类文化产业运作标准。将县域内文化产业资源有机融合，对各类公共文化设施服务标准、日常管理制度进行界定，以公共文化服务发展为基础，构建长效化市场管理机制，为公共文化服务与文化产业融合发展奠定良好基础。

2.3 优化资源，提高公共文化产品服务供给的效能

优化资源，促进公共文化产品服务供给效能，有助于从根本上解决因群众文化差异造成的公共文化需求不一致及文化产业服务差异的问题。具体如下。

第一，丰富公共文化产品服务供给内容。结合公共文化服务标准及要求，持续开展送戏、送电影、送图书等公共服务活动，鼓励并支持"文化下乡"等活动向社区、企业、校园发展，联合地方文化产业，进一步加强与农村、社区、机关等单位的联动，通过积极组织群众构建文艺队伍，结合地区民俗特色举办文化艺术节、艺术周等活动，打造基层群众特色活动，加大群众参与的力度。此外，立足地方文化，积极融入地方传统文化，如通过设立南丹籍文化名家书柜，建设南丹文化高地，讲好和传播好家乡故事；通过深入挖掘地方特色文化，积极组织开展民俗巡游、白裤瑶年街节、本土乐队音乐会、"迎新春　送春联"活动、优秀群众文化作品展演、乡村春晚等群众文化活动，在丰富群众精神文化生活的同时，促进公共文化服务与文化产业融合发展。[7]

第二，着力破解供需错位，促进文化产业持续创新。文化产业应加强公共文化供需调研，结合群众文化需求，制定公共文化服务推广计划，拉近公共文化服务内容与群众的距离。此外，应有针对性地为广大群众提供公共文化服务产品，通过积极探索适应不同群众文化需求的服务模式，设计符合新时代发展规律的推广内容，如利用抖音、微博、快手、公众号等新媒体，加强公共文化服务内容的传播；针对社区居民、村民、留守儿童、残疾人、困难群众，提供有针对性的服务，积极开发特色公共文化产品，持续增强公共文化产品的吸引力。

第三，积极推动公共文化服务与文化产业融合发展，注重与科技融合，持续提升公共文化服务与文化产业的科技含量，如加快建设文化馆、图书馆、纪念馆等以数字化公共服务资源为载体的文化链条，运用网络化服务平台，让广大群众享受高效、便捷的数字化公共文化产品与服务。一方面，应积极探索以文化信息资源共享工程为平台及核心的产业链条，以总分馆的形式推动共享机制，如图书馆通过借阅

网络促进图书利用效率。另一方面，将图书馆与地方旅游产业融合，依托地方旅游资源、红色文化资源，促进公共文化服务与文化产业的协同发展。

第四，依托传统文化，打造文化精品产业。立足地方传统文化，结合当前文化产业发展现状，致力于打造高技术、高科技的文化精品产业，赋能文化产业高质量发展，通过制定"换道超车""换车超车""换人超车"机制，积极探索区域文化精品产业，并将地方传统文化融入文化精品产业中，鼓励地方结合传统文化进行艺术创造，在突出民族文化和地域文化特色的同时，提供高质量的公共文化产品与服务。

第五，促进文化产业附加值提升。结合公共文化服务的公益性特点，打造多元融合模式，积极推动"文化＋"模式在地区内的尝试，将文化产业与其他产业有机融合。[8]例如，将文化产业与旅游产业融合。旅游产业与文化产业同属国民经济中的第三产业，其中旅游产业既是一个文化性很强的经济产业，同时也是一个经济性很强的文化产业，而文化是旅游的灵魂。旅游产品和旅游产业的经济性、文化性是统一的，旅游的文化本质特征必然要求在旅游业的发展过程中优先发展旅游文化，用先进文化引领旅游业的可持续发展。将文化作为旅游发展内核的同时，旅游可为公共文化服务提供有力载体。[9]再如，将文化产业与科技产业融合，依托虚拟技术与公共文化服务结合的优势，让广大群众体验文化的震撼感，满足不同群众的文化需求，进而为广大群众提供高质量的公共文化服务。

2.4　优化管理机制，壮大公共文化人才队伍

通过扩大文化专业人才、基层文化骨干、乡土文化"能人"和文化管理服务人才队伍，制定人才培训、管理方案，全面促进文化队伍业务能力、综合素质的提升，有助于促进公共文化服务与文化产业融合发展。一方面，应充分发挥民间组织、民间艺术在基层文化生活中的传播效应，积极培养基层文化建设领头人，将文艺人才、文化骨干有机整合，通过搭建"音""舞""戏""书""画""收藏"等业余团队；另一方面，应完善引进制度、落实相关政策，通过大力引进文化专业人才，积极招录符合基层实际需求的文化人才，吸引具有相应专业或经历的人才投身基层文化事业。加强城乡社区公共文化服务岗位建设，按照人口规模和实际需要，配齐配强乡镇综合文化站的专职人员，发展壮大文化志愿者队伍，形成一支扎根基层、服务群众的专兼职文化服务队伍。[10]

3　结论

综上所述，文化产业在社会文明的推进中发挥着重要作用，承担着为社会创造价值的义务，并具有经济与文化的双重属性。公共文化服务既是社会责任，又是文

化制度的外化体现，更多地体现在文化实践行为上。文化产业作为公共文化服务体系中的重要组成部分，在推动公共文化服务发展中承担着艰巨的任务。本文对当前公共文化服务与文化产业融合发展存在的难点进行分析后，提出了公共文化服务与文化产业融合发展的路径，促进文化产业与公共文化服务之间有机衔接，对于社会主义文化发展繁荣发挥着积极作用。公共文化服务应立足顶层设计，加强文化资源协调，加大文化产业投资力度，结合区域文化特色，推动公共文化服务与文化产业融合发展。

参考文献

［1］王汝宾.高质量发展视角下公共文化服务与文化产业耦合协调研究［D］.天津：天津理工大学，2023.

［2］张黎，刘军.公共文化服务与文化产业发展融合的研究：以南充市高坪区为例［J］.河南图书馆学刊，2022，42（5）：101-105.

［3］张超民，冯晓霞.新时代推进乡村公共文化空间建设行动研究：基于慈溪市创新实践考察［J］.图书馆，2023（12）：77-81，89.

［4］卢珊.协同视角下宜昌公共文化服务体系与文化创意产业的融合发展研究［J］.三峡论坛（三峡文学·理论版），2020（4）：13-17.

［5］刘永佶.系统研究中国特色社会主义文化建设的力作：《公共文化服务与文化产业协同发展研究》简评［J］.河北地质大学学报，2020，43（2）：120-122.

［6］刘宇，周建新.公共文化服务与文化产业的协调发展分析：基于31个省域面板数据的实证［J］.江西社会科学，2020，40（3）：72-84.

［7］袁硕，李少惠.公共文化服务政策创新扩散的逻辑分析：基于示范区创建政策的考量［J］.国家图书馆学刊，2023，32（6）：22-37.

［8］严贝妮，周寅，刘婉.我国基层公共图书馆阅读服务供给效率测度研究：县市级公共图书馆面板数据的分析［J］.图书馆建设，2024（4）：108-118.

［9］王洪利.新媒体时代县级公共图书馆文化服务供给优化策略研究［J］.河南图书馆学刊，2022，42（11）：57-58，66.

［10］赵立莹，董雨.公共文化服务公众满意度指标体系构建及提升路径研究［J］.西安电子科技大学学报（社会科学版），2023，33（2）：79-89.

图书馆在新时代下的治理体系创新与发展研究

陆梁娟[①]

（灵川县图书馆，广西　桂林　541200）

【摘要】本文从图书馆治理体系的概述、新时代对图书馆治理体系的挑战、图书馆治理体系的创新与发展以及案例分析等方面对图书馆在新时代下的治理体系创新与发展进行了深入研究。通过对图书馆治理体系的内涵、特点和创新发展趋势的分析，提出了治理体系创新与发展的策略和措施。本文以某地图书馆为例，对其治理体系创新与发展进行了案例分析，为我国图书馆治理体系的改革与发展提供了理论借鉴和实践参考。

【关键词】图书馆；治理体系；新时代；创新；发展

【中图分类号】G251　　　　　　　【文献标志码】B

1　图书馆治理体系概述

1.1　图书馆治理的定义和核心要素

图书馆治理指通过对图书馆的内外部资源进行有效整合与配置，实现图书馆目标的过程。图书馆治理的核心要素包括治理主体、治理目标、治理机制、治理过程和治理效果。[1]治理主体包括图书馆领导、员工、用户和合作伙伴等；治理目标是保障图书馆的可持续发展，提高图书馆服务质量和满足用户需求；治理机制包括决策机制、协调机制、激励机制和监督机制等；治理过程涉及规划、组织、领导和控制等管理活动；治理效果则是评价图书馆治理的成果和价值。

1.2　图书馆治理体系的结构和特点

图书馆治理体系主要包括组织结构、管理流程和文化氛围三个方面。其中，组织结构是图书馆治理体系的基础，包括领导层、部门设置、权责分明等；管理流程是图书馆治理体系的核心，涉及决策、执行、监督和改进等环节；文化氛围是图书馆治理体系的灵魂，包括价值观、职业道德和服务理念等。

---

① 陆梁娟（1983—），女，助理馆员，就职于灵川县图书馆。

2 新时代对图书馆治理体系的挑战

2.1 信息技术的快速发展与应用

随着信息技术的快速发展，图书馆面临着前所未有的挑战。互联网、大数据、人工智能等技术的广泛应用，使得图书馆的服务方式、资源建设和管理模式发生了深刻变革。图书馆治理体系需要紧跟信息技术的发展趋势，深入研究并应用相关技术，以提升图书馆的智能化和数字化水平。信息技术的快速发展为图书馆提供了丰富的数字资源和服务手段。图书馆可通过数字化馆藏、数字图书馆平台和电子资源订购等方式，满足用户日益增长的数字化信息需求；同时，还可以运用大数据、人工智能等技术，对用户行为进行分析和挖掘，以提供个性化的服务和优化决策。此外，图书馆还可以通过虚拟现实、增强现实等技术创新，提供更加沉浸式的阅读和学习体验，满足用户对多元化、交互化的需求。[2] 信息技术的快速发展也给图书馆治理体系带来了一系列挑战。图书馆需要面对数字资源的快速增长和管理的复杂性。如何保障数字资源的存取、共享和保护，如何制定相应的政策和规则，成为图书馆治理体系需要思考和解决的问题。图书馆需要整合和应用多种信息技术，提升图书馆的智能化和数字化水平。这涉及技术的选择、人员培养和资源配置等方面。图书馆还需要关注信息技术的发展对图书馆工作人员的影响。信息技术的普及和应用，可能会改变图书馆工作人员的工作内容和方式，需要做好相应的能力培养和转型工作。

2.2 用户需求的多样化和个性化

新时代，用户的需求呈现出多样化和个性化的趋势。用户不再满足于传统的借阅书籍和浏览文献的服务，而是希望图书馆能够提供更加个性化、多样化的服务和资源。用户的新需求给图书馆治理体系带来了新的挑战，促使图书馆治理体系不断创新和优化，以适应用户变化的需求。图书馆需要加强与用户的互动和沟通，了解和分析他们的需求，以提供个性化的服务和资源。[3] 这可以通过开展用户调研、用户参与的方式实现。图书馆需要扩大并优化资源的种类和形式。除了传统的纸质书籍，图书馆还应提供电子资源、视听资料、数字档案等多种形式的资源。这需要图书馆治理体系与出版社、数据库供应商等合作，实现资源的多元化和丰富化。图书馆还可以通过开放式创新、社区合作等方式，吸纳用户的意见和建议，提供更加贴近用户需求的服务和活动。用户需求的多样化和个性化不仅对图书馆的服务内容提出了挑战，也对图书馆的服务方式和渠道提出了要求。如今，用户的信息获取方式和习惯发生了很大变化，图书馆需要通过不断创新和改革，开展线上、线下相结合的服务模式，通过建设数字图书馆、推广移动图书馆等方式，将服务拓展到用户身边，方便用户随时随地获取所需的信息和资源。

2.3　社会文化环境的变迁

随着社会文化环境的不断变迁，图书馆的功能和角色也发生了重大变化。图书馆治理体系需要适应社会文化环境的变化，发挥图书馆在新时代的作用。一是需要关注社会文化环境的变化对图书馆服务需求和办馆理念的影响，及时调整和优化图书馆的服务内容和方向。二是积极参与社会文化活动和公共事务，提供社会教育和文化服务，促进社会和谐与进步。三是可以通过加强与文化机构、教育机构等的合作，丰富图书馆的文化内涵和社会影响力。

2.4　政府政策对图书馆的影响

政府政策对图书馆的发展和治理产生了直接和间接的影响。政府对图书馆的投资、政策法规、规划和组织形式等方面的决策，直接影响图书馆的资源配置、服务内容和管理方式。图书馆治理体系需要关注政府政策的变化，并及时调整发展策略和工作重点。图书馆需要积极参与政府政策的制定和实施过程，与政府各部门密切合作，争取更多的政府支持和资源投入。图书馆还要独立思考和行动，加强自身的创新和转型，以适应政府政策的调整和社会的发展变化。[4] 图书馆治理体系需要不断创新和发展，以适应信息技术的快速发展、用户需求的多样化和个性化、社会文化环境的变迁以及政府政策的影响。图书馆需要制定相应的战略和策略，加强人员培养和资源管理，不断提升自身的治理能力和服务水平，为用户和社会提供更好的服务。

3　图书馆治理体系的创新与发展

当前，科技迅猛发展，知识经济日益兴起，用户对图书馆的需求也随之不断增加。为适应这一新的环境和需求，图书馆的治理体系需要不断创新与发展。[5] 本文将从治理体系的结构创新、流程创新和文化创新三个方面进行讨论，旨在为图书馆治理的进一步完善提供借鉴和思考。

3.1　治理体系的结构创新

图书馆的治理体系指图书馆内部、外部的权力结构和组织结构，包括各级管理机构的设置和职责划分等。在结构创新方面，图书馆可以从以下几个方面进行改革。

3.1.1　强化中央管理机构的统筹与协调能力。图书馆的中央管理机构是整个治理体系的核心，能否正确处理各级机构之间的关系，有效协调各方面的力量，对图书馆的发展起到至关重要的作用。因此，中央管理机构需要提升自身的学术背景和管理能力，加大对下属单位的指导和支持力度，主动发现问题、解决问题，始终保持对整个图书馆治理体系的清晰认识和全局把握。

3.1.2 优化下属机构的设置与人员配置。图书馆下属机构设置和人员配备直接关系到工作效率和效果。在结构创新方面，图书馆可以根据实际情况合理安排各个机构的职能和责任，避免重复和互相竞争。同时，要注重人员的选拔和培养，提升员工的专业素养和综合能力，以适应图书馆发展的新要求。

3.1.3 加强与外部机构和社会组织的合作。图书馆作为一个文化机构，与其他文化机构和社会组织的合作必不可少。为了更好地服务读者，图书馆可以积极与学校、企事业单位、文化机构、社区组织等建立合作伙伴关系，共同开展读者培训、推广阅读、主题活动等工作，实现资源共享和互利共赢。

3.2 治理体系的流程创新

图书馆的流程指的是图书馆内部各项工作的流程和程序，包括藏书采购、编目分类、阅览服务等方面。在流程创新方面，图书馆可以从以下几个方面进行改革。

3.2.1 推行数字化管理、自动化服务。随着信息技术的飞速发展，图书馆可以充分利用信息技术手段，推行数字化管理和自动化服务。通过引进图书馆管理系统和数字阅读系统，实现文献资源和读者信息的快速检索和查阅，提高工作效率和服务质量。

3.2.2 优化工作流程，提高工作效率。通过对工作流程的优化和改进，图书馆可以进一步提高工作效率。例如，可以通过建立统一的流程和规范操作，减少工作环节和重复劳动，提高工作效率和服务质量。同时，图书馆还可以借鉴其他行业的先进管理经验，引入项目管理和绩效评估等手段，提高工作效率和管理水平。

3.2.3 加强服务创新，满足读者需求。读者是图书馆存在的基础和动力。因此，图书馆应根据读者需求进行服务创新。可以通过开展读者调研，了解读者的需求和意见，及时调整和改进服务内容和形式；还可以通过引入新的服务方式和手段，如虚拟馆和移动图书馆等，为读者提供更加便捷和多样化的服务，满足读者的不同需求。

3.3 治理体系的文化创新

治理体系的文化指图书馆内部、外部的文化氛围和价值观念。在文化创新方面，图书馆可以从以下几个方面进行改革。

3.3.1 树立服务导向的价值观念。图书馆是以服务为己任的文化机构，因此要树立服务导向的价值观念。图书馆员工应以读者为中心，关注读者需求，注重读者体验，提供优质和个性化的服务。同时，要加强对服务意识和专业素养的培养，提升服务质量和水平。

3.3.2 促进学习型组织的建设。学习型组织指能够不断学习和适应环境变化的组织。图书馆作为一个知识管理机构，应加强学习型组织的建设，推动员工不断学习和创新。可以通过成立专业培训和学习小组，开展知识分享和经验交流，提高员工的学习兴趣和能力，促进组织的创新与发展。

3.3.3 倡导共享文化和开放精神。图书馆作为文化机构，应倡导共享文化和开放精神。可以通过引进开放数据和开放资源，推动学术合作和资源共享，推动图书馆文化的传承和创新。同时，图书馆要加强与读者、学者和社区的互动交流，让图书馆成为知识共享和文化交流的平台。

4 结语

随着社会的发展和变革，图书馆的治理体系面临新的挑战和机遇。为了适应新的环境和需求，图书馆的治理体系需要不断创新与发展。本文从治理体系的结构创新、流程创新和文化创新三个方面进行了探讨与思考，希望能为图书馆治理的进一步完善提供一些借鉴和思路。通过创新与发展，图书馆将能更好地服务读者，推动知识的传播和文化的繁荣。

参考文献

［1］张娟.新时代数字图书馆视域下的图书馆信息化管理工作变革［J］.科技经济市场，2019（11）：100-101.

［2］吴建中.图书馆事业进入高质量发展的时代［N］.国际出版周报，2018-12-10（89）.

［3］程焕文，刘佳亲.挑战与回应：中国高校图书馆的发展方向［J］.中国图书馆学报，2020，46（4）：39-59.

［4］方燕，陈栋田."转型＋创新"打造高校图书馆党建特色服务品牌：以齐鲁工业大学（山东省科学院）图书馆党建工作为例［J］.湖北开放职业学院学报，2021，34（21）：3-4.

［5］林志新."互联网＋"背景下图书馆转型路径与发展策略研究［J］.智库时代，2019（48）：191-192.

中华民族现代文明传承与建设视野下的图书馆再发现

——以柳州市图书馆为例

覃方舟[①]　黄　胤[②]

（柳州市图书馆，广西　柳州　545001）

【摘要】本文从公共图书馆与中华民族现代文明传承和建设之间的关系入手，以柳州市图书馆为实例，分别从馆藏文献、空间再造、馆员提升和服务供给方面，对图书馆的价值进行重新审视，探讨公共图书馆在传承与建设中华民族现代文明、提高全民素养、推动经济社会文化发展等方面的积极作用，为现代化图书馆赋能中华民族现代文明传承与建设提供有益启示。

【关键词】中华民族现代文明；公共图书馆；再发现；柳州市图书馆

【中图分类号】G259.21　　　　　　**【文献标志码】**B

2022 年 10 月，习近平总书记在河南安阳考察调研时，首次提出"中华民族现代文明"的概念。从理论内涵上讲，中华民族现代文明是中国共产党领导的社会主义文明，是植根中华优秀传统文化、具有中华文化主体性的文明，是借鉴吸收人类一切优秀文明成果的文明。[1]2023 年 6 月，习近平总书记在文化传承发展座谈会上发出建设中华民族现代文明的伟大号召。[2]图书馆是国家文化发展水平的重要标志，是滋养民族心灵、培育文化自信的重要场所，承担着传播知识、传承文明、服务社会的重要职责，作为知识与文化的象征，高度统一和集中体现了中华文明突出的连续性、创新性、统一性、包容性、和平性，在中华民族现代文明传承与建设中肩负着重大使命。

随着我国公共文化服务体系的高质量发展，全国各地着力推进公共图书馆建设工作，一批承担多种文化服务功能的现代化图书馆建成并投入使用，提高公共图书馆在促进中华民族现代文明传承与建设中的效率，但也面临时代发展所带来的技

---

① 覃方舟（1985—），女，馆员，就职于柳州市图书馆。

② 黄胤（1983—），女，就职于柳州市图书馆。

术、管理等方面的挑战，其资源利用、场馆效能和服务供给仍有"再发现"空间。新征程中，公共图书馆应充分认识自身在中华民族现代文明传承与建设中的价值，以全民阅读为抓手，深挖馆藏文献资源，强化空间布局与功能融合，向"以人为中心"的图书馆转型，优化公共文化服务和产品供给，为推进中华民族现代文明建设贡献力量。

1　图书馆的独特价值

1.1　文化功能——记录文明发展

图书馆保存着人类历史上的珍贵文献和文化遗产，使之超越时间与空间的限制，让后人能够领略先人的智慧和创造力。图书馆最广泛、最完整地搜集和保存历史文献，通过编目、分类及索引等专业工作使庞杂的文献资源有序化和系统化，有效提升了文献资源的使用效率，为中华民族现代文明的传承和发展奠定了坚实基础。

1.2　社会功能——传播知识文化

在知识爆炸时代，图书馆以丰富的文献资源，成为大众获取知识和提高自我素质的主阵地，为中华民族现代文明的传承和建设提供持续的智力支持。数字图书馆和在线阅读平台等创新服务模式，让读者能突破时空限制，高效便捷地获取图书馆的各种资源，为中华民族现代文明的广泛传播和传承提供有力的技术支撑。

1.3　导向功能——培育文化自信

图书馆担负"传承文明、服务社会"的职责使命，其多元化的馆藏文献资源、专业化的馆员服务团队、立体化的文化产品输出，成为丰富人民群众精神文化生活、传承中华优秀传统文化、弘扬社会主义核心价值观、铸牢中华民族共同体意识、推进中华民族现代文明建设、提高全民族文明素质的前沿阵地。

2　图书馆再发现

2.1　古籍文献再发现：守护和发扬地方文化的根与魂

在现代化进程中，要守好"魂脉"和"根脉"。[3]公共图书馆在中华民族现代文明的传承中，要紧扣地域特色，强化地方特色资源建设。这既是图书馆服务功能的拓展，也是守护和发扬地域文化的根和魂的途径。柳州市图书馆作为全国古籍重点保护单位，围绕数字人文视域下古籍文献的文本挖掘、本体构建、数据关联、视听呈现等数字化技术的应用，正确处理地方文化建设中传统和现代的关系，加强地方古籍文献的保护研究和转化利用。深度整理馆藏文献资源，建立"柳州典藏博物馆"，使束之高阁的珍贵地方古籍文献得以走进大众视野。柳州典籍博物馆汇集馆藏精选文献，打造以"典籍文化＋历史名人"为主题的柳州典籍展，通过讲述书中人、书中事、书中城，展现柳州文化脉络，与同属建筑大楼的城市规划展览馆相得益彰，实现从古籍文献看城市发展的古今呼应，弘扬柳州历史文化名城的城市精神。将地方文献资源数字化、音频化处理保存，依托社会媒体打造"听见柳州"文旅 IP 项目，打破传统文献的线性平面结构，[4]以跨文本异质同构的形式完成空间化和视听化，多维度展现地方文化底蕴。同时基于文本挖掘，将研究成果进行知识再生，编辑出版柳州地方古籍《茂陵秋雨词》；拟建柳宗元文化专题库和虚拟现实地方文化体验厅，使古籍文献由静态向动态、由一体化向多元化转化；复刻文本场景，开展汉服"悦"读、古籍抄写、拓印等传统技艺体验活动，让地方文化和文化遗产资源"活起来"。

2.2 空间再发现：打造功能融合的阅读生态系统

公共文化服务空间是图书馆传承与建设中华民族现代文明的重要载体。柳州市图书馆以新建馆舍面积 8 万平方米的"城市书匣"——柳东馆为契机，根据知识服务和休闲服务的功能需求，规划动线布局场域物理空间，营造以"阅读＋"为核心的分级、分类、分众空间差异化氛围，满足不同群体的文化需求。以空间构型链接"个性"和"共性"，利用大数据、人工智能等信息技术，有机关联建筑设施、内外环境、馆藏资源、访客馆员等各类要素，提升图书馆平等、开放、文明的属性。通过叙事空间的植入达到空间叙事的效果，打造科学指引"两个结合"的马克思书房、爱国主义教育的少儿馆、促进全民美育教育的罗池美术馆、增进文化交流的城市会客厅、推动中外文明互鉴的"友城角"和"特色文献交流之窗"等主题空间，以"用户画像"心理空间增强用户场景阅读体验感。引入智能化软硬件设备，借助 24 小时智慧书房，推进总分馆通借通还服务，为读者提供突破社会空间界限的借阅体验。利用虚实结合的黑胶体验室、规划建设的增强现实技术沉浸式体验数字化空间，极大地提高了读者的阅读兴趣和体验。柳东馆先进、融通的阅读生态系统，集中体现了中华民族现代文明的内涵特征，强化了中华民族现代文明作为中华文明新形态的文化符号，为中华民族现代文明的传承与建设提供持续发展的框架。

2.3 馆员再发现：以创意管理模式助推图书馆向"以人为中心"的转型

新时代，图书馆业态向多元化转变，馆员作为业态主体应紧跟发展趋势，深化知识服务中连接读者与中华民族现代文明的桥梁作用。柳州市图书馆坚持"以人为本，读者至上"的服务宗旨，通过创意管理模式提升馆员知识服务呈现能力，向"以人为中心"的图书馆转型，发展社会新质生产力，实现中华民族现代文明视域下人的现代化价值旨归。[5]一是注重创意基础，常态化开展业务知识、职业道德和文明礼仪培训，促使馆员用积极健康、科学规范的态度服务读者，形成弘扬中华民族现代文明的感召力和影响力。二是打造创意团队，依靠知识重组建设复合型人才队伍，将创新服务方式和馆员兴趣特长相结合，跨部门设立研学开发、文宣编辑、新媒体视频制作等八类技能小组，补充促进读者全面发展所需的专业人才。三是营造创意氛围，定期开展业务互通讨论会，打破部门间、馆内外的信息壁垒，以头脑风暴会议的形式让馆员畅所欲言，擦出思维火花、冒出"金点子"。四是拓宽创意渠道，以问题为导向多形式征集读者意见，组织馆员参加前沿性学习交流，强化知识创新意识。五是连通创意途径，利用馆藏资源和品牌活动优势深耕阅读推广模式，通过升级智慧服务界面、提供融媒体宣传、研发文创产品、延伸文化活动等多元化途径，多层次、立体地为社会大众提供知识获取方式，促进知识共享和再造。六是激发创意效率，运用现代化智能手段创新馆员形象，投入智能分拣系统和自助借还机，规划引进 AI 视觉盘点系统，创建数字员工"嘉文"。这些"机器人"和"虚拟馆员"的加入，能够高效地执行日常重复性高、流程化强、耗时的任务，[6]通过人机协作、虚实结合的工作体验，提高馆员创意激发效率，实现知识高效流转。

2.4　服务再发现：联合社会力量，优化公共文化产品供给

2.4.1　增进行业协同合作，提升文明建设引领力。一体化发展是图书馆传承与建设中华民族现代文明的重要途径。柳州市图书馆以一体化理念推动高质量发展，通过加强行业协同合作，提升中华民族现代文明传承与建设中图书馆的引领作用。依据 2024 年初出台的《柳州市基本公共文化服务实施标准》要求，建设布局更合理、资源更均衡、管理更规范的总分馆服务体系，使文献资源采选和阅读推广形式在体系化中凸显个性化，形成中华民族现代文明建设"多面开花"的良好态势。在这一进程中，柳州市图书馆联合国家图书馆出版社推出高端系列学术讲座"大家讲堂"项目，邀请全国知名学术权威专家，用大众语言解读中华民族现代文明的前沿理论研究成果；与上海长宁区图书馆开展文化共建合作，在中华民族现代文明专架建设、资源推送、活动输出、研究开发等领域进行深度合作，实现资源共享，优势互补；联动高校图书馆积极响应广西壮族自治区图书馆牵头组织的"再发现图书馆，共读现代文明"活动号召，在柳州市营造浓厚的中华民族现代文明学习氛围；加强智库建设，为地方政府在建设中华民族现代文明的顶层设计中提供科学决策的参考资源；设立相关课题研究项目或举办专题研讨班，为建设中华民族现代文明贡献图

书馆学理智慧。

2.4.2 开发优质志愿服务项目，增强文明实践凝聚力。志愿服务是中华民族现代文明的重要标志，体现了中华优秀传统文化的创造性转化和创新性发展。[7]柳州市图书馆充分发挥志愿服务项目孵化基地的作用，依托平台和资源优势，积极开发优质文化志愿服务项目，为传承和建设中华民族现代文明提供动力。一是在"文明实践我行动"志愿服务项目中，加强优秀传统文化思想引领的环节设计，将志愿者的专业知识与图书馆资源供给相结合，同时为有特长的志愿者提供个性化技能培训，科学发挥志愿服务实践育人功能，促进人的全面发展。二是做好"树立标杆法启未来"和"扬传好家风好家训"志愿服务项目，以全民阅读工作资源的最优配置整合社会资源，助力解决大众普法教育、家庭伦理道德建设等社会问题。三是主动链接社会资源，与柳空影城达成项目合作，通过资源共建共享，提升志愿服务项目的传播力和吸引力。四是设立文化志愿者专家库，开展"游柳州、学人文"志愿服务项目，通过文旅研学、文创研发等形式活化地方特色文化资源。其中，研学接力志愿服务项目获评广西壮族自治区文化和旅游厅 2022 年"奋进新征程·走读广西"志愿服务类优秀案例。柳州市图书馆以优质志愿服务项目汇聚建设中华民族现代文明的磅礴力量，促进图书馆与中华民族现代文明传承和建设的交流。

2.4.3 引入社会资本运营，增强文明传承塑造力。随着我国社会经济的快速发展，公众对公共图书馆提供的公共文化产品与服务提出了更高要求。引入社会资本，可以从经营成本、服务效率和机制灵活性等方面弥补公共图书馆的不足，有助于图书馆在供给侧结构性改革中增强中华民族现代文明传承的塑造力。柳州市图书馆的社会运营模式由三中路馆的"图书馆＋企业"，转变为柳东新馆的"政府＋图书馆＋企业"，即政府主导、图书馆参与、社会资本运营的模式。在此过程中，图书馆对运营方式和内容提供专业意见和资源置换，运营方围绕图书馆的社教职能开发公共文化服务产品。一方面合作开展定向触达阅读推广活动，如由运营方负责联络知名三江茶企业和非物质文化遗产代表性传承人，图书馆负责挖掘资源策划、落实具体茶商，共同举办的"茶润书香·茗品阅读"活动，不仅弘扬了传统茶文化，还成功把本土茶对社会公众的吸引力转化为消费力，用行动刻画中华民族现代文明的魅力；另一方面指导开设融入中华民族现代文明传承的教培服务、绘本剧场演绎、书香研学等经营性项目，授权资源合作研发具有中华民族现代文明元素的文创产品投放市场，以具象化形式增强中华民族现代文明传承的体验感、获得感。社会资本的参与，以其创新式的服务内容和形式、高品质的服务供给，成为图书馆高质量发展中的新质生产力，扩大了图书馆服务的有效覆盖范围，提高了现代化进程中传承中华民族现代文明的塑造力。

2.4.4　推动跨界交融发展，扩大文明培育辐射力。图书馆通过跨界合作，能博采众长、兼收并蓄地传承中华民族现代文明。柳州市图书馆以柳东馆新型文化综合体为平台，主动联络社会力量，通过平台共享、资源整合模式，开展文化内涵丰富的中华民族现代文明主题活动，弘扬中华民族现代文明美美与共、天下大同的精神实质，在"图书馆＋"中扩大文明培育影响力。据不完全统计，柳东馆自 2023 年 9 月建成开放以来，与日本阿见町政府开展国际合作，与自治区文联、湖北交响乐团等近百家机关单位和社会组织，开展党建学习、主题书画展、音乐品鉴会等各类公益性主题文化共建活动 200 余场，同时在社区治理、校企文化、乡村振兴等社会建设工作中主动融合阅读推广业务，形成以图书馆为中心，将中华民族现代文明的传承与建设向纵深化、网格化发展，扩大中华民族现代文明影响力的辐射圈。

3　结语

公共图书馆作为中华民族现代文明传承与建设的重要载体，发挥着无可替代的作用。在中国式现代化进程中，柳州市图书馆在建设数智化服务体系、打造优秀专业人才队伍、创新先进文化供给等方面的改革创新仍大有可为。要持续提升服务效能和业务建设水平，推动图书馆事业高质量发展，促进中华民族现代文明传承与建设中图书馆价值最大化，不断为中华民族现代文明赋能，为全面建成社会主义现代化强国、实现中华民族伟大复兴贡献力量。

参考文献

［1］郑飞 . 中华民族现代文明的内涵与意义［EB/OL］.（2024-06-17）［2024-10-16］.https：//www.xuexi.cn/lgpage/detail/index.html?id=43439643211281007968&amp；item_id=43439643211281007968.

［2］中国社会科学杂志社 . 建设中华民族现代文明［M］. 北京：社会科学文献出版社，2023.

［3］王雨晨，梁华平 . 建设中华民族现代文明要守好"根脉"和"魂脉"［N］. 江苏经济报，2024-08-23（T4）.

［4］林通，郑翔，李明杰 . 古籍的数字赋能与增值利用："数智时代的古籍活化与利

用"高端论坛述评［J］.图书情报知识，2024，41（2）：81-86.

［5］李梦云.中华民族现代文明的基本内核、主要特征与价值意蕴［J］.马克思主义研究，2024（3）：27-37.

［6］谢鹏.打造面向未来的新型公共图书馆智慧服务：以北京城市图书馆信息化工程为例［J］.信息与管理研究，2024（4）：89-98.

［7］任志勇.深入推进新时代志愿服务 更好建设中华民族现代文明[N].长春日报，2023-08-17（7）.

图书馆跨界开展地方文化保护与传承的实践和思考

覃新清^①

（广西民族大学图书馆，广西　南宁　530006）

【摘要】地方文化是中华优秀传统文化的重要构成，图书馆对地方文化保护与传承工作的实践主要集中在文献资源建设、阅读推广、文化空间打造、活动组织、文创产品开发五个方面；且存在模式单一、内容同质化程度高、可持续发展不足等问题。图书馆在顺应时代发展，谋求地方文化保护工作新亮点时，应充分开展跨界合作，联合打造品牌，发挥资源共享和互补的作用，以"智"提"质"。

【关键词】地方文化；保护与传承；跨界；实践与思考

【中图分类号】G122　　　　　　　**【文献标志码】**B

1　地方文化的内涵及意义

"地方文化是指带有地方烙印的文化，具有独特性和不可复制性。"[1]地方特色文化源于当地的地理生态环境、民俗宗教、历史人文、生活习俗，在不断地发展和演变中，与当地群众的生活习惯、思维方式息息相关，具有鲜明的地域特征。[2]从国家层面上看，地方传统文化的保护与传承是保证一个国家文化多样性和树立文化自信的基础。[3]习近平总书记在文化传承发展座谈会上的重要讲话中强调，只有全面深入了解中华文明的历史，才能更有效地推动中华优秀传统文化创造性转化、创新性发展，更有力地推进中国特色社会主义文化建设，建设中华民族现代文明。地方文化作为中华优秀传统文化的重要组成部分，充分展现了我国民族文化的多样性，是中华民族的宝贵财富，也是文化自信的重要根基。[4]图书馆作为主要的文化机构，既要充分发挥在学校文化传承创新中的作用，同时也要在社会服务中传承和发展中华优秀传统文化，大力弘扬和发展地方特色文化。

---

① 覃新清（1986—），女，馆员，就职于广西民族大学图书馆。

2 图书馆开展地方文化保护与传承的现状

目前，各地图书馆对于地方文化保护与传承工作都进行了多种方式的探索，主要围绕以下五个方面展开。

2.1 地方文献资源的开发与建设

许多图书馆通过对地方文献资源的收集、整理和数字化，形成自己的特藏库及专题数据库。例如，甘肃省图书馆从 20 世纪 40 年代就开展地方文献的专藏工作，1997 年成立西北地方文献部，组织人员广泛开展西北地区的地方文献收集工作，同时整理编辑成一系列专题摘录文献和书目索引，如《西北民族史料文摘》《西北稀见方志》《解放大西北革命史料索引》《丝绸之路文献叙录》等，建立了"西北地方文献数据库"；江苏师范大学图书馆建立徐州地方文献收藏中心；海南大学图书馆打造的"地方民俗文化协同实验平台"；广西民族大学建立壮学文献信息库、壮侗语族语言文学库；吉首大学建立土家族口述史特藏资料"土家族口述史数据库"；等等。以各类地方特色文化为专题，围绕其开展文献资源的建设是图书馆开展地方文化保护与传承最常用的模式。

2.2 地方文化资源的阅读推广

各地图书馆以地方特色文化为中心，围绕馆藏地方文献探索开展了多种类型的阅读推广活动。例如，湖州师范学院"左尧微言堂"阅读实践，通过分项阅读专题内的历史沉淀、技艺革新、发展动态、社会影响，描绘出地方文化的总体印象，形成了独具地域特色的"文化＋"行走式阅读推广模式；[5]黑龙江图书馆围绕具有哈尔滨特色的文学作品《六角街灯》开展一系列地方文献阅读推广活动；浙江海洋大学图书馆将学科特色与地方文化融合开展阅读推广工作；上海交通大学图书馆基于数字馆藏挖掘地方历史文献关联资源，通过新媒体一体化阅读推广；唐山学院图书馆开创"微信＋地方文化＋阅读"的文旅融合阅读推广模式。

2.3 地方文化空间的打造

空间是具有文化意义或符号的场所，是人们生活方式的表达。[6]通过打造文化空间，进行各类文化展览、展示、互动体验等活动，可以吸引读者走进图书馆，亲近地方文化、学习地方文化，使其从文化空间中感知浓郁的地方文化氛围，从而将地方文化保存与图书馆的活动有机结合。例如，湖州师范学院依托学校先后建立了沈行楹联艺术馆，赵紫宸、赵萝蕤父女纪念馆，湖州历代状元馆三个文化场馆，服务于当地文化的传承工作，全年接待多批次的校内外参观者，极大地提升了地方文化的影响力；四川大学图书馆打造"红动校园——红色文化教育"系列特色阅读空间，其中的明远文库、志炜厅、文俊厅均将学校的历史与革命历史文化相结合，充分展示四川大学师生的红色革命历程，读者在参观学习的过程中既认识了革命校友们的事迹，接受了爱国主义教育，也能深入了解学校的历史文化；浏阳市图书馆则借助文旅融合的趋势，打造湘赣边文旅融合专题区等。

2.4 地方文化活动的组织开展

图书馆利用读书月、读书日、服务周等常规活动的契机，开展各种类型的地方文化比赛、体验、互动和实践活动，使读者在各种丰富多样的活动中了解地方文化，爱上地方文化，自觉成为地方文化的传播者。例如，中国矿业大学牵头联合徐州市委宣传部、徐州市文化和旅游局、徐州团市委等地方部门以及徐州各大高校，开展了"驻徐州高校大学生传承普及徐州历史文化活动月"活动。每届活动通过知识竞赛、诵读比赛、演讲比赛、非物质文化遗产传承、文创大赛、文化讲座等 3 ～ 8 种不同形式的赛事组合，引导徐州高校学生了解徐州的历史文化和风土人情；在丰富多彩的赛事活动中让地方文化得到深入的普及和传承。[7]山东泰安市图书馆则通过"弘扬地方文化感受阅读之美"主题研学活动来推广地方文化。

2.5 地方文化创意产品的开发

国务院办公厅《关于推动文化文物单位文化创意产品开发的若干意见》指出，图书馆作为文化文物单位，依托馆藏文化资源，开发各类文创产品对推动优秀传统文化与当代文化相适应具有重要意义。例如，台湾师范大学图书馆设计的"师大大师"系列、台湾 DNA 系列等，将设计的重点放在本校以及所在地域的特色文化上；甘肃省图书馆则抓住黄河、敦煌等本省特色文化元素制作黄河文化书签等产品。高校图书馆更多地是依托学校资源，借助学校师资的力量，通过文创竞赛、教学实践、创新创业等方式开展各类文创开发，产品设计主要采用将特色馆藏、建筑、名人、非物质文化遗产等元素与日常用品相结合的方式。随着互联网和人工智能的发展，数字文创是未来图书馆文创开发的新方向。

3 图书馆开展地方文化保护与传承存在的主要问题

图书馆对地方文化保护与传承进行了多个方向和内容的探索，取得了很多优秀成果，但也面临着一些问题。

3.1 模式单一，内容同质化程度高

图书馆围绕馆藏地方特色文献资源所开展的一系列文化保护与传承工作中，存在模式单一、同质化程度高的问题。文化空间的打造大多只是地方文献的简单分区陈列，文献平台则局限于将文献扫描数字化后上传至平台存储，重收藏而轻推广。

地方文献资源推广则存在推广方式单一、文献保护和开发力度不足的问题，[8]文化活动也容易流于展览和讲座的堆叠，忽视对文献资源的深度挖掘和推广效应的评估。虽然很多图书馆都尝试构建多种类型的地方文献信息平台，但是由于系统规划、专业技术人员、资金等方面的限制，不少平台类型单一、功能简单、规范化和标准化程度低，资源利用率低，服务对象单一，联动性不强，存在严重的"信息孤岛"现象。[9]

在文创开发方面，仅把图书馆的元素或者是地方文化元素简单地印在袋子、T恤、笔记本、雨伞等日常用品上当作文创产品。冯琼在对浙江地区高校图书馆现有文创产品进行调研时发现，许多文创产品类型少、设计单一、款式雷同，没有体现特色文化，与高校图书馆自身的地位极不相称。[10]如何从地方特色文化和本馆馆藏特色入手，将图书馆的元素与地方代表性文化元素相融合，形成本馆地域特色的文创产品，仍是大部分图书馆需要努力探索的方向；如何在传承中华优秀传统文化的大背景下抓住地方文化的地域性亮点，不断与时俱进、推陈出新也是图书馆人需要不断思考的内容。

3.2 可持续性不足，难以形成品牌效应

陈建龙、邵燕、张慧丽等认为，大学图书馆可持续发展的关键要素包括馆员、信息资源、用户、服务和文化。[11]地方文化保护工作亦是如此。李雅、欧龄鸿对江苏省11个地级市公共图书馆融合地域文化的阅读推广工作进行研究发现，各图书馆对地域文化的阅读推广大多分散在讲座或展览这类常规阅读推广活动中，举办时间不固定，难以形成地方文化专题系列活动。[12]同时，很多图书馆没有地方文化保护知识积累的专业馆员队伍支撑，没有完整的地方信息资源体系，无法全面准确地捕捉多元用户对地方文化的需求，没有形成本馆具有区域特色的地方文化保护氛围，因此大部分工作往往只是昙花一现，难以建立起长效机制，对于地方文化保护工作也无法持续化、常态化地开展。

4 图书馆跨界开展地方文化保护与传承的思考

基于馆藏资源开展的地方文化保护既是图书馆的主要特色，也是其主要局限。地方文化不仅存在于文献里，也存在于各类地方语言、戏剧、舞蹈、文物、民间习俗、饮食习惯、特色建筑里，广泛分布在各个文化单位和社会群体中。2024年，国务院政府工作报告中提出了"新质生产力"的概念，因地制宜地加快发展新质生产力是推动各行各业高质量发展的内在要求。图书馆的地方文化保护面临专业人员紧缺、资金不足、技术支撑难以满足数智时代发展需求等困境，想要借助馆藏资源的

核心竞争力，完成好地方文化保护与传承的使命，顺应从"互联网 +"向"人工智能 +"迈进的浪潮，谋求服务工作的新增长点和新创造力，离不开与"界外"的合作与融合。

4.1　提高跨界联动意识，充分发挥资源共享优势

图书馆的跨界合作是指图书馆为了满足用户需求或是为了提供某种服务、产品而形成一种伙伴式的合作关系，最终使各合作方达到比预期单独行动更为有利的结果。[13]湖州师范学院图书馆的"左尧微言堂"即通过对接乡镇街道、文化场馆、研究机构、企业个人，构建政府—高校—科研院所—企业（专家）协同育人机制，形成地域文化研学阵地。在地方文化保护中，图书馆应积极通过跨领域、跨行业、跨机构、跨部门谋求有机融合，通过资源共享、资源互补，产生新的服务亮点。

4.2　推动全民参与机制，促进人员跨界联动

谢欢在对公共图书馆的"地方意义"解读时认为，公共图书馆与地方之间是相互影响的，公共图书馆是地方文化的创造者，在地方社会结构中起着核心作用，同时其发展又离不开地方，尤其是地方普通民众的参与。[14]上海市图书馆"从武康路出发"知识库中的分享空间、"历史文献众包平台"的任务认领模式等，都是利用平台发动社会资源，参与地方文化保护与建设的做法。2024 年春节期间备受瞩目的潮汕英歌舞、福建游神等地方文化则是通过当地人的宣传创造全网爆火，并吸引更多的年轻人参与其中。在通信工具、网络以及自媒体发达的时代背景下，图书馆可通过搭建平台、开放端口、创造机制吸引各行各业的地方文化爱好者上传共享地方文化素材，宣传推介地方文化，积极参与地方文化保护，让多元化的用户需求转变成多元的用户创造，最终又能服务于用户。

4.3　加强跨界共建品牌，打造地方文化大 IP

品牌是识别产品和服务的重要标志。品牌要形成影响力，既需要时间的沉淀，也需要内涵的积累。在自身品牌的塑造中，图书馆应积极承担组织策划者的角色，广泛与出版商、数据生产商、网络信息公司、公共文化机构、政府机构、非遗传承群体等合作，以"图书馆 +"模式跨界共建品牌，寻求在新环境中提升和强化图书馆的自身地位，保障服务的可持续发展。由中国矿业大学于 2013 年牵头创立的"驻徐高校大学生传承普及徐州历史文化活动"至今已连续举办 9 届，通过高校之间、高校与地方、各地方部门的协作共建，发展成为徐州市历史文化软实力的重要名片。[15]

4.4　以"智"提"质"，实现技术跨界互补

由大数据、云计算、区块链、人工智能等新一代信息技术主导的数智时代已经

到来。[16]历时多年建成的"数字敦煌"项目融合了增强现实、虚拟现实、命名实体识别、"放样机器人+BIM",以及二维数字化、三维重建等多领域的先进技术;近两年广受赞誉的河南卫视"中国节日"系列成为现象级节目,技术赋能成为节目的重要加分项,使得地方传统文化的推广迅速火出圈;中南民族大学图书馆通过与本校计算机科学学院合作,实现了女书字符的数字化录入。图书馆在开展地方文化保护工作中应加大文化科技创新力度,将各项智能化新技术广泛融合、应用于文化的保护与传承,提升质量,实现从地方文化资源到地方文化服务再到地方文化创新的引领,让地方文化的保护不断焕发生机。

参考文献

[1]包亚芳,孙治,蒋晗静.旅游发展型传统村落地方文化活力的维度探测与量表开发[J].四川师范大学学报(社会科学版),2023,50(4):89-98.

[2]吴玉华,徐雪琴,温婷.地方特色文化信息资源整合架构与机理研究[J].新世纪图书馆,2019(9):49-54.

[3]孙九霞,苏静.地方文化保护与传承中精英个体的日常实践[J].地理研究,2019,38(6):1343-1354.

[4]徐学明,张盟初,陈少非.媒介融合视阈下杭州亚运会的地方文化国际传播[J].中国广播电视学刊,2024(1):55-58.

[5]张微微,龚景兴,施秋艳."文化+"视域下的地方行走式阅读:以湖州师范学院图书馆"左尧微言堂"为例[J].国家图书馆学刊,2021,30(5):91-100.

[6]赵爱杰.图书馆动漫文化空间营造的原则与策略[J].图书与情报,2017(4):99-103.

[7]郭琪,赵超,都平平,等.高校图书馆家国情怀育人模式研究:以驻徐高校大学生传承普及徐州历史文化活动月品牌为例[J].图书情报工作,2023,67(23):58-68.

[8]吴海春,林岚.文化传承视域下的地方文献阅读推广创新研究[N].中国文化报,2023-11-03(3).

[9]吴玉华,徐雪琴,温婷.地方特色文化信息资源整合架构与机理研究[J].新世纪图书馆,2019(9):49-54.

[10] 冯琼.高校图书馆文创产品创意研究 [J].图书馆建设，2020（S1）：209-212.

[11] 陈建龙，邵燕，张慧丽，等.大学图书馆现代化指南针报告 [J].大学图书馆学报，2022，40（1）：22-33.

[12] 李雅，欧龄鸿.感知一方水土：公共图书馆融合地域文化的阅读推广研究：以江苏省11个地级市公共图书馆为例 [J].新世纪图书馆，2023（11）：89-96.

[13] 赵发珍，满路.图书馆核心业务视角下的跨界合作服务研究 [J].图书馆工作与研究，2016（12）：121-124.

[14] 谢欢.公共图书馆的"地方意义"：读《公共图书馆宣言（2022）》[J].图书馆建设，2022（6）：40-43，52.

[15] 郭琪，李雨珂，许臣，等.文旅融合背景下校地文化深度融合创新机制研究：以第九届驻徐高校大学生传承普及徐州历史文化活动为例[J].图书情报工作，2023，67（3）：39-48.

[16] 张卫东，陈希鹏.数智时代全球图书馆学研究：现状、热点与发展趋势——第88届国际图联大会手记 [J].情报科学：1-8，32.

新时代发展背景下以能力为导向的
公共图书馆人才培养路径探究

韦冬妮①

（广西壮族自治区图书馆，广西　南宁　530022）

【摘要】构建符合新时代发展要求的以能力为导向的公共图书馆人才队伍是新时代公共图书馆高质量发展的必然要求。本文通过阐释以能力为导向的公共图书馆人才培养的背景和需求现状，探索新时代发展背景下以能力为导向的公共图书馆人才培养路径：调整以能力为导向的人才队伍结构；优化以能力为导向的人才培养资源配置；完善以能力为导向的人才培养体系；构建以能力为导向的人才评价机制。

【关键词】以能力为导向；公共图书馆；人才培养

【中图分类号】G251.6　　　　　　　　**【文献标志码】**B

信息化时代背景下，云计算、大数据、新媒体技术发展迅猛，读者对公共图书馆信息资源的需求日益多元化、个性化，对公共图书馆的服务要求也不断提高，公共图书馆在面对科技赋能带来的全新发展机遇的同时也面临着诸多挑战。在新的时代背景下，公共图书馆的发展需要人才的培养来支撑。著名图书馆学家阮冈纳赞曾说："一个图书馆成败的关键还是在于图书馆工作者。"可见，人才对于公共图书馆的重要性。目前，大多数公共图书馆的人才队伍构成以借阅服务人才为主，除部分专业的图书情报类和信息技术类人才外，符合新时代公共图书馆新技术、新业态、新模式要求的能力导向型人才相对欠缺。[1]由于公共图书馆在资源建设和服务方式上发生了巨大变化，其社会职能也随之不断拓展和延伸，业界对公共图书馆的人才培养有了诸多研究和论述。但就新时代的公共图书馆而言，人才的培养不仅仅是让他们拥有扎实的专业理论知识，更需要能力的提升。因此，构建符合时代发展要求的以能力为导向的公共图书馆人才队伍，是新时代公共图书馆高质量发展的必然要求。

---

① 韦冬妮（1989—），女，馆员，就职于广西壮族自治区图书馆。

1　以能力为导向的公共图书馆人才培养背景

以能力为导向是要突出"能力"，强调学以致用。公共图书馆应紧密结合馆员的学科专业背景和岗位职业能力需求，以能力为主线来对馆员进行划分，按照其基本能力、专业能力和发展能力，层层递进发掘馆员的实际工作能力。其中，基本能力考量的是馆员是否具备公共图书馆普通馆员应具备的基本知识和能力，强调的是馆员的基本职业素养；专业能力考量的是馆员是否具有突出的专业核心能力，强调的是馆员的专业应用能力，即能否运用所学知识或专业学科知识解决在公共图书馆工作时遇到的实际问题，是否符合公共图书馆对其所设岗位的能力要求；发展能力是馆员专业能力的进一步提升，突出馆员在工作中全方位能力的拓展和提高，相当于"复合型"人才。对于公共图书馆而言，以能力为导向的人才培养是新时代公共图书馆转型与发展的趋势和必然选择，为快速适应这一目标要求，满足社会大众对公共图书馆的需求，应逐步实现以能力为导向的公共图书馆人才培养的良性发展。

2　以能力为导向的公共图书馆人才需求现状

2.1　公共图书馆人才队伍结构发生改变

传统公共图书馆的人才队伍以具备基本能力的馆员为主。这些馆员大多数负责基础的业务和服务工作，而高学历的馆员占比不大。当前，公共图书馆的工作模式发生了巨大变化，读者的基本需求也呈现多元化、广泛化趋势，公共图书馆的人才队伍结构和人才培养也应该跟上时代的步伐，契合新时代公共图书馆的发展要求。除了基本的图书馆业务能力，馆员还应在工作中保持高度的热情和开拓创新的精神及良好的心理素质和人际交往能力，为读者提供优质的服务，也应具备吸引更多读者参与阅读推广的能力；此外，还应具备符合信息数据时代要求的数据素养，提升自身的信息服务积极性。就目前国内各级公共图书馆的馆员队伍结构而言，还处于新老交替的队伍更新阶段，短时间内很难对现有的人才队伍结构做大幅度的调整，只能通过现有政策和人才招聘制度招聘能够承担公共图书馆发展要求的图书馆专业人才。

2.2　公共图书馆职能发生改变

2019 年，习近平总书记给国家图书馆老专家回信时指出："图书馆是国家文化发展水平的重要标志，是滋养民族心灵、培育文化自信的重要场所。"公共图书馆作为构建公共文化服务体系的重要部分，是文献信息资源的集散地，为人们提供便捷的阅读服务；是知识和信息传播的重要枢纽，为人们提供专业知识信息服务。随着社会的发展不断改革创新，如今图书馆在发展过程中承担着新的历史使命，也不断拓展新的职能，其发展也逐步走向资源网络化、功能智慧化、用户自主化、阅读移动化。这就要求公共图书馆在未来的工作中需要不同学科知识背景、不同技术能力的人来协同工作，也就是说新时代公共图书馆的人才队伍要做到专业知识结构多元、开拓创新能力突出，才能适应时代的发展要求。

2.3 公共图书馆读者需求发生改变

随着时代的发展，公共图书馆已经逐渐成为人们公共文化生活中不可或缺的一部分。人们对信息的需求不断增加，公共图书馆的用户范围和数量也随之日益扩大和增加，形成庞大且固定的读者群体，加之读者用户的信息需求涉及多元的文献类型、载体形态、信息渠道、服务方式，使读者用户对公共图书馆的需求呈现广泛性和全面性。此外，由于读者的兴趣爱好、职业、年龄、学历、专业等不同，其需求目的、需求心理以及行为习惯差异大，个性化的需求表现越来越突出。因此，公共图书馆的服务需要满足不同读者的不同需求，这也要求公共图书馆培养能提供满足读者广泛多样的个性化需求的馆员。

3 以能力为导向的公共图书馆人才培养路径

3.1 调整以能力为导向的人才队伍结构

调整以能力为导向的人才队伍结构首先要从源头抓起。基于能力导向，一是对现有馆员进行调整。从专业背景和能力匹配两个方面对已在岗馆员重新进行能力匹配评估，如行政部门馆员的学科背景应优先选择汉语言文学类等专业，能力表现应为文字材料整理能力强、工作细致认真；业务部门馆员的学科背景应为图书情报类等专业，能力表现应为业务处理速度快、精准度高；技术部门馆员的学科背景应为信息技术类等专业，能力表现应为能快速处理技术类问题等。如果遇到只有学科背景匹配，而能力不匹配的情况，应该根据能力适配原则安排岗位，以保证公共图书馆行政、业务、技术工作的正常开展。二是对新进馆员进行能力评估。一般会优先从学科背景了解新进馆员的专业能力，但是这往往比较片面。因为公共图书馆作为公共文化服务机构，不仅需要与专业学科背景和岗位要求匹配的工作能力，也应具备相应的公共文化服务能力，如与人沟通交流的能力、组织活动的能力等。从能力看岗位适配度容易让新进馆员快速熟悉工作内容，突出其工作能力，从而为其匹配适合的工作岗位。因而，在公共图书馆的人才队伍结构上，应着重以能力为导向，突出个人能力，选取与岗位匹配程度高的馆员任职该岗位，最终达到提高工作效能，全面提升公共图书馆服务质量的目的。

3.2　优化以能力为导向的人才培养资源

3.2.1　多渠道整合人才培养资源，丰富人才培养资源。公共图书馆的人才培养资源大多来自本馆老员工或者优秀员工的工作实践经验，而个人工作经验往往有较强的主观性，在人才培养上的经验普及具有一定的局限性，加之"老带新"的经验重在重复的工作，缺乏一定的创新性。这就要求不断优化和创新公共图书馆的人才培训资源，以适应新时代公共图书馆的发展。基于此，公共图书馆应遵循能力导向的人才培养原则，选取合适且有经验的工作人员作为培训的讲师，从本馆的工作特殊性出发，培养馆员的能力；还可以通过构建由高校和专业培训机构以及行业专家协同的"专业协同培养联盟"，成立专业的培养指导委员会，以健全公共图书馆人才培养方案、师资队伍、培养课程、实践项目等协同共建机制，将最符合公共图书馆的优质资源转化为人才培养资源，为提升公共图书馆人才的能力和创新经验提供智力支持。

3.2.2　进一步加强资源整合，促进人才培养资源并轨。要加强人才培养的经验资源和实践资源的结合，通过考察、参观类的项目活动提升公共图书馆人才的实践能力和创新能力。公共图书馆可以通过不断地探索更新人才培养课程和专业课程，培养适合公共图书馆事业发展和人才队伍建设的师资队伍，双轨并行促进公共图书馆人才培养资源紧跟时代发展要求，还可以与其他公共图书馆建立实践平台或向上级主管单位申请成为实践项目基地等，为公共图书馆人才培养提供实践机会。此外，在加强公共图书馆人才的专业知识和学术科研方面，应整合业界热门的专业知识课程，建立专业知识学习库，供馆员日常学习，同时组织和号召馆员积极参与业界的学术科研活动，由内到外全面提升馆员的个人专业素养。

3.3　完善以能力为导向的人才培养体系

目前，大多数公共图书馆的人才培养模式基本基于馆员自身的学科背景和所在岗位，而一些公共图书馆针对新进馆员的培养则会选择性地采用轮岗培养。基于学科背景和所在岗位进行人才培养，主要是考虑馆员的学科专业知识是否扎实，但是容易忽略其学科专业知识和实际能力是否匹配，而针对新进馆员的轮岗培养时间相对较短，无法真正发掘其个人的能力，因此在真正定岗时，常常会出现馆员能力与岗位不匹配的问题。人才的培养首先应该明确其本质是"培养什么"，其核心是"怎么培养"，这两个问题分别对应的是人才培养的内容和方式。以能力为导向的人才培养的核心是"能力培养"，其本质在于能力的提升，注重的是馆员能力的培养，讲究的是能力与岗位相匹配，而不仅仅是专业与岗位相匹配。在此基础上，以能力为导向的公共图书馆人才培养应将馆员的学科专业背景和轮岗方式相结合，逐步发现并培养馆员的能力，有针对性地对馆员进行培养。首先，应对馆员的学科背景进行摸底，在此基础上，初步匹配适合其学科背景的岗位，并安排相对合理的轮岗周期让馆员适应岗位工作，通过实践观察其在该岗位工作期间展现的能力；其次，对其能力进行观察测评，看其在对应岗位上是否展现相应的能力，以确认馆员与岗位的适配性。在此过程中，应始终坚持以馆员为中心，以提升其专业能力和工作能力为出发点，有针对性地对其展现的能力进行垂直提升。[2]公共图书馆可以协同社会力量构建多种形式的培养平台，实现培养模式从本馆主导向多方协同的转变，丰富人才培养模式，还可以将公共图书馆的业务技能竞赛、学术科研活动等实践全面融入人才培养方案，从专业知识、职业素养等维度完善公共图书馆的人才培养模式。例如，2019 年起，广西壮族自治区图书馆开始组织举办全区性的公共图书馆业务技能大赛，在项目设置上涵盖了公共图书馆的基本业务项目，达到了"以赛促训"的目的，提高了广西公共图书馆馆员的专业水平，推动了广西全区公共图书馆人才队伍建设和事业发展。[3]

3.4 构建以能力为导向的人才评价机制

2021 年 9 月，习近平总书记在中央人才工作会议上强调，要完善人才评价体系，加快建立以创新价值、能力、贡献为导向的人才评价体系。人才评价体系是人才发展的重要环节，是人才资源开发管理以及使用的重要前提，也是倒逼和推进人才培养的重要途径。公共图书馆应突出能力和工作业绩，分类构建不同专业背景、不同岗位、不同层次的人才评价机制，坚持专业知识考核和能力考核相结合，结果评价与过程评价相结合，注重分析不同类型、不同岗位馆员的能力导向，做到既适度又适用，既能体现个体差异又能突出个人业绩，尤其是在重点考核方面优先考虑突出个人能力的一套以能力为核心的完整的、可操作的人才评价机制，使各类型的馆员都能在这个评价机制内受到相对全面、公平的管理、评价。同时，将评价体系的主要评价人范围由传统的以上级领导评价转变为同级、同岗位人员的相互评价和上级领导的评价相结合，确保以能力为导向的人才评价的客观性。在人才评价体系的设置上，还可设计不同等次的评价等级和对应的激励措施，对获得优秀评价等级的人员予以物质和精神上的激励，以此激发他们的工作热情和动力，促使他们不断提升自我能力，充分发挥自身的潜力。

4　结语

以能力为导向的公共图书馆人才培养，需要公共图书馆切实转变传统观念，坚持培养能力型、应用型人才不动摇，突破新时代公共图书馆发展的关键节点，以点带面，通过改革推动公共图书馆优化人才队伍结构，不断加强高质量人才队伍建设，创新符合时代发展的人才培养模式，以提升公共图书馆服务效能，全面促进公共图书馆整体发展。

参考文献

［1］甘新，郭媛，罗瑜.公共图书馆人才队伍建设研究：以广西壮族自治区图书馆为例［J］.图书馆界，2018（1）：58-61，66.

［2］商丁元，王丹，徐基田.新发展理念下公共图书馆专业技术人才培养机制与路径研究［J］.图书馆，2023（3）：84-91.

［3］2022—2023年度广西公共图书馆业务技能大赛在南宁举行［EB/OL］.2023-02-15）［2024-03-26］.http：//wlt.gxzf.gov.cn/zwdt/gzdt/t15801634.shtml.

关于公共图书馆在文旅融合发展中的思考

谢慧锔①

（宾阳县图书馆，广西　南宁　530400）

【摘要】文化和旅游深度融合发展已成为国家重大文化战略。在此背景下，公共图书馆作为重要公共文化服务机构，如何找准文化和旅游融合发展的发力点，实现公共文化服务与旅游产业相互融合、协同共进的发展格局，成为公共图书馆顺应时代发展的需要和使命。本文通过对文旅融合发展的现状和存在的问题进行分析，探讨如何发挥公共图书馆的功能，彰显旅游文化价值，提升旅游文化内涵，推动文化旅游高质量协同发展，并提出一些建议。

【关键词】公共图书馆；文旅融合；发展建议

【中图分类号】G122　　　　　　　　**【文献标志码】**B

随着时代的发展，人们更注重高品质和精神价值的追求，文化和旅游已经成为人们生活中的重要组成部分。2018年4月，中华人民共和国文化和旅游部正式挂牌，正式拉开了文化与旅游领域的改革序幕，这是推动文化事业、文化产业与旅游业融合发展的重要举措。近年来，国家和地方陆续出台了多项政策，积极推进文旅深度融合。遵循"以文塑旅，以旅彰文"的指导思想，承担公共文化服务主要职能的公共图书馆不仅是重要的文旅资源，而且是深化、丰富文旅产业不可或缺的重要手段和内容，如何顺势而为、有效推进，充分发挥自身作用，因地制宜地探索文化和旅游深度融合发展路径，是公共图书馆面临的现实课题。

1　公共图书馆在文旅融合中存在的问题分析

1.1　理念差异

1.1.1　行业属性导致理念差异。公共图书馆按照平等、开放、共享的要求向社会公众提供服务。公益性是其最重要的属性。在文旅融合的过程中，图书馆对项目选择和开展、融合方式、范围、层次及评价机制把握不准，存在畏难情绪，积极性

---

① 谢慧锔（1982—），女，馆员，就职于宾阳县图书馆。

不高，主动性不强；而旅游产业主要通过遵循市场经济规则，满足消费者需求实现企业经济效益。二者在价值观念、体制机制、业务领域、运作方式等方面的矛盾与冲突，导致图书馆文旅融合效果不明显。

1.1.2 经验不足导致理念局限。为完成文旅融合的工作任务，有些图书馆未进行分析研判，急于效仿取得了一定成绩的文旅项目，如"图书馆+"模式，项目后续的运营、维护、用户反馈、评估等没有及时跟进、总结、调整和改善，只是简单地要素叠加，未能体现文化在旅游中的价值。

1.2 文化和旅游融合不够

文旅融合对图书馆来说既是机遇，也是挑战。机遇是通过文化和旅游业态融合，能够拓展图书馆公共文化服务的空间和形式；挑战是图书馆需要面对协调与平衡公益、效益与利益，文化资源的挖掘、可持续利用、保护与传承，基本业务与服务创新等问题。目前，旅游产品和服务同质化、走马观花式拍照打卡、文创产品意蕴不足等现象都说明文化与旅游的融合范围不广、层次不深、水平不高等问题，影响游客的旅游获得感，降低了旅游品位和旅游体验感。

1.3 人才匮乏

当前图书馆的人才储备主要集中在文献信息开发研究、文献采编、读者服务、技术开发与服务，以及图书馆学研究与辅导等主要业务上，在开展文旅融合服务时需要的项目策划人才、项目管理人才、研学活动设计人才及文创研发人才储备不足、专业性不强。一方面，主业在职业规划与职称晋升上更易获得肯定，在一定程度上削弱了职工投身文旅融合工作的积极性；另一方面，部分工作人员缺乏与时俱进的创新意识，不注重自我能力的提升，对文旅融合的了解也不够深入，难以顺利开展文旅融合相关工作。[1]

1.4 品牌效应不明显

受资金和人力的限制，公共图书馆更热衷于利用有限的经费开发智慧服务、阅读推广服务和图书进乡村服务等主要业务，[2] 在文旅融合方面投入的经费非常有限。因此，在品牌形象树立、文化资源开发、品牌内涵提升、品牌宣传推广等环节没能采用系统性思维提升品牌价值，导致品牌影响力不佳。

1.5 公众参与度不高

首先，公共图书馆的公益价值不言而喻，但在推进文化旅游融合时会出现一些尴尬的局面。一是由于场馆的特殊性或自身能力的限制，图书馆能够开发的旅游项目和产品有限；二是利用自有宣传渠道进行推广时群众反应不积极、效果不佳，导致图书馆的文旅融合工作更多时候是靠政府有关部门主导推进。其次，在制订方案、发展规划、场馆建设、空间布局等方面，公众缺乏话语权，无法产生共鸣。若文旅项目缺乏社会公众的参与和支持，后续实施中又不能激发公众的认同感，其社会效益与经济效益则会大打折扣。

2 公共图书馆在文旅融合中的角色定位

2.1 公共图书馆是文旅融合的资源供给者

公共图书馆作为文化旅游的资源供给者，主要有以下三个方面的作用：一是其传承的历史文化与人文精神、场馆的设计理念、建筑特色、建筑艺术和空间规划足以使其成为当地的文化景观和地标建筑；二是其拥有丰富的馆藏资源、地域文化特色资源和信息技术支持，在深度挖掘文化旅游资源、传承中华优秀传统文化等方面具有重要作用；三是探索文化创意产品开发，融入地域文化特色，吸引游客购买，可扩大文创产品的传播范围。

2.2 公共图书馆是文旅融合的文化传播者

公共图书馆具有传承人类文明、保存人类文化遗产的职能，是社会文化的象征和标志。一是它对馆藏文献进行整理并向社会公开，通过流通和信息查询等服务促进文献资源的有效利用，为文化的传承和发扬搭建了一个可让社会公众广泛参与、开放共享的平台。二是图书馆以阅读推广、展览、公益性讲座、读者活动等服务形式拓展了文化传播的形式。三是部分图书馆具有深厚的历史文化积淀，其自身已成为一个文化传播的符号。四是通过图书馆的线上线下宣传推广渠道可扩大文化传播覆盖面。因此，公共图书馆既是游客了解当地特色文化的重要媒介，也是游客探索文化历史的重要场所，特色文化则对丰富旅游内涵、加深旅游体验、提高旅游品位具有推进作用。

2.3 公共图书馆是文旅融合的理念引导者

公共文化服务在提高人民文化品位与素养、科学文化素质和社会文明程度等方面具有不可替代的作用。公共图书馆作为公共文化服务的主阵地之一，[3]要充分发挥好社会教育职能，挖掘自身资源优势，加强与文化馆、博物馆等公共文化机构和人文旅游景点的合作，通过开展研学、专题讲座、文化沙龙等多元化的服务活动，让公众更多地了解并掌握本地的风土人情、历史文化沿革等知识，引导社会公众在潜移默化中感知优秀传统文化的魅力、增强文化自信，让旅游成为人们的一种生活方式、学习方式和成长方式，[4]助力文化与旅游融合发展。

3 对公共图书馆在文旅融合发展中的建议

公共图书馆要结合其基本职能和自身特质助推文旅融合发展，以此为契机提升图书馆的社会影响力，实现更丰富的文化传承与推广，以便更好地满足人民的精神文化需求和对美好生活的向往。

3.1 找准文旅融合切入点

公共图书馆在推动文化旅游融合方面有义不容辞的责任，[5]但不同地区、级别的公共图书馆受地理环境、区域经济、政策扶持、社会发展、城乡规划等因素的影响，其融合发展道路不尽相同，因此公共图书馆要结合自身实际情况，挖掘自身文旅融合的最佳切入点。

3.1.1 图书馆建筑美学的物理吸引。图书馆建筑本身可以作为一类文化旅游场所，通过凝结在建筑中的社会思潮、价值观念、审美水平等吸引游客；图书馆也可以借助其内在的文化含义，通过空间设计、座位布局、馆内装饰等方式发掘其他物质文化资源，帮助游客解读隐含的社会历史、民族文化、地域人文背景等，充分发挥其文化象征意义。[6]

3.1.2 图书馆文创产品的宣传作用。高水准文创产品不仅能助力文旅产业发展，创造一定的经济价值，其实用价值和欣赏价值还能产生宣传推广效果，促进文创产品中所蕴含的文化价值、地域特色、民族风情的传播，扩大图书馆的社会影响力。

3.1.3 公共文化服务的拓展延伸。公共图书馆自身旅游资源的挖掘和供给有限，只有利用自身优势进一步拓展外部空间，才能加深文旅融合程度。例如，与其他公共文化服务机构、旅游景点、公众日常休闲空间等合作，联合开展主题展览、文化旅游体验、研学旅行等活动，共同打造和推广文化品牌，推进文旅高质量发展。

3.2 做好特色文化资源建设

公共图书馆最重要的功能就是系统地收集地方文献信息，保存和传承地方文化。地方文化的融入会使旅游独具特色，避免旅游产品同质化，提升游客的旅游体验。文旅融合理念对地方文化再创造、再发展具有极其重要的意义，公共图书馆需要挖掘、整理、开发、利用好地方文献特色资源，展现当地社会、经济、历史、文化的特点，为游客在旅游中融入当地文化提供有力支持。

3.2.1 地方文献的收集和挖掘。一是通过地方文化单位、民间团体、学校、网络等多种渠道收集有关文献信息，建设地方文献数据库。二是筛选、整理出适合文旅融合的资源进行再开发、再创造，为其提供软件支持。三是通过图书馆的服务活动推广地方文化资源，提高地方文化影响力。

3.2.2 丰富地方文化资源感知模式。图书馆在进行文旅融合推广时，可通过馆藏资源、文化广告、短视频、动漫等形式提高公众接受度，以个性化、深度化、特色化、可体验感知地方文化，提供高品质的旅游体验。[7]

3.3 加强文旅融合人才培养

图书馆参与文旅融合不仅要有政策和技术的支持，更需要人才保障。一是要加强馆内人员培养，开展有针对性的培训活动，让全馆人员领会文旅融合理念，提高其工作能力和效率。通过专业机构或聘请文旅专家举办培训讲座，培养图书馆文旅融合急需的复合型人才，如研学活动设计人员、图书馆空间规划人员、图书馆文旅融合项目人员等，并通过一些具体的项目实践活动不断巩固和提高文旅融合人才的能力和水平。二是建立激励机制。建立具体的评价和激励机制，如将文旅融合工作纳入评优评先、职称评审等评价和激励机制中，激发员工的参与热情，提高图书馆员工的积极性。

3.4 提升文旅融合品牌影响力

目前，许多文旅融合品牌化发展依靠政府引导与培育。公共图书馆作为一个地区的文化符号，本身就是一种标志和象征，对提升文旅品牌影响力具有重要作用。

3.4.1 以品质与特色为基础。公共图书馆是向公众提供公共文化服务的重要场所，除了最基本的文献信息查询、借阅服务，还有阅览学习空间的开放以及形式多样的读者服务活动。有品质的服务让读者在图书馆的服务中有所获、有所学、有所成，赢得读者的认可和广泛参与；有特色的服务则会吸引慕名者前来，扩大受众面，在群众中树立良好口碑和品牌认知度。

3.4.2 以社会效益为重点。公共图书馆的公益性决定了它以实现公共服务的社会效益为目标，在与旅游业的融合中，注重社会效益的公共图书馆能有效促进文旅品牌提质增效，对经济效益与社会效益的相互促进起到不可替代的作用，同时也会提升文旅品牌的美誉度。

3.4.3 以宣传推广为手段。公共图书馆可通过服务活动和自身拥有的宣传手段传播文旅融合理念和品牌价值，尤其是在地方特色鲜明、文化内涵突出、游客参与度高的文化节庆活动中，要抓住有利时机，向公众宣传推广文旅品牌，提升品牌影响力。

3.5 创新服务，提高公众参与度

一是让公众为图书馆的服务建言献策，先深入了解公众对图书馆的期待，再结

合实际情况，在图书馆活动与服务中实现公众愿望，让公众感受到图书馆开展公共服务的诚意。二是在力所能及的范围内开展吸引公众参与的文旅活动，如研学旅游、文创产品设计征集、符合节庆特点的文化活动等。三是丰富活动的形式，如同一主题可开展系列活动，针对少年儿童、老年人、青年人、学生等不同群体策划活动，吸引不同类型公众参与到文旅活动中，塑造图书馆的创新服务形象。

文旅融合新时代，公共图书馆应当在强化文化担当、保证基本服务的前提下，认清本馆的优势和局限，坚持宜融则融、能融尽融的原则和理念，找准文化与旅游融合的最佳连接点，从实践中积极探索融合发展的有效路径，以文化赋能旅游业发展，成为具有地方特色的文化精神展示窗口和文化旅游名片，彰显公共图书馆文旅融合的时代价值。

参考文献

［1］郭莺歌.文旅融合背景下图书馆服务创新发展研究［J］.文化产业，2023（6）：117-119.

［2］王欢，聂慧英，郭春阳.文旅融合环境下图书馆服务创新发展研究［J］.河北科技图苑，2022，35（2）：3-9，52.

［3］肖更浩.文旅融合时代图书馆的服务定位与建设策略［J］.河南图书馆学刊，2020（10）：99-101.

［4］文化和旅游部政府门户网站.2023北京文化论坛"文旅融合"平行论坛举办［EB/OL］.（2023-09-15）［2024-08-15］.https：//www.mct.gov.cn/whzx/whyw/202309/t20230915_947297.htm.

［5］中国经济网.一个意味深长的缩影：国家图书馆文旅融合的探索［EB/OL］.（2020-10-28）［2024-09-10］.http：//www.ce.cn/culture/gd/202010/28/t20201028_35944919.shtml.

［6］刘莹莹，李桂华.文旅融合背景下公共图书馆服务创新路径研究［J］.图书情报工作，2022，66（8）：84-91.

［7］王尧.文旅融合背景下图书馆服务创新发展研究［J］.高校图书馆工作，2020（5）：76-79.

数智时代图书馆文化品牌形象的重塑与升级研究

余爱丽① 林俊廷② 罗文沛③

（平南县图书馆，广西 贵港 537300）

【摘要】随着数字与智能技术的迅速发展和广泛应用，电子阅读与纸质阅读相结合的方式在图书馆得到了推广和普及，图书馆的公共功能也变得多样化和精细化，形成了数智时代的文化新生态。为了适应数字时代的发展趋势，图书馆需要积极丰富阅读引领、知识传播和公共服务的文化内涵，通过文化赋能和智慧互联的融合，促进发展和创新，重塑并提升与时代相适应的文化品牌形象，从而更好地承担起文化传承和传播的引领者角色。本文首先对数智时代的背景以及图书馆的定位和品牌形象发展进行综述，接着分析重塑和升级图书馆文化品牌形象的意义和发展趋势，最后提出具体可行的发展路径。

【关键词】图书馆；数智时代；文化品牌形象

【中图分类号】G259.21 　　　　　　　【文献标志码】B

作为世界上最古老的公共建筑之一，图书馆从公元前3世纪起就承担着藏书宝库、知识圣地的重要角色。文化品牌形象是主体在社会层面表现出的个性文化特征，体现公众对主体事物的认知和评价。图书馆的文化品牌形象是图书馆加强文化建设和推动文化宣传的关键要素。然而，随着数智时代的到来，在电子信息技术的影响下，传统的图书储藏方式发生了转变，公共文化空间得到了更深层次的拓展，但同时也出现一定的危机，如纸质阅读受到冲击，图书的文化品牌形象受到挑战，等等。为适应时代需求，图书馆应主动采用数字智能技术来丰富图书藏品，加强管理职能，塑造具有影响力和代表性的文化品牌形象，更有效地利用图书馆的功能，提升公众对公共文化的认同和选择能力。这将激发文化创新和创造的活力，持续满足人民群众的精神文化需求。

---

① 余爱丽（1976—），女，馆员，就职于平南县图书馆。

② 林俊廷（1974—），男，馆长，就职于平南县图书馆。

③ 罗文沛（2005—），女，就读于南京审计大学汉语言文学专业。

1　数智时代背景

"数智"一词代表"数字 + 智能"，是实现数字驱动智能化的全面概括。数智时代的主要需求是基于海量大数据和相关智能技术，打破"信息孤岛"，帮助解决基于信息采集与分析的问题，并实现智能决策和智慧解决。随着数智时代的到来，数字经济转型加速，人工智能产业迅猛发展，技术、思维和认知革新的步伐也越来越快。2021 年 3 月，文化和旅游部、国家发展和改革委员会、财政部联合出台《关于推动公共文化服务高质量发展的意见》，强调加快推进公共文化服务数字化，加强智慧图书馆体系建设，建立覆盖全国的图书馆智慧服务和管理架构。数智技术为数据要素应用、信息资源共享、管理信息化能力等生产领域的各方面提供智慧化服务，而"数智化"的更高发展离不开人与人之间的"思频互联"，即将人的知识文化进行互联，把"数智化"继续推进到文化层面。

2　数智时代图书馆定位与品牌形象发展

2.1　数智时代图书馆社会角色定位

随着数字化和智能化的深度融合，数智时代图书馆采取了多种方式收集、整理和收藏图书资料。一是建立移动数字平台，以便为用户提供更加便捷的阅读服务。二是积极促进资源的整合和共享，建立线下智能终端，如智能图书借阅机和书刊文献查找机等。三是举办演讲和培训活动，同时提供馆内和馆际展览的平台，促进文化资源的整合和共享。近年来，我国图书馆界抓住了全球信息基础设施建设的时代机遇，从 20 世纪 90 年代以来搭建起一个遍布全国的数字图书馆服务网络。[1]如今，人们可以通过移动终端和其他电子设备便捷地获取书刊文献知识，城乡数字鸿沟和群体数字鸿沟逐渐缩小。随着智慧型文化场景覆盖面的不断扩大，图书馆与数智空间相结合的文化影响力不断提高；传统图书馆也逐渐实现了向数字图书馆的转型，并将进一步朝着智慧图书馆方向发展。

2.2　图书馆品牌形象发展现状及其需要重塑和升级的原因

图书馆品牌建设与时代发展紧密相连，随着互联网和数字智能技术的进步，图书馆利用现代信息技术丰富服务内容、提升服务质量，不断稳定并扩大服务受众。公共阅读方式和阅读内容呈现出多元化的趋势，纸质阅读与新型多媒体阅读融合齐飞。但是，互联网碎片化的内容也带来了信息超载和"信息迷航"等危机。全球数字和智能经济转型正迎来重要机遇，知识提供和服务领域也出现了多样化的参与主体，这些主体不仅包括传统的文字出版机构，还包括数字技术服务提供者、互联网平台媒体和知识社区运营商等。然而，图书馆存在传统形象定位相对稳定、图书储藏的单一职能形象深入人心等问题。在图书馆品牌形象研究中，对图书馆文化品牌的研究和实践引起了广泛关注。[2] 在数智时代，图书馆面临着历史性机遇和挑战，应当进一步优化定位以实现长期发展，因此需要重塑和升级其传统的文化品牌形象，以满足时代的需求。

3 数智时代重塑和升级图书馆文化品牌形象的意义

3.1 有利于发展"图书馆+"文化生态圈

在时代不断前进的过程中，图书馆传统的单一文化形象也在不断重塑和升级。通过与不同领域的合作，图书馆能够实现全方位的发展，从而满足更广泛的用户需求。例如，结合文化旅游领域推出创意产品，在打造自身文化形象的同时促进文化旅游的发展。图书馆以发展"全方位""泛主体"模式为目标，努力提供覆盖全空间、全时间段和全年龄段的服务品牌。图书馆还致力于搭建起"政府主导，社会力量参与"的文化桥梁，将传统、单一的阅读场所形象转变为文化标志，推动"图书馆+"文化生态圈的发展。

3.2 有利于呼应时代需求，构建和升级多元文化体系

在文化领域，主体品牌形象的塑造日益受到重视。新时代图书馆在物质和精神建设方面蓬勃发展，积极创新公共服务模式和升级服务空间。加速重塑和升级图书馆在新时代的文化品牌形象，有助于充分发挥图书馆在文化传承和传播方面的先锋作用。同时，图书馆还能通过新型知识服务业态的推广，促进全民阅读和文化创新的发展。随着数字化和信息化时代的来临，数智化技术成为社会技术发展的核心动力，对图书馆的数字化和智能化发展提出了全新的要求与挑战，加速了图书馆创新服务的进程。[3] 塑造独特且具有时代感的文化品牌形象，有助于图书馆在与档案馆和博物馆等公共文化服务机构的"多馆联动"中保持价值的稳定。通过充分利用各种资源，建立多元文化体系，图书馆可以将场馆文化、地域特色和数字资源相结合，提升文化体系的社会效益。

4 图书馆文化品牌形象的未来发展趋势

4.1 由区域性文化标志的社会形象转化为泛在性现象级文化品牌

最初，公共图书馆和高校图书馆主要致力于服务特定城镇或高校的建设和发展。在信息共享的数智化时代，图书馆逐渐从独立运作向馆际联合转变，成为大数据平台上的合作机构，实现不同图书馆之间的联通和合作。全国智慧图书馆体系建

设将为 5G、人工智能等技术提供生动的规模化应用场景，通过现代科技所蕴含的"技术智慧"，大力提升知识服务的"图书馆智慧"，以全面激活创新创造过程中的"用户智慧"。各个图书馆能够以独特珍贵的馆藏保持独立品牌定位，发挥职能价值，承担不同区域文化标志的形象角色。在数智平台上，各馆联结起来建立覆盖全地域的共享空间，在文化联结和价值互融方面共同致力于智慧图书馆体系的建设，在社会形象方面逐渐由区域性文化标志的社会形象转变为泛在性现象级文化品牌形象。

4.2 由基于自身要素转化为协同多要素升级文化品牌形象

图书馆文化是一个有层次结构的理论体系，必须以精神文化为核心，伴随制度文化、物质文化构成整体。[4] 图书馆馆舍建筑、馆藏图书文献和人力资源组成图书馆建设与发展最基本的自身要素体系，为图书馆职能的履行和价值的实现奠定基础。新时代图书馆建设与发展要素的外延扩大、内涵发展，精神要素地位上升，不论是馆际交流、精神文化和价值定位，还是服务意识、服务品牌和服务创新都成为重要发展要素。图书馆逐渐由基于自身要素的发展转化为协同多要素升级文化品牌形象的发展。

5 数智时代重塑和升级图书馆文化品牌形象可行路径

5.1 遵循特色化原则，文智互融，智联未来

品牌形象的特色表现在服务特色、质量特色、技术特色或文化特色等方面。图书馆利用现代化信息技术在公共文化领域形成文化聚合体系，扮演文化创新的先锋社会角色。图书馆的文化聚合是由不同的文化特征构成的。我国疆域广阔，各地区的公共图书馆和高校图书馆众多。地方特色文化、高校科研教育文化以及馆藏文献资源等不同元素相互渗透，呈现出多样性和潜力。利用现有文化资源，挖掘潜在和隐含的文化资源，对于各图书馆来说是实现品牌形象特色化和长期发展的重要方向。可行的方案包括通过数字智能录制来保存口述的非物质文化遗产，运用图像和视频记录打铁花、撕纸等珍稀手作技艺，同时利用数字技术为非公开的文化或技艺资源的传承提供支持。为了提升社会服务能力，图书馆需要进一步加强馆藏资源的开发，并将其与旅游观光等产业相结合。同时，采用数智技术开发具有地域文化内涵或非遗意义的文创产品，打造独特的 IP。文智互融将持续赋能图书馆文化品牌形象的重塑和升级。

5.2 遵循系统化原则，跨行跨界，协同发展

塑造品牌形象是一个系统性工程。在这个过程中，为了不断增强和完善品牌管

理，我们需要协调各方力量，积极利用、科学组织各种社会因素，合理利用并优化组合各种资源。"跨行合作"强调图书馆代表的文化系统与数字科技行业的有机结合，"跨界合作"则突出了图书馆与档案馆、博物馆以及其他各类文化组织和文化产业主体之间的紧密协作，最终将广泛反映文化品牌形象在公众心中的重要性。美国数字公共图书馆重视知识来源共享与多组织协作，与图书馆、档案馆、博物馆等文化机构和维基媒体等媒体平台合作，以电子书和文化遗产收藏作为核心项目推进文化遗产聚合网络的建设与发展。[5]互联网时代的知识极具多元性与复杂性，人们在看似开放包容的信息共享网络中获取到的信息资源实际具有强烈的不对等性、不平衡性，因此引入智能手段来引导信息资源达成系统性、方向性和目的性的网络化联通具有十分重要的意义。面向当今大众的需求，图书馆应以高度发达的知识资源为基础，构建网络化文化体系，为人们提供知识共享与协作平台，提供知识储备和文化创新的机会，这有助于图书馆升级成为与时俱进、开拓创新的先锋品牌。

5.3 遵循情感化原则，以文化赋能品牌形象升级

品牌形象是公众对品牌的认知和感受，它应该能够引起公众的情感共鸣，并促使公众与品牌之间产生更加紧密的联系。同时，图书馆作为一个集结地域性和综合性情感的公共空间，在品牌意识建设上也应该与公众进行情感上的交流。贵州省黔西南布依族苗族自治州设有一座被当地居民称为"第二个家"的图书馆。该图书馆位于岩溶洞穴中，为当地的儿童提供了一个珍贵的阅读场所。[6]图书馆致力于提供适合社会各群体的阅读环境，拓展公众阅读的方式和空间。这是社区和公共服务的重要举措。这一切得益于文化赋能的思想力量，以及图书馆工作人员和文化从业者所投入的精神价值。为了继续以全民阅读为中心的文化宣传，图书馆可以设置智能阅读座椅、智能化书屋和虚拟现实型阅读舱室等多媒体智能交互阅读设备。此外，图书馆还可以为那些有阅读障碍或生活障碍的人士提供公益服务，如提供专门的培训、阅读和活动区域，举办群体性读书朗诵会等。通过培育相同群体的志愿者，图书馆可以实现代际帮扶的良性循环。文化赋能在实现全民阅读目标、提升品牌形象中发挥着重要作用，能助力图书馆以具有代表性的文化品牌形象增强公众文化凝聚力。

6 结语

数智时代的核心在于数字开发与人智互联，其为文化领域的可持续发展提供了技术支持。在数智时代，图书馆拓展"文化＋数智"空间，变革文化传承与传播

方式，创新职能定位，不断发挥其在公共文化领域的职能价值，图书馆文化品牌形象的重塑和升级迎来风口。在当前文化领域发生变革和图书馆追求长远发展的背景下，图书馆应坚持文化赋能和智联互融的理念来重塑和升级与时代相适应的文化品牌形象，为外界提供更多的文化凝聚力和引领力，为文化强国和数字强国的建设注入持久的力量。

参考文献

［1］饶权.现代图书馆越来越"智慧"［EB/OL］.（2020-11-13）［2024-03-01］. http：//culture.people.com.cn/n1/2020/1113/c1013-31929285.html.

［2］刘敏.图书馆文化品牌形象塑造研究综述［J］.高校图书馆工作，2012，32（1）： 44-47.

［3］黄燕娟."数智"赋能下公共图书馆空间建设新动向：IFLA2021年度公共图书馆奖研究与启示［J］.图书馆学研究，2021（23）：20-26.

［4］吴凡.图书馆文化与大学校园文化的互动建设［J］.图书馆，2006（5）： 91-93.

［5］陈汝南，刘晓莹，李松芮.《美国数字公共图书馆2019—2022年战略规划》分析及启示［J］.图书馆学研究，2021（5）：90-94.

［6］艺术中国.贵州，有一座建在溶洞里的乡村图书馆［EB/OL］.（2024-01-26）［2024-03-06］.http：//art.china.cn/beautiChina/2024-01-26/content_42683342.htm.

面向少儿读者的公共图书馆展览策展方向思考

余 懿①

（广西壮族自治区图书馆，广西 南宁 530022）

【摘要】公共图书馆展览主题、策划形式日益多元化，策展水平和数量逐年提高，受到了读者朋友的广泛关注和喜爱。其中，少儿读者是公共图书馆读者群体中值得关注的重要组成部分。少儿是国家的未来，少儿时期也是个人成长的关键阶段。除了父母、学校，也需要其他社会力量一起为少儿提供正确的帮助和指引。公共图书馆承担着社会教育的职能，不仅要关注宏观层面的整体需求，也要重点关注少儿读者群体的需求。在公共图书馆每年推出的海量展览中，鲜有以少儿群体需求为导向进行策划和打造的专门展览，这值得公共图书馆展览人反思和改进。

【关键词】少儿读者；公共图书馆；展览

【中图分类号】G252　　　　　　　　【文献标志码】B

近年来，随着读者群体素质的提高、行业理念的不断更新迭代，公共图书馆的展览水平得到大幅提升。其以深厚的文化底蕴、丰富的视觉要素、专业的知识解读等优势成为阅读推广工作高质量发展的重点领域。然而，从全国各大公共图书馆每年推出的展览数据看，专门为少年儿童读者群体量身打造的展览数量明显不足。

参照国际人口年龄阶段划分标准，以及国家统计局在人口统计上的划分，年龄在 0～14 岁的人口为少年儿童人口，以下简称"少儿"。这个年龄阶段的孩子，处于心理、生理和智力快速发展的时期，容易受到外界多种因素的干扰，从而影响他们自主阅读、鉴赏和学习等多方面的能力。公共图书馆展览正是帮助他们培养良好阅读习惯和鉴赏水平的一个重要窗口。《中国儿童发展纲要（2021—2030 年）》要求"公共图书馆单设儿童阅览区，鼓励社区图书馆设立儿童图书专区"。因此，就全民阅读推广工作的大方向而言，以少儿为策展对象的高质量展览是公共图书馆阅读推广工作的重要方面，不可忽视。

---

① 余懿（1988—），女，馆员，就职于广西壮族自治区图书馆。

1 少儿展览策展的不同年龄阶段需求

少儿的观展行为，本质上来说也是一种阅读体验。展览是阅读推广工作中的重要一环，因此儿童分级阅读推广是本文所论述观点的重要参照标准。尽管少儿群体因家庭背景、教育条件等因素的影响导致认知发展有所差异，但从宏观层面上看，处于相同年龄阶段的少儿心理、智力等发展会表现出一致性。这也是儿童分级阅读推广研究的重要立足点。

1.1 分级阅读的国内外标准

分级阅读，是根据少儿的年龄、思维方式、认知水平、智力发展和社会化程度来选择不同长度阅读材料的过程，以满足不同孩子的阅读需要、难度和题材阅读建议书目及阅读指导途径。[1]

国外较为认可的分级阅读标准有英国的海尼曼分级阅读，包含适合刚出生到学龄前儿童的 GK 系列、幼儿园到小学儿童的 G1 系列以及小学一年级到三年级儿童的 G2 系列；美国的蓝思分级法、Reading A ～ Z 分级法等，都是基于年龄因素、语义的难易程度、识字量等方面，对婴幼儿到小学毕业的阅读级别进行了全方位的覆盖。在我国，由接力出版社出版的《中国儿童分级阅读指导手册》根据我国不同要素对儿童年龄进行评判，划分出五个年龄阶段所适配的优秀读物。

这些分级标准通过在实践中的不断修订，其专业性和权威性都为业界所认可，应用成效也十分显著。广州市海珠区图书馆秉承"分级推广·友好阅读"的发展理念，以权威标准为指导，结合自身馆况，与多元化社会力量合作，打造了系列未成年人分级阅读推广服务品牌，主要划分为玩具图书馆、绘本故事坊、悦读夏令营及研学活动，为未成年人精准提供阅读服务。这些实践对于少儿展览策划方向的拟定极具参考价值。[2]

1.2 从各阶段阅读需求看少儿策展

结合上述分级标准，根据少儿不同阶段的生理、心理和认知发展情况，在时间跨度为 14 年的周期内，他们的阅读需求表现出显著的阶段性特征。理解这些特征，掌握他们的阅读需求，对于公共图书馆少儿展览策展工作有极大的帮助。

0 ～ 2 岁为探索互动初期。这个年龄阶段的婴幼儿尚不具备独立识字、通篇阅读的能力。主要依赖家长（成人）的陪同和指引，处于识别、探索世界的初级阶段。此阶段着重体验书籍的质感，感受简单的图形、明快的色调等。

3 ～ 7 岁为想象力成长期。这个年龄阶段的儿童已积累了初级的知识，开始对外部世界表现出强烈的好奇心和探索欲望，爱好发问和智力游戏，想象力得到丰富，对科普类和故事类书籍有强烈的兴趣。

8～12岁为知识快速拓展期。这个年龄阶段的儿童开始初级社会化进程，其独立阅读能力、理解能力得到快速提升，阅读范围进一步扩大。除了娱乐性质的书籍内容，社交心理成长和发展、校园学习科目，以及历史名著、艺术、专业科普等知识拓展类的书籍也吸引他们的关注。

13～14岁为自我发现期。这个年龄阶段的少儿开始进入青春期，他们对阅读材料的选取更注重自我认同感，通过前期的阅读基础，更明确自身的阅读喜好以及文献内容的深度，从浅层次的阅读进入了深度阅读体会阶段，自身社会化进程得到进一步提升，开始对一些宏大的社会问题、哲学问题进行初步的思考，并能结合自身体验去帮助理解图书内容，从而获得成长。家长从这个阶段开始，应更多地参与到少儿阅读心得的探讨中去，而不是为他们的阅读做选择。

以上四个年龄阶段的少儿除具备各自阶段的突出阅读需求特征外，还表现出少儿阶段的阅读需求共性，即对知识感兴趣，对外部世界的探索和对美的感知及自我的认知追求，伴随着少儿身心、智力的发展，呈现出更高的要求。因此，公共图书馆少儿展览的策展方向应当抓住其共性加以着重考量，而各年龄阶段的特殊性需求则视具体展览策划情况而定。

2 公共图书馆少儿展览策展方向

不同于学校、课堂所授的系统性知识，公共图书馆少儿展览更多的是给予少儿专业、丰富、多样化的知识拓展和阅读体验，并且能够让少儿和家长共同参与进来。综合少儿群体的阅读需求，公共图书馆少儿展览方向应从以下四个方面提升策展思维和整体水平。

2.1 阅读能力培养

少儿阶段的阅读需求共性之一，就是对知识的兴趣。公共图书馆是少儿阅读的重要场所，少儿展览策划的首要目的是帮助孩子们树立对阅读的兴趣，培养良好的阅读习惯，并达成终身阅读的目标。这也是图书馆少儿展览与其他场所少儿展览的显著区别。在策划少儿展览的过程中，要对少儿的想象力、逻辑思维能力、道德情操进行正确引导。[3]

公共图书馆丰富的馆藏资源、灵活的展示场地以及专业多元的社会合作条件，对于少儿展览的策划和举办都具有一定的优势。展览以深入浅出的文字、专业的解读、直观的实物展品以及有趣的互动体验等，弥补了传统阅读的不足，更适配少儿阶段的阅读能力和需求。同时，对于图书馆而言，充分挖掘适合少儿群体展览素材的馆藏资源文献，能够有效提升自身业务水平，提高馆藏资源利用率、共享知识水平，从而达到少儿展览策展的目的，形成循环高效、互相促进的闭环。

2.2 传统文化的传承

我国优秀传统文化对于少儿的身心成长具有积极的影响，让少儿认识、了解传统文化，从而喜爱传统文化并自觉地用于个人的行为处世，继而弘扬传承下去是极其重要和具有深远意义的。"文化自信"是近年来的高频词汇，各种传统文化类爆款文艺作品纷纷出圈，包括《典籍里的中国》《唐宫夜宴》《只此青绿》《何以中国》，国漫市场涌现出的《长安三万里》《白蛇：缘起》以及爆火的国产 3A 游戏《黑神话：悟空》等作品，都昭示着中国正在经历一场"文艺复兴"。

如今，传统文化自然成为策展的一大热门主题。然而，对于惯于平实讲述传统文化的公共图书馆展览，代入少儿的视角自然是缺乏乐趣且略显晦涩。因此，以少儿群体为目标进行传统文化主题的策展方向，应当多参照商业化的故事陈述处理手法，注重提升展览的趣味性、角色性和视觉性，从而引起少儿的兴趣和记忆点，使其真正爱上传统文化。公共图书馆海量的古籍文献为展览提供了源源不断的传统文化资源。除了优秀的中华传统文化，也可以思考和挖掘各地的特色资源，推出地方优秀文化展。广西壮族自治区图书馆近年来依托地方特色馆藏文献，配合壮族独特的"三月三"歌圩文化节，连续推出了"壮家衣衫之美""廖江竹枝词里的'三月三'""羽光闪闪的百鸟衣"等一批地方性特色文化展，将地方、民族文化进行符号化、形象化处理，让小朋友也能接受原本难以听懂、读懂的方言、歌谣，理解壮美的民间传说故事，感受到多元文化在这片土地上的交融、传承和生生不息。

2.3 美育引导

对于美的感知和追求是少儿阅读需求的另一大共性。对美的感知在幼儿阶段就开始萌发。因此，对少儿进行正确的美育引导非常重要。美育从来都不仅仅是学校美术教育者的任务，著名的教育家滕纯曾提出"大美育"的概念，他认为美育与生活息息相关，无处不在。父母有意识的引导能够对孩子的审美起到积极的促进作用，如陪伴孩子观看艺术氛围浓厚、具有高度审美情趣的展览就是很好的方式之一。

公共图书馆展览中最常见的美育类展览就是联合美术学院、美术馆、画廊等社会资源引进的美术展。美术展是图书馆展示其艺术典藏的重要窗口，不仅适合不同年龄段的少儿观众观展，还能满足少儿和家长互动参与的需求，真正将图书馆的美术教育功能落到实处。[4]

随着策展理念的不断发展，行业技术、材料的不断改进，专业的美术、视觉设计的深度参与，各种主题展览的设计美学语言均得到了大幅度提升。公共图书馆的展览，尤其是一些重磅展览的视觉打造，在文化内涵的加持下，具有高水平的美学价值。国家图书馆和宁波图书馆联合策划的展览"一本书的诞生"，以黄白两种颜色作为贯穿整个展览的主色调，选用60多种纸张、24种封面装帧样式及10多种工艺，直观地讲述从纸到书的全过程，整场展览的视觉设计纯粹、逻辑性强，充满了理性设计之美。

2.4 其他方面

除上述重点策展方向外，公共图书馆少儿展览还应将辅助智力成长、帮助身心健康发展以及提高少儿团队意识和协作能力等方面纳入展览策划的主题和方向中，并通过科学合理地设置展览互动体验环节来增强少儿的参与感和获得感。适宜的展览互动体验对于少儿与外部世界建立良好的联系、加强自我认知，对促进少儿全面发展有重要帮助。

在辅助智力成长方面，公共图书馆可以策划科普知识类型的展览，并根据不同年龄阶段的少儿读者设置相应主题的互动体验。7岁及7岁以下的少儿适合初阶的科学观察、拼乐高等活动，7岁以上的学龄少儿适合科学实验站、初级编程等活动，让孩子们通过观察、操作及思考，培养其科学兴趣以及解决问题的能力。此外，通过策划阅读主题的展览，围绕科普、历史、文学等方面，鼓励少儿阅读并设置阅读挑战活动等，提升少儿的阅读能力、知识水平和思维能力。在少儿身心健康方面，公共图书馆可以推出健康知识普及、情绪管理类型的相关展览，帮助孩子及时关注到自己的身体和心理出现的问题，配合故事演绎、讲述等活动方式，引导少儿认识和学会管理自己的情绪，形成健康的生活习惯和积极向上的心态；还可以设置互动体验环节，提高少儿的团队意识和协作能力，在展览的互动环节有意识地设计需要团队合作完成的挑战任务或游戏，如拼图游戏、接力赛和短剧表演等，让少儿在互动中形成良性沟通、协作和分享的意识，逐步掌握社交能力，并建立良好的人际关系。

3 结语

综上所述，少儿展览的策展目标应当包括具备良好的阅读观展氛围、符合少儿阶段需求的专业而全面的知识类型、深入浅出的展览解读和参与度高的体验环节等方面。这符合少儿阶段的阅读理想，也是策展成功与否的重要评价标准。

此外，随着社会环境的不断发展和变化，少儿的认知发展呈现逐年加快的趋势，公共图书馆的少儿展览及其相关的阅读推广工作也需要跟随实际变化进行调整。依托公共图书馆丰富的馆藏文献资源，联合多元化社会力量，根据少儿不同阶段的阅读特征，升级和调整策展理念，策划独立阶段的精准展览或涵盖少儿整体阅读需求的展览均为可行之策。

参考文献

［1］史晓蕊.基于发展心理学的公共图书馆儿童分级阅读推广研究［D］.哈尔滨：黑龙江大学，2024.

［2］董婕.皮亚杰认知发展理论视域下的未成年人分级阅读推广项目研究：以海珠区图书馆分级阅读推广项目为例［J］.河南图书馆学刊，2024（8）：6-7.

［3］周艳.创新和拓展少儿阅读推广形式的思考：以博物馆式展览为例［J］.四川图书馆学报，2017（4）：86-89.

［4］唐安琪.浅谈公共图书馆展览在少儿美术教育中的作用：以上海少年儿童图书馆开馆展为例［J］.文教资料，2022（5）：95-98.

公共图书馆开展非物质文化遗产保护路径研究

——以贺州瑶族服饰为例

钟 育①

（贺州市图书馆，广西 贺州 542899）

【摘要】随着社会的快速发展和文化的不断演进，非物质文化遗产的保护与传承问题愈发引人关注。公共图书馆作为地域文化的传承者和文化建设的载体阵地，肩负着非物质文化遗产保护与文化传播的重要使命。本文深入剖析贺州瑶族服饰的历史渊源与工艺精髓，并审视其在保护、传承与发展中的挑战与机遇。在此基础上，探讨公共图书馆如何发挥自身优势，创新非物质文化遗产保护方式，以期为其他地区的非物质文化遗产保护工作提供有益借鉴。

【关键词】公共图书馆；非物质文化遗产；贺州瑶族服饰

【中图分类号】G122 　　　　　　　　【文献标志码】B

瑶族作为广西贺州的主体民族之一，其丰富多彩的传统服饰构成了贺州非物质文化遗产的重要内容。然而，随着社会的变迁与现代化进程的影响，瑶族服饰及其他非物质文化遗产正面临着消失的危险。[1]在此背景下，作为文化资源保存和传播中心的公共图书馆，应充分发挥自身资源优势，积极参与到非物质文化遗产的保护中去，在研究和实践中为更好地履行自己的文化任务提供有效的策略。

1 公共图书馆开展非物质文化遗产保护的意义

2012年，《文化部关于加强非物质文化遗产生产性保护的指导意见》明确指出：“非物质文化遗产生产性保护是指在具有生产性质的实践过程中，以保持非物质文化遗产的真实性、整体性和传承性为核心，以有效传承非物质文化遗产技艺为前提，借助生产、流通、销售等手段，将非物质文化遗产及其资源转化为文化产品的保护方式。”贺州市图书馆作为地级市的公共文化服务单位，承载着地方文化遗产的传

---

① 钟育（1979—），女，馆员，就职于贺州市图书馆。

承和发展的责任，要以推动本地非物质文化遗产的保护、传承和创新为己任。国家级非物质文化遗产名录"瑶族服饰"是贺州市非物质文化遗产的代表之一，发掘贺州瑶族服饰蕴含的历史人文景观及朴素的生态意识，激活族群的文化自觉意识，在构建和谐社会、和谐文化、和谐族群方面都有着重要的参考意义。

贺州市图书馆深挖瑶族服饰的价值和潜力，精准把握本地的优势和特色，针对瑶族服饰传承与发展所面临的问题，通过非物质文化遗产代表性项目合作，建设非物质文化遗产传承示范点，开展一系列保护措施，促进传统手工艺的保护和发展。

2　贺州瑶族服饰的分支情况和工艺特点

2.1　贺州瑶族服饰的分支情况

贺州人文历史悠久，地理环境独特，少数民族众多，其中以瑶族一支最具特色。据第七次全国人口普查数据，贺州市瑶族人口为 25.87 万人，占全市常住人口的 12.89%，是全国瑶族人口最集中的设区市。由于历史上频繁的迁徙，贺州的瑶族来自四面八方，支系甚多，不同支系的服饰呈现出各式各样的特点；同一支系而又服饰各异，为国内其他瑶族地区所罕见。据普查统计，贺州瑶族共有 14 个支系，有土瑶服饰、平瑶服饰、尖头瑶服饰、包帕瑶服饰等 11 种不同的服装样式。其中，最常见的有 7 种，按照支系分为土瑶、过山瑶、平地瑶三大类。

2.2　瑶族服饰的特点

2.2.1　瑶族服饰的主要特点。贺州瑶族服饰中融入了瑶族同胞的民族传统理念、民族习俗、民族传统审美观念等元素，运用廓形、色彩、装饰、材质等不同表现方式，创造出独特的瑶族传统服饰，传递出瑶族同胞的思想情感和精神追求。传统的瑶族男子服饰通常是无领对襟长袖衣，衣外斜挎白布"坎肩"，下着大裤脚长裤，红布或青布包头。瑶族女子服饰则在头饰上有较大区别。她们非常善于刺绣，通常会在衣襟、袖口、裤脚等地方绣上精美的图案，增添服饰的华丽感。

2.2.2　贺州瑶族服饰的工艺特点。贺州瑶族服饰具有浓郁的民族特色和鲜明的地域风格。无论是在款式、色彩还是装饰上，都融合了瑶族人民的传统理念、习俗、审美等元素，展现独特的民族文化魅力。

瑶族服饰主要采用挑花、刺绣和织锦等手工技艺。这些传统技艺精湛、图案丰富，具有高度的实用性，也蕴含着深厚的文化内涵。贺州瑶族服饰还广泛运用银饰装点，不同的图案花纹都有特定的寓意，如太阳花、龙凤、鱼虾等，既彰显了民族特色，又展现了瑶族人民的生活智慧和精神追求。

总的来说，贺州瑶族服饰不仅是瑶族文化在服饰上的活态表现，更是贺州地区乃至整个中国瑶族的文化瑰宝。

3 贺州瑶族服饰传承的现状

3.1 贺州瑶族服饰非物质文化遗产代表性传承人概况

经广西壮族自治区文化和旅游厅、贺州市文化广电和旅游局认定的瑶族服饰非物质文化遗产代表性传承人积极参与瑶族服饰的保护和传承工作，或在学校开设传统技艺培训课程，或创办企业培养农村绣娘，或参与瑶族文化旅游示范区的建设，用实际行动支持着瑶族服饰文化的发展。

3.2 贺州瑶族服饰传承与发展

贺州瑶族服饰的传承注重传统工艺与纹样的保护，继承了瑶族特有的手绣工艺。这些技艺一代代传承下来，成为瑶族文化的一个显著标志。[2]与此同时，服装设计既要保留传统元素，又要融入现代元素，以赋予传统服装时尚性，使之在现代社会中得以传承和发展。

在瑶族服饰的传承过程中，长者扮演着重要的角色。他们以口授与实践示范相结合的方式，将技艺传承给下一代。同时，瑶族文化节庆活动也为瑶族服饰的传承提供了一个展示与发扬的平台。这种继承和发扬的策略，使瑶族服饰不仅保留了传统文化，而且在时尚领域焕发出新的活力。

4 公共图书馆开展非物质文化遗产保护优势

4.1 场所与平台优势

贺州市图书馆与当地多家非物质文化遗产保护单位建立了密切合作，共同打造了八步区文化馆瑶族盘王节瑶族服饰博物馆、步头镇黄石村瑶族服饰传承基地等6个瑶族服饰传承示范点。这些传承展示场所不仅为瑶族服饰的传承保护提供了实体平台，也为非物质文化遗产的宣传推广创造了良好的环境，促进了非物质文化遗产保护工作的稳步开展。

4.2 教育与传播优势

公共图书馆是文化传播和教育的理想平台。它可以通过讲座、展览、培训等多种形式，将非物质文化遗产知识传播给社会大众，加深公众对非物质文化遗产的了解，培养他们的保护意识，带动更多的人参与到保护工作中来，使非物质文化遗产得到传承与发展。[3]

此外，公共图书馆还可以与学校、社区等单位合作，将非遗元素融入学校教育和社区建设中，让非物质文化遗产真正融入群众的生活，实现更广泛的传播。

4.3　数字化与资源优势

作为专业的文献信息中心，公共图书馆拥有丰富的图书资料、学术论文及数字资源。这些资源为民众、学者、研究者搜集相关信息提供了便利，推动了非物质文化遗产元素的深入挖掘和记录。

借助数字技术，公共图书馆可以建立非物质文化遗产数字档案，对瑶族服饰的历史、工艺等信息进行系统记录、整理和展示。此外，还可以利用新媒体平台进行网络宣传，扩大非物质文化遗产的影响力，为传统文化的保护和传承注入新的动力。

5　公共图书馆开展非物质文化遗产保护路径

结合贺州公共图书馆的实际情况，构建公共图书馆参与瑶族服饰保护的模式。该模式中，公共图书馆需要提供相关书籍和资料，举办瑶族服饰展览和培训，开展瑶族服饰活动品牌推广等。同时，公共图书馆还需通过政府及相关部门加强瑶族服饰传承人培养，改进瑶族服饰产品设计和营销，加强保护和传播瑶族服饰文化等工作。

5.1　加强政府支持，重视社会参与

5.1.1　加强政府支持。公共图书馆开展非物质文化遗产的保护工作，应积极争取政府的资金支持和政策支持。[4]例如，贺州市人民政府对贺州市图书馆建立的瑶族服饰非物质文化遗产传承示范点提供资金、政策等方面的支持。贺州市图书馆在上级部门的指导下，采取抢救性记录和保存、活态传承展示、产品开发等方面的保护措施，切实推动了瑶族服饰的保护与发展。

5.1.2　重视社会参与。公共图书馆应广泛动员社会各界力量，特别是鼓励传承人、手工艺人、学者等参与非物质文化遗产的保护中来。通过与学校、社区等合作，将非物质文化遗产的保护融入日常教育和社区建设中，引导公众参与，形成全社会共同参与的保护格局。[5]例如，贺州市图书馆与当地中小学合作，共同举办"瑶族服饰DIY比赛"等活动，邀请非物质文化遗产代表性传承人讲解瑶族服饰相关知识，让学生们亲身参与瑶族服饰的制作，既增进了他们对传统文化的了解，也培养了他们对非物质文化遗产的保护意识。此外，贺州市图书馆还邀请社区居民参与到非物质文化遗产展览、专家讲座中，增强公众对非遗的认知，推动全社会共同参与非遗保护。

5.2　建设非物质文化遗产保护传承平台

5.2.1　设立非物质文化遗产传承示范点及阅读示范点。公共图书馆可以与相关

单位共同打造非物质文化遗产传承示范点，提供系统的非物质文化遗产传承课程和培训，吸引年轻人参与到非物质文化遗产的学习和传承中。同时，在示范点内还可以开展瑶族服饰的展览、分享会和工艺制作示范等活动，增强大众的参与感和体验感。

贺州市图书馆与当地相关单位共建了瑶族服饰传承示范点，开展瑶族服饰的设计、制作、销售等培训，培养了一批瑶族服饰技艺骨干和从业人员，推动了非物质文化遗产技艺的传承。

贺州市图书馆还在打造的阅读示范点内，设立图书、文件和图片展示区，供民众了解非物质文化遗产的历史和传承过程，并提供相关的教育资源和培训，为贺州市非物质文化遗产的传承和发展提供优良环境和条件。截至 2024 年 4 月，贺州市图书馆已经建立了阅读示范点 29 个，藏书 29 427 册，成为贺州市民了解非物质文化遗产和优秀民族文化的重要窗口。

5.2.2 开展丰富的非物质文化遗产活动。公共图书馆可以在非物质文化遗产基地组织开展研学游、讲座、分享会等形式多样的非物质文化遗产文化活动。通过这些活动，参与者深入了解瑶族服饰的历史、技艺和文化内涵，激发民众的保护热情。例如，2023 年，贺州市图书馆举办了"瑶绣花开三月三"文旅分享会，活动邀请了非物质文化遗产代表性项目（瑶族服饰）自治区级传承人李素芳，通过分享传统瑶族刺绣工艺，推荐书籍《贺州市非物质文化遗产名典》及现场瑶绣手工创作，让市民近距离体会瑶族服饰的文化魅力。此外，联合当地有关单位，组织开展了"非遗研学游"活动。参与者通过穿着瑶族服饰、参观瑶族服饰博物馆、了解刺绣图案文化、体验非物质文化遗产技艺等环节，深入了解了瑶族服饰的历史渊源和文化内涵。这不仅增进了民众对瑶族服饰的认知，也进一步推动了非物质文化遗产的传播。

5.3 扩大业务功能，建立保护数据库

5.3.1 拓展服务职能。公共图书馆可以在馆内设置非物质文化遗产体验区，除阅读相关书籍外，还可以展示实物、提供互动体验，把非物质文化遗产的保护纳入更广泛的文化服务项目中，拓展服务职能。贺州市图书馆在示范点和场馆内设立了瑶族服饰展示区，不仅展示了各类瑶族服饰实物，还设置了 DIY 体验区，让读者亲手体验瑶族服饰制作的乐趣。

5.3.2 建立保护数据库。公共图书馆可利用数字技术，建立非物质文化遗产的数据库。将相关历史文献、影像资料、口述史等数字化，建立开放的数字平台，便于公众检索和研究。例如，贺州市图书馆正在与专业机构合作，建设瑶族服饰数字化工程。该工程利用数字技术，对瑶族服饰的历史、工艺、图案等信息进行全面的记录和整理，建立了丰富的数字档案资源库。这不仅为非物质文化遗产的保护工作提供了重要的数据支撑，也为后续的研究和展示创造了便利条件。

同时，贺州市图书馆还与当地高校合作，利用师生团队对贺州及周边14个瑶族支系的传统服饰进行深入调研，并整理了20 000多张照片，建立了瑶族瑶绣图案IP数据库和瑶族服饰传统技艺音像记录，为瑶族服饰的保护与发展奠定了坚实的基础。

5.3.3 建立文化保护网络。目前，贺州市图书馆与博物馆、科研机构、手工艺传承机构等加强联系，建立瑶族文化保护网络，以实现资源共享。通过这一网络，各方将共享有关贺州瑶族服饰的研究成果、数字档案和展览策划等方面的信息。在此基础上，对瑶族服饰这一非物质文化遗产进行更全面的保护与传承。

5.4 线上与线下结合，扩大宣传推广

公共图书馆可以通过线上线下相结合的宣传推广模式，拓宽互联网销售渠道，为非物质文化遗产代表性传承人提供电商平台的建设和运营支持。一方面，利用短视频、直播等新媒体手段，增强非物质文化遗产的传播力。例如，贺州市图书馆利用抖音、快手等平台，发布瑶族服饰工艺制作及活动视频，吸引更多年轻人关注和参与；通过直播方式，借助平台的流量和用户资源，提升非物质文化遗产的曝光度和传播效果。另一方面，可以帮助非物质文化遗产代表性传承人搭建线上销售平台，拓展销售渠道，增加收入来源，助推非物质文化遗产传承。例如，贺州市图书馆联合当地有关单位，为非物质文化遗产代表性传承人提供电商培训，帮助他们建立线上销售平台，通过电子商务运作，把贺州瑶族服饰等特色产品通过网络销售，实现"传承人＋电商"的文化营销成功运作，有效拓宽了瑶族服饰等特色产品的销路。

同时，还可通过线下的展会、讲座等活动进行合作推广。贺州市图书馆每年都会在展厅举办富有特色的瑶族服饰展览，邀请非物质文化遗产代表性传承人进行现场演示和技艺传授，让公众有机会近距离了解非物质文化遗产。

6 结语

综上所述，公共图书馆在非物质文化遗产保护路径研究中的努力，展示了其在文化传承与创新中的关键作用。通过深度合作、创新活动、数字化项目等途径，贺州市图书馆积极参与到贺州瑶族服饰等非物质文化遗产的传承中，为非物质文化遗产的保护提供了多层面的支持。其扩大业务功能、建立文化保护网络及宣传推广的实践充实了图书馆的文化服务内容，拉近了群众与非物质文化遗产的距离。

参考文献

［1］井继龙，张开全.公共图书馆非物质文化遗产资源建设与服务研究［J］.中文科技期刊数据库（全文版）图书情报，2023（3）：147-152.

［2］刘冰，程桂练.文旅融合视野下的淮安非物质文化遗产保护路径研究［J］.西部旅游，2022（1）：34-36，40.

［3］严贝妮，陈佳佳.我国省级公共图书馆非物质文化遗产推广研究［J］.图书馆研究与工作，2022（1）：50-56.

［4］黄莹.浅论公共图书馆在非物质文化遗产保护中的现状与研究［J］.河南图书馆学刊，2023，43（2）：20-21，25.

［5］陈毓琰.公共图书馆在非遗保护传承中的路径思考［J］.图书情报导刊，2022，7（8）：12-18.